성경 헬라어

한 천 설 지음

총신대학교 성지언어연구소

성경 헬라어

2012년 8월 20일 초 판 1 쇄 발 행
2025년 11월 30일 초 판 6 쇄 발 행

저 자 • 한 천 설
발행인 • 조 경 혜
발행처 • 도서출판그리심
서울시디지털로 10길 37. 726호

등록번호 • 제7-258호(1998.4.23)
출 판 사 • 전 화 523-7589
전자우편 • grisimcho@daum.net
홈페이지 • grisim.net /grisim.biz

값 : 책 뒷면에

ISBN 978-89-5799-306-4 93230

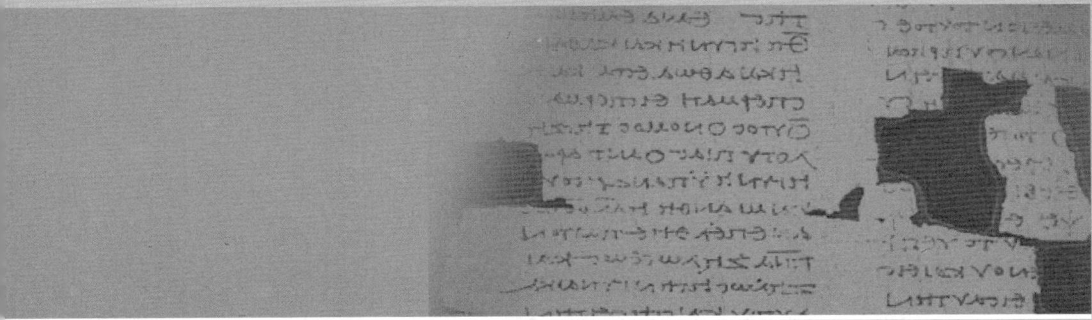

한 천 설 교수

총신대학교 신학과(B.A.)와 신학대학원(M.Div.)을 거쳐
Theologische Universiteit van de Gereformeerde Kerken in Nederland에서 신약학 전공으로
독투란두스(Drs.Theol.)와 박사학위(Dr.Theol.)를 받았다.
총신대학교 신학대학원 신약학 교수로 성지 · 언어 연구소장, 경건훈련원장, 신학대학원장 겸 부총장,
일반대학원장, 목회신학전문대학원장으로 섬겼고,
신학대학원 3학년 필수과목인 '바울서신' 을 가르치고 있다.
또한 한국복음주의신학회 편집위원장을 역임했고, 2003년에 세계신약학회(Studiorum Novi
Testament Societas) 정회원에 선출되어 20여 년간 활동하고 있으며,
한국성경공회 성경번역 · 연구위원으로도 섬기고 있다.

저서로는

RAISED FOR OUR JUSTIFICATION:
An Investigation on the significance of the Resurrection of Christ
within the Theological Structure of Paul's Message (Kampen: Kok, 1995)가 있으며,
이 책에서 "바울 메시지의 신학적 구조 속에 나타난 그리스도의 부활의 중요성"이라는 주제를 심도있게 다루었다. 이 외에도 『바울서신 배경연구』(서울: 솔로몬, 2016), 『HOW주석 시리즈』(서울: 두란노, 2003-현재), 『설교자를 위한 신학』(서울: 두란노아카데미, 2010), 『공부하는 목사들』(서울: 순출판사, 2012)을 저술하였으며, 근간으로 『바울신학 연구』가 있다.

논문으로는

"Gods genade en de menselijke respons"(1993),
"Pauline Soteriology and the Korean Church"(2011),
"A Study on the Early Jerusalem Church"(2013),
"'새 관점 학파' 의 칭의론과 한국교회"(2011),
"희생제물로서의 그리스도의 죽음의 의미"(2013),
"『바른성경』의 원문충실도에 대한 연구"(I, II)(2015, 2016),
"δικαιοσύνη θεοῦ 개념에 대한 재조명"(2017),
"디모데전서 2장 8절의 ἐπαίροντας ὁσίους χεῖρας에 대한 새로운 이해"(2018) 외
바울신학연구 특히 새 관점 학파 비판을 위한 바울의 칭의론과 구원론에 관련된 연구,
그리고 바울서신의 주해와 적용과 관련된 약 60여 편의 논문이 있다.

머리말

그리스도인들의 신앙과 삶의 표준이 되는 신약성경은 예수님 시대의 국제 공용어였던 코이네 헬라어(ἡ κοινὴ γλῶσσα)로 기록되었다. 오래 전에 한글 신약성경이 등장함으로 헬라어에 대한 지식이 없이도 기독교 신앙과 삶을 익히는 것이 가능해 졌지만, 그럼에도 불구하고 '더 정확한' 신약성경의 의미는 성경 헬라어라는 도구 없이는 도달할 수 없는 목표임에 틀림없다. 그러므로 신약성경을 연구하는 말씀 연구자가 갖추어야 할 기본적이며 필수적인 소양은 헬라어를 익히는 것이다. 이를 돕기 위해 많은 학자들에 의해 영어는 물론이고 한글로 번역되거나 쓰여진 다양한 헬라어 문법서들이 나와 있다.

이미 많은 문법서들이 있음에도 불구하고 왜 새로운 책이 또 필요한지 먼저 언급해야 할 듯하다. 15년이 넘도록 총신대학교 신학대학원 동계어학강좌에서 헬라어를 가르쳐오면서 늘 아쉬움이 있었다. 그것은 학생들의 노력에 비해 그 성과가 너무 미미하다는 것이었다. 즉 약 3주 반(14일)에 걸쳐 진행되는 동계강좌기간 동안 대부분의 학생들이 있는 힘을 다해 헬라어 공부에 몰두했지만, 그 열매는 너무 적었기 때문이다. 헬라어 공부의 궁극적인 목표는 단지 과정이수가 아니라 원문독해임에도 대부분의 학생들에게 헬라어는 아련한 추억으로 남을 뿐 실제로 헬라어를 사용할 수 있는 학생은 전체의 10-15%를 넘지 못했다.

이런 결과를 초래한데는 여러 원인이 있겠지만 가장 근본적인 것은 동계어학강좌에 적합한 헬라어 교재가 없었다는 것이다. 현재 출판되어 있는 거의 모든 헬라어 교재는 1년에 걸쳐 배우도록 구성되어 있기에 단기간에 집중적으로 헬라어를 배워야 하는 우리의 실정에는 맞지 않았다. 특별히 단어와 어형변화의 분량이 지나치게 많아 문법을 이해해도 암기할 분량에 치여 결국 헬라어를 포기하거나 흥미를 잃게 만들었다. 이것이 바로 이 책의 집필 동기인 동시에, 집필 원칙이 되었다(자세한 내용은 집필 원칙 참조).

본 교재는 동계어학강좌 기간 동안 헬라어를 배우는 학생들 중 일부만이 아니라 대다수, 그리고 이 책을 사용하는 독자들 모두가 성공적으로 헬라어를 익혀 원문독해에까지 이를 수 있도록 하는데 모든 초점을 맞추었다.

이 책은 많은 분들의 도움 없이는 빛을 볼 수 없었을 것이다. 오랜 기간 동역하시며 늘 격려해주셨던 심상법, 김상훈, 박형대 교수님, 교정에 도움을 주신 장석조, 고병찬 교수님, 세심한 교정과 부록의 도표작업 등 실제적 도움을 주었던 조교 김혜윤 전도사님, 그리고 효과적 편집을 위해 수고를 아끼지 않으신 그리심의 장종길 장로님과 조경혜 사장님께 감사드린다. 끝으로 사랑하는 부모님과 가족들, 특히 신학과 인생의 여정에서 선배와 스승, 때로는 동료로 늘 함께 해주셨던 정훈택 교수님께 감사의 마음을 전한다.

무엇보다도 하나님께 감사드리며, 이 작은 책을 통해 헬라어를 공부하는 모든 학생들이 헬라어에 흥미를 가지고 성실하게 배우고 익히는 노력을 통해 신약성경을 원문으로 읽게 되고, 또한 말씀을 읽을 때마다 말씀의 광맥을 캐어가는 기쁨을 누리게 되기를 소망한다.

2012년 8월 20일

6
집필 원칙

1. 대상: 본 교재는 헬라어를 처음 접하고, 매일 집중적으로 헬라어를 배워야 하는 학생들을 그 대상으로 한다.

2. 목적: 본 교재의 목적은 헬라어를 공부하는 학생들 중 일부만이 아니라 대다수가 성공적으로 헬라어를 익혀 앞으로의 신학 수업과 목회에 효과적으로 사용하게 하려는 것이다.

3. 수준: 기초문법을 배우는 학생들에게 가장 효과적인 교재가 되도록 분량(26과, 단어, 변화표, 용법 등)과 수준을 일관되게 유지하였고, 자세한 용법, 구문론은 권말 부록에서 다루었다.

4. 구성: 본 교재는 각 과에서 다루어지는 어형과 그에 해당하는 어휘들을 선정할 때 신약성경에 많이 나오는 단어들을 중심으로 통계에 근거한 실용적인 구성을 하였고, 특히 출현 빈도수를 소개함으로 학생들로 하여금 그 어휘의 중요성을 인식케 하여 단어 암기에 도움과 자극을 주고자 했다.

5. 원문읽기: 성경원문읽기(연습문제)는 학생들의 수준이 어디에 이르렀든지 성경 원문만으로 구성하여 성경 문장으로 헬라어를 익히도록 하였다. 이는 모든 헬라어 공부의 최종 목표는 성경원문을 읽어내는 것이기 때문이다.

6. 활용: 기초문법에서 다루지 못한 다양한 용법들과 구문론 중 일부를 권말부록에 수록하여 헬라어 성경을 읽어가는 학생들이 이미 배운 문법을 이 교재에서 다시 확인함과 동시에, 성경을 읽는데 활용할 수 있도록 하였다.

목 차

교재의 원칙 · 6

제 1 과 문자(Alphabet)와 악센트(Accent) · 11
제 2 과 현재 능동태 직설법 · 21
제 3 과 제2 변화 명사 · 27
제 4 과 제1 변화 명사·관사 · 35
제 5 과 형용사 · εἰμί의 현재 직설법 · 43
제 6 과 인칭대명사 · 49
제 7 과 전치사 · 지시대명사 · 57
제 8 과 현재 수동태 · 중간태 직설법 · 65
제 9 과 미완료과거 능동태 직설법 · 73
제 10 과 미완료과거 수동태 · 중간태 직설법 · 79
제 11 과 미래 능동태 · 중간태 직설법 · 85
제 12 과 부정과거 능동태 · 중간태 직설법 · 91
제 13 과 부정과거 수동태 · 미래 수동태 직설법 · 99
제 14 과 제3 변화 명사(I) · 107
제 15 과 현재 분사 · 115
제 16 과 부정과거 능동태 · 중간태 분사 · 127
제 17 과 부정과거 수동태 분사 · 독립소유격 · 135

제 18 과 부정사 · 141
제 19 과 단축동사 · 149
제 20과 유음동사 · 155
제 21 과 가정법 · 161
제 22 과 명령법 · 169
제 23 과 관계대명사 · 제 3 변화 명사 (II) · 형용사 · 177
제 24 과 의문대명사 · 부정대명사 · 수사 · 187
제 25 과 현재완료 · 과거완료 직설법 · 195
제 26 과 μι동사 · 205

부록

I. 중요 동사의 주요 6부분 · 216
II. 어형변화표 · 223
III. 구문론 · 239
IV. 성경원문읽기 풀이 · 279
V. 단어모음 · 317

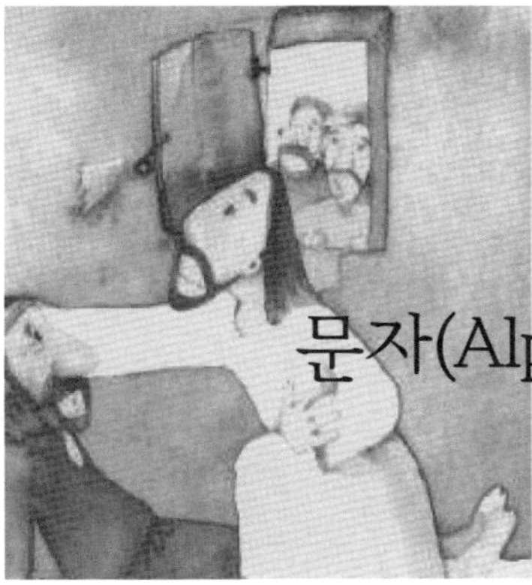

제 1 과

문자(Alphabet)와 악센트(Accent)

신약성경 헬라어를 공부하기 위한 첫걸음은 헬라어 문자를 읽고 쓰는 것이다. 성경 헬라어는 24개의 문자를 가지고 있는데, 17개의 자음과 7개의 모음(α, ϵ, η, ι, ο, υ, ω)으로 구성된다. 헬라어는 영어와 마찬가지로 대문자와 소문자를 가지고 있다. 대문자는 문단의 첫 글자나 인명(人名) · 지명(地名)같은 고유명사에 쓰이기에 사용 빈도가 그리 높지 않고, 주로 소문자가 사용되므로 소문자를 익히는 것이 중요하다. 성경 헬라어 발음은 경음화된 현대 헬라어(Modern Greek) 발음과는 차이가 나고, 또 성경 헬라어 발음도 학자에 따라 약간의 차이가 있는데 우리의 목표는 회화가 아니라 해석에 있으므로 전통적이고 일반적인 발음으로 익히면 될 것이다.

헬라어 악센트(accent)는 전통적으로 B.C. 200년경 비잔티움의 아리스토파네스(Aristophanes)가 사용한 것으로 전해지나, 널리 사용된 것은 중세시대 부터이다. A.D. 9세기경까지의 신약성경 대문자 사본에는 악센트가 없고, 심지어는 띄어쓰기나 구두점, 숨표조차 사용되지 않았다. 그러므로 악센트없이도 헬라어를 배울 수 있기에 일부 기초 헬라어 교사들은 악센트를 무시하기도 한다. 실제로 현재 우리의 목표는 헬라어 작문이 아니라 원문의 해석이기에 악센트에 지나치게 신경을 쓰지 않아도 무방하다. 다만 신약성경 비평본들이 대부분 악센트를 사용하고 있기 때문에 정확한 원문해석을 위하여는 악센트를 알고 있어야 한다는 사실만은 잘 기억해야 할 것이다.

I. 문자

1. 문자와 발음

소문자	대문자	헬라어이름	영어이름	발 음	수치	현대발음
α	Α	ἄλφα	alpha	아/아-(단/장모음 a)	1	아/아-(a)
β	Β	βῆτα	beta	ㅂ(b)	2	ㅂ(v)
γ	Γ	γάμμα	gamma	ㄱ(g)	3	ㄱ(g)
δ	Δ	δέλτα	delta	ㄷ(d)	4	ㅆ(ə)
ϵ	Ε	ἐψιλόν	epsilon	에(단모음 e)	5	에(e)
ζ	Ζ	ζῆτα	zeta	ㅈ(z)	7	ㄷㅈ(dz)
η	Η	ἦτα	eta	에-(장모음 e)	8	이(i)
θ	Θ	θῆτα	theta	ㅅ,ㄷ(th)	9	ㅅㄷ(q)
ι	Ι	ἰῶτα	iota	이/이-(i)	10	이/이-(i)
κ	Κ	κάππα	kappa	ㅋ(k)	20	ㄲ(kk)
λ	Λ	λάμδα	lambda	ㄹㄹ(l)	30	ㄹㄹ(l)
μ	Μ	μῦ	mü	ㅁ(m)	40	ㅁ(m)
ν	Ν	νῦ	nü	ㄴ(n)	50	ㄴ(n)
ξ	Ξ	ξῖ	xi	ㅋㅅ(ks, x)	60	ㅋㅅ(ks)
ο	Ο	ὀμικρόν	omikron	오(o)	70	오(o)
π	Π	πῖ	pi	ㅍ(p)	80	ㅃ(pp)
ρ	Ρ	ῥῶ	rho	ㄹ~(r)	100	ㄹ~(r)
σ, ς	C, Σ	σίγμα	sigma	ㅅ(s)	200	ㅅ(s)
τ	Τ	ταῦ	tau	ㅌ(t)	300	ㄸ(tt)
υ	Υ	ὐψιλόν	üpsilon	위/위-(단/장모음 u)	400	이(i)
φ	Φ	φῖ	phi	ㅍㅎ(ph)	500	ㅍㅎ(ph, f)
χ	Χ	χῖ	chi	ㅋㅎ(독일어의 ch)	600	ㅋㅎ(kh)
ψ	Ψ	ψῖ	psi	ㅍㅅ(ps)	700	ㅍㅅ(ps)
ω	Ω	ὠμέγα	omega	오-(장모음 o)	800	오-(o)

2. 쓰기

헬라어는 보통 소문자를 사용하기 때문에 소문자를 익히는 것이 중요하다. 헬라어 소문자는 그 쓰는 순서와 높낮이에 주의해야 한다.

α β γ δ ϵ ζ η θ ι κ λ μ ν ξ

ο π ρ σ(ς) τ υ φ χ ψ ω

3. 모음

단순모음	이중모음	이오타하기(下記)
α	αι　　αυ	ᾳ(아-)
ϵ　　η	ϵι　　ϵυ(유)	ῃ(에-)
ι		
ο　　ω	οι　　ου(우)	ῳ(오-)
υ	υι(위)	

(1) 헬라어 7개의 모음(α, ϵ, η, ι, ο, υ, ω)은 입의 열린 정도에 따라 개모음(α, ϵ, η, ο, ω)과 폐모음(ι, υ)으로, 소리의 길이에 따라 장모음과 단모음으로 구분한다.

예) ϵ, ο은 항상 짧고, η, ω는 항상 길다.

(2) 이중모음은 개모음+폐모음(ι, υ)의 구조를 가진다. (예외) υι

(3) 이오타(ι) 하기법(subscript): 이오타(ι)가 장모음(α, η, ω) 뒤에 올 때는 그 장모음 아래 붙어서 사용되는데, 이것을 이오타(ι) 하기법이라 부르며, 이때 발음은 이오타가 없는 것같이 한다.

4. 발음과 표기의 주의사항들

(1) σ는 단어의 마지막에 올 때 영어의 문자 S와 같이 ς로 변한다.

예) σώσεις

(2) υ나 ρ는 단어의 첫 머리에 올 때 강한 숨표(῾)를 붙여준다.

예) ὑπό, ῥῆμα

(3) γ는 구개음인 γ, κ, χ, ξ 앞에서 자음접변이 일어나 이응(ng)소리가 난다.

예) ἄγ + γελος (앙겔로스), εὐαγ + γέλιον (유앙겔리온)

5. 숨표

(1) 모음으로 시작하는 모든 단어에는 반드시 숨표가 붙는다. 숨표에는 약한 숨표(᾿)와 강한 숨표(῾)가 있는데 대부분 약한 숨표가 붙으며, 강한 숨표가 붙으면 'ㅎ'(h) 발음이 첨가된다.

예) ἐν(엔), ἕν(헨)

(2) 이중모음인 경우에는 뒷 모음 위에 숨표를 붙인다.

예) οὐ, εὐαγγέλιον

(3) 대문자인 경우에는 첫 모음 앞에 숨표를 붙인다.

예) Ἰησοῦς

6. 문장 부호

헬라어 문장 부호에는 다음과 같은 것들이 있다.

(1) 구두점 : 마침표(.) 쉼표(,) 중간마침표(·) 물음표(;)

(2) 생략부호(᾽): 두 단어가 연속으로 나올 때 첫 단어의 끝이 단모음이고 두 번째 단어의 처음이 모음일 경우, 첫 단어의 마지막 모음이 생략되는 현상을 모음생략이라 하는데, 그 자리에 생략부호(᾽)를 붙인다. 대부분의 모음생략은 전치사나 접속사, 불변화사에 국한된다.

예) διὰ αὐτοῦ → δι᾽ αὐτοῦ

(3) 분음부호 (¨): 이중모음으로 발음하지 말고 분리해서 발음하라는 부호이다.

예) Ἠσαΐας : '에-사이-아스' 가 아니라 '에-사-이-아스'

(4) 단축부호(᾽) : 두 단어가 합해져서 한 단어가 된 경우에 단축부호(᾽)를 붙인다.

예) καὶ ἐγω → κἀγώ

Ⅱ. 악센트(Accent)

악센트는 원래 B.C. 3세기 경 음절의 음악적 고저(προσῳδία, 곡조)를 나타내기 위하여 만들어 졌는데, 소리의 높이에 따라 단계별로 고음>중음>저음>평음으로 나눌 수 있다. 하지만 A.D. 9세기경까지의 신약성경 대문자 사본에는 악센트가 붙어 있지 않다. 그러므로 악센트 없이도 헬라어를 배울 수 있고, 또한 우리의 목표는 헬라어 작문이 아니라 원문 해석이기 때문에 본 교재에서는 악센트에서 꼭 배워야 하는 기본적인 사항만을 다루도록 할 것이다. 헬라어 악센트와 관련해서 먼저 익혀야 할 것은 음절을 구분하는 것이다.

1. 음절

(1) 한 단어는 모음, 혹은 중모음의 숫자만큼의 음절을 갖는다. 즉 음절을 구성하는 기본 단위는 모음인데, 여기서 자음은 모음의 앞이나 뒤에 붙여질 수 있다.

(2) 악센트는 음절의 핵인 모음 위에 붙이는데, 그것은 각 단어의 마지막 세 음절에만 붙일 수 있다. 다음은 각 음절의 라틴어 이름이다.

λαμ	βά	νο	μεν
	antepenult	penult	ultima
	셋째 음절	끝 앞 음절	끝 음절

(3) 단음절과 장음절: 단모음을 가진 음절은 단음절이고, 장모음이나 이중모음을 가진 음절은 장음절이다. 단, αι나 οι가 단어 끝에 오는 경우에는 단음절로 취급한다.

2. 악센트의 일반법칙

	antepenult	penult	ultima
acute	´	´	´
circumflex		῀	῀
grave			`

(1) 악센트 종류: 애큐트 (´), 써컴플렉스(῀), 그레이브(`) 세 종류가 있다.

(2) 악센트의 일반법칙: 헬라어의 거의 모든 단어는 기본적으로 하나의 악센트를 가지고 있는데, 악센트는 마지막 세 음절에만 붙일 수 있다.

1) 애큐트(´): 마지막 세 음절 어디에나 올 수 있지만, 울티마(끝음절)가 긴 경우 안티피널트에는 올 수 없다.

예) ἀ/ πό/ στολ/ ος　　ἀ/ πο/ στόλ/ ου　　ἀ/ δελ/ φός

2) 써컴플렉스(῀) : 끝 두 음절에 올 수 있는데, 장음절인 경우에만 가능하다.

예) δοῦλ/ ος　　ἀ/ δελ/ φοῦ

3) 그레이브(`): 울티마에만 붙는다. 울티마에 애큐트가 붙은 단어가 구두점 없이 다른 단어와 연결될 때 울티마의 애큐트는 그레이브로 바뀐다.

예) καὶ λέγω

4) 헬라어의 악센트 법칙의 중요한 관건은 울티마의 장단에 있다.

① 울티마가 긴 경우: 안티피널트에는 악센트가 올 수 없고, 피널트에 악센트가 붙는다면 반드시 애큐트이어야 한다.

예) λαμ / βά / νω　　　δούλ / ου

② 울티마가 짧은 경우 : 세 음절에 모두 악센트가 올 수 있는데, 피널트가 긴 경우 피널트에 악센트가 붙는다면 반드시 써컴플렉스이어야 한다.

예) δοῦλ / ος

3. 동사의 악센트 법칙 : 역행적

동사의 악센트는 역행적이어서 일반법칙이 허락하는 한 안티피널트까지 올라가려고 한다.

예) λέ / γο / μεν

4. 명사(형용사, 분사)의 악센트 법칙 : 고정적

(1) 명사의 악센트는 고정적이어서 '가능하면' 단수 주격(표제어, 혹은 사전형)의 위치를 유지하려 한다.

(2) 여기서 '가능하면' 이란 표현은 울티마가 긴 경우에 생기는 문제를 염두에 둔 것이다. 특히 ἄνθρωπος같이 안티피널트에 애큐트가, δοῦλος같이 피널트에 써컴플렉스가 있는 경우인데, 이때는 자신의 위치, 또는 모양을 지키지 못하고 일반법칙을 따라 변화한다.

예) ἄνθρωπος(단수 주격)　ἀνθρώπου(O)　ἀνθρῶπου(X)
　　δοῦλος(단수 주격)　δούλου(O)　δοῦλου(X)

(3) 더 자세한 악센트 법칙은 차후 꼭 필요할 경우에 다루어질 것이다.

Ⅲ. 성경원문읽기

※ 헬라어 공부의 첫걸음은 정확한 읽기입니다. 다음 문장을 소리 내어 천천히 읽어 보십시오(요 1:1-5).

1. Ἐν ἀρχῇ ἦν ὁ λόγος, καὶ ὁ λόγος ἦν πρὸς τὸν θεόν, καὶ θεὸς ἦν ὁ λόγος.

2. οὗτος ἦν ἐν ἀρχῇ πρὸς τὸν θεόν.

3. πάντα δι' αὐτοῦ ἐγένετο, καὶ χωρὶς αὐτοῦ ἐγένετο οὐδὲ ἕν. ὃ γέγονεν.

4. ἐν αὐτῷ ζωὴ ἦν, καὶ ἡ ζωὴ ἦν τὸ φῶς τῶν ἀνθρώπων·

5. καὶ τὸ φῶς ἐν τῇ σκοτίᾳ φαίνει, καὶ ἡ σκοτία αὐτὸ οὐ κατέλαβεν.

※ 다음 헬라어 단어에 악센트를 붙이십시오.

6. 동사 λαμβανομεν

7. 동사 βλεπεται

8. 명사 ἀνθρωπους (기본형: ἄνθρωπος)

9. 명사 ἀποστολοι (기본형: ἀπόστολος)

10. 명사 δουλων (기본형: δοῦλος)

제 2 과
현재 능동태 직설법

문장의 근간을 이루는 가장 중요한 품사는 동사이다. 헬라어 동사는 시제·태·법·인칭·수에 따라 그 형태가 달라지는데, 이를 동사의 '변화' 혹은 '활용'(conjugation)이라 부른다. 헬라어 동사에는 ω동사(1,729개)와 μι동사(119개) 두 종류가 있어 동사 변화 체계도 두 종류가 있다. ω와 μι는 현재 능동태 직설법 1인칭 단수형이며, 동시에 표제어(사전형)의 어미 형태를 딴 것이다.

1,848개의 헬라어 동사 중 주로 사용되는 것은 ω동사이므로 ω동사의 변화를 잘 익히는 것이 중요하다. 특히 ω동사의 현재 능동태 직설법의 변화를 숙지하면, 헬라어 문장 속에서 수천 개의 동사의 품사와 시제를 식별하고, 문장의 구조를 파악하는 마스터 키를 소유하게 될 것이다.

I. 동사 개관

1. 시제: (1) 제 1 시제(현재, 미래, 현재완료)

(2) 제 2 시제(부정과거, 미완료과거, 과거완료)

2. 태: 능동태, 수동태, 중간태

3. 법: 직설법, 가정법, 명령법, 희구법(기원법)

4. 인칭: 1인칭, 2인칭, 3인칭

5. 수: 단수, 복수

II. 직설법의 특징

1. 직설법은 어떤 사실을 단순히 기록할 때 일반적으로 사용하는 법이다.

※ 직설법은 다양한 용법들이 많이 있는데, 더 자세한 용법은 권말 부록의 구문론 중 "직설법의 용법"을 참조하라.

2. 헬라어 동사의 어미는 주어의 태 · 인칭 · 수를 표시하는 기능을 가지고 있다.

3. 동사의 현재형은 현재(~하다)와 현재진행(~하는 중이다)을 같이 표현하는데, 즉 진행과 반복의 의미가 있다.

4. 헬라어 동사의 시제(tense)는 시간의 개념만을 지닌 한글이나 서구 언어와는 달리 시간(time)과 상(aspect) 모두를 표현한다. 상이란 동작이나 상태의 단순한 발생이나 계속(반복, 진행)을 표현하는 동작의 양식이다. 헬라어 동사는 직설법에서는 시간과 상을 모두 가지고 있지만, 나머지 법에서는

시간은 나타내지 않고 상만을 나타낸다. 이것은 올바른 본문 석의를 위해 꼭 기억해 두어야 할 헬라어 동사의 개념이다.

Ⅲ. 현재 능동태 직설법

구 분	단 수		복 수	
1 인칭	λύ ω	내가 풀고 있다	λύ ομεν	우리가 풀고 있다
2 인칭	λύ εις	네가 풀고 있다	λύ ετε	너희가 풀고 있다
3 인칭	λύ ει	그(녀)가 풀고 있다	λύ ουσι(ν)	그들이 풀고 있다

1. 구조: 현재어간 + 연결 모음(ε/ο) + 제 1 시제 능동태 인칭어미(단수: -μι -σι -τι, 복수: -μεν -τε -ντι)가 붙어 위와 같은 최종 형태가 되었다.

2. 변칙자음 ν: 3인칭 복수의 어미 ουσι 뒤에는 변칙자음 ν(movable ν)가 올 수 있다. 이는 주로 모음으로 시작하는 단어 앞에서 모음과 모음이 충돌하는 것을 막기 위해서이다. 또한 문장이 모음으로 불완전하게 마치는 것을 막기 위해 문장 끝에 쓰이고, 일부 자음(γ, κ, μ, π, σ, τ 등)으로 시작하는 단어가 이어질 때 붙이기도 한다.

3. 동사분해: 헬라어의 동사는 문장의 근간을 이루고 있으므로, 동사의 시제 · 태 · 법을 정확히 파악하여 그 의미를 알아내는 것이 매우 중요하다. 이런 이유로 문장 중에서 동사는 반드시 분해를 해야 한

다. 분해의 방식[1]에는 여러 가지가 있지만, 우리는 가장 보편적인 방식을 따라 다음과 같이 분해하기로 한다.

예) λύεις: λύω의 현재 능동태 직설법 2인칭 단수

Ⅳ. 문장의 종류

1. 긍정문: ἀκούομεν 우리가 듣고 있다(행 2:8).

2. 부정문: 직설법의 부정어 οὐ (οὐκ, οὐχ)

직설법을 부정할 때 부정어 οὐ가 사용된다. 부정어는 뒤에 오는 단어에 따라 다음과 같이 그 형태가 변한다.

οὐ + 자음	οὐ πιστεύετε	너희가 믿지 않는다(요 5:38).
οὐκ + 모음(약한숨표)	οὐκ ἀκούουσιν	그들이 듣지 않는다(마 13:13).
οὐχ + 모음(강한숨표)	οὐχ εὑρίσκει	그가 발견하지 못한다(마 12:43).

3. 의문문

λύετε; 너희가 풀어주고 있는가? (눅 19:33)

---

1) 현재 시중에 나와 있는 성경 프로그램들마다 서로 다른 분해의 방식을 사용하고 있다. 예를 들어 바이블웍스(BibleWorks)는 법 · 시제 · 태 · 인칭 · 수를 쓰고 있지만 분해에 절대적 방식이란 존재할 수 없다.

V. 단어

동사

ἀκούω 듣다(428회)[2] (소유격과 목적격을 직접 목적어로 취함)
βαπτίζω 세례주다(77)
βλέπω 보다(132)
γινώσκω 알다(222)
εὑρίσκω 찾다, 발견하다(176)
λαμβάνω 취하다, 영접하다(258)
λέγω 말하다(2,353)
λύω (사람) 풀다, (건물) 파괴하다(42)
μένω 머물다(118)
πιστεύω 믿다(241) (여격을 직접 목적어로 취함)

접속사

καί 그리고(9,018)

(강조) 불변화사

ἀμήν[3] 진실로(129)

의문부사

ποῦ 어디에(where) (52)

---

2) ἀκούω동사는 신약성경에서 현재 능동태 직설법으로는 46회 쓰이고 있다. 괄호 안의 숫자(428회)는 ἀκούω 동사가 현재형뿐 아니라 다른 시제와 법으로 쓰인 총 횟수를 표시해 놓은 것이다.

3) ἀμήν은 신약성경에서 다양한 기능을 하는데, 일반적으로 동사 λέγω와 함께 강조적으로는 약 75회 사용되고 있다(막 3:28; 요 1:51; 3:3 등).

Ⅵ. 성경원문읽기

※ 다음 문장에서 동사를 분해하고, 문장 전체를 정확히 해석하십시오.

1. γινώσκετε (마 24:32).

2. λαμβάνει (눅 11:10).

3. ἀκούουσιν (마 13:13).

4. οὐ πιστεύετε (요 5:38).

5. ἀκούετε καὶ βλέπετε (마 11:4).

6. ἀμὴν ἀμὴν λέγω (요 5:24).

7. ποῦ μένεις; (요 1:38).

8. βαπτίζεις; (요 1:25).

9. εὑρίσκει Φίλιππος (요 1:45).
   * Φίλιππος (빌립이)

10. πιστεύω, κύριε (요 9:38).
   * κύριε (주여)

제 3 과

제 2 변화 명사

명사는 보통 사람이나 사물의 이름, 또는 그 행동이나 성격 등을 표현하는 품사이다. 헬라어의 명사는 크게 세 종류로 분류되는데 제 1 변화 명사, 제 2 변화 명사, 제 3 변화 명사이다. 단어의 어간이 α로 끝나면 1 변화, ο으로 끝나면 2 변화, 자음이나 폐모음 ι, υ으로 끝나면 3 변화 명사라 부른다. 변화의 규칙성과 명사의 빈도수에 따라서 편의상 제 2 변화, 제 1 변화, 제 3 변화의 순으로 공부하는 것이 효과적이다.

헬라어의 모든 명사는 성(gender)을 가지며, 격(case)과 수(number)에 따라 변화한다. 특히 헬라어는 우리말과 달리 모든 명사에 성(gender)이 있는데, 남성, 여성, 중성이 있다, 성의 구별은 드물게 자연적인 성(sex)의 의미가 있기도 하지만, 원칙적으로는 의미의존적이 아니라 형태의존적이기에 문법적 성이라 부르기도 한다. 명사의 성이 중요한 이유는 그 자체의 의미보다는 명사를 수식하는 관사, 형용사, 대명사와 성이 '일치'해야 하기 때문이다.

제 2 변화 명사는 신약성경에 695개의 단어가 총 4,296회 나오고 있다. 2 변화에 속하는 명사는 남성 62%, 여성 7%, 중성이 31%를 차지하는데, 주격 단수가 -ος(남성이나 여성)로 끝나는 명사와 -ον(중성)으로 끝나는 명사, 크게 두 무리로 나누어진다. 이처럼 제 2 변화 명사는 단어의 어간이 모두 ο으로 끝나기 때문에 'ο변화'(o-declension)라고 부르기도 한다.

제 1, 2 변화 명사의 변화는 명사를 수식하는 형용사와 여러 대명사(관계 · 재귀 · 지시 · 인칭) 변화의 근간이 되므로 철저히 익혀야 한다.

I. 명사 개관

1. 성(gender): 남성, 여성, 중성

2. 수(number): 단수, 복수

3. 격(case):

(1) 주격(주어, 보어): ~은, ~는, ~이, ~가

(2) 소유격(소유, 출처, 분리): ~의

(3) 여격(간접목적어, 수단): ~에게, ~으로, ~을 위하여

(4) 목적격(직접목적어): ~을, ~를

(5) 호격: ~아, ~여

※ 헬라어 명사의 격은 한글이나 영어와는 달리 매우 다양한 용법들이 있는데, 더 자세한 용법을 위해서는 권말 부록의 구문론 중 "명사의 격의 용법"을 참조하라.

II. 제 2 변화 명사의 구성

남 성	여 성	중 성
κύριος (주님, 주인)	ὁδός (길)	τέκνον (아이, 자녀)
ἀπόστολος (사도)	ἔρημος (광야)	δῶρον (선물)

제 2 변화 명사는 신약성경에 695개의 단어가 총 4,296회 사용되는데, 남성 62%, 여성 7%, 중성 31%로 구성되어 있다.

III. 남성명사

구 분	단 수		복 수	
주 격	ἄνθρωπ ος	사람이	ἄνθρωπ οι	사람들이
소유격	ἀνθρώπ ου	사람의	ἀνθρώπ ων	사람들의
여 격	ἀνθρώπ ῳ	사람에게	ἀνθρώπ οις	사람들에게
목적격	ἄνθρωπ ον	사람을	ἀνθρώπ ους	사람들을
호 격	ἄνθρωπ ε	사람아	(주격과 동일)	사람들아

1. 원래 2변화 명사는 어간이 ἄνθρωπο-와 같이 ο으로 끝나기 때문에 ο 변화라고 하지만, 이 ο은 어미와 결합되면서 다른 형태로 변하기도 하기 때문에 ἄνθρωπ-까지를 어간, ος, ου 등을 어미로 여기는 것이 편리하다.

2. 명사의 호격은 대부분 주격과 동일한데, 주로 남성 단수에서는 예외이다.

Ⅳ. 중성명사

구 분	단 수		복 수	
주(호)격	τέκν ον	자녀가	τέκν α	자녀들이
소유격	τέκν ου	자녀의	τέκν ων	자녀들의
여 격	τέκν ῳ	자녀에게	τέκν οις	자녀들에게
목적격	τέκν ον	자녀를	τέκν α	자녀들을

1. -ον으로 끝나는 명사는 모두 중성이다.

2. 중성명사는 주격, 목적격, 호격이 동일하고, 소유격과 여격은 남성명사와 동일하다.

Ⅴ. 여성명사

구 분	단 수		복 수	
주 격	ὁδ ός	길이	ὁδ οί	길들이
소유격	ὁδ οῦ	길의	ὁδ ῶν	길들의
여 격	ὁδ ῷ	길에게	ὁδ οῖς	길들에게
목적격	ὁδ όν	길을	ὁδ ούς	길들을
호 격	ὁδ έ	길이여	(주격과 동일)	길들이여

1. 제 2 변화 여성명사는 성은 여성이지만, 남성명사와 동일하게 변화한다.

2. ὁδός와 같이 끝음절에 악센트가 있는 모든 1, 2변화 명사는 소유격과 여격에서는 써컴플렉스를, 다른 격에서는 애큐트를 가지는데, 이는 악센트 일반법칙의 예외이다.

3. ὁδός와 더불어 또 다른 대표적인 제 2 변화 여성명사에는 ἔρημος (광야, 48회)가 있다.

VI. 헬라어의 어순

헬라어는 다른 언어에 비해 비교적 어순이 자유롭다. 일반적으로 주어 + 동사 + 목적어의 순서를 취하지만 다양한 어순을 가질 수 있는데, 이는 위치가 바뀌어도 각각의 어형을 보면 그 의미를 알 수 있기 때문이다. 그러나 강조하는 단어는 문장의 시작이나 끝(주로 시작)에 놓인다.

VII. 단어

동사

ἀποστέλλω	보내다(132회)
διδάσκω	가르치다(97)
ἔχω	가지다, 소유하다(708)
ὑπάγω	가다, 떠나다(79)

명사

ἄγγελος, ου	ὁ	천사(175)
ἄνθρωπος, ου	ὁ	사람(550)
δοῦλος, ου	ὁ	종(126)
θεός, οῦ	ὁ	하나님(1,317)
κύριος, ου	ὁ	주님, 주인(717)
νόμος, ου	ὁ	율법(194)
υἱός, οῦ	ὁ	아들(377)
ὁδός, οῦ	ἡ	길(101)
ἔρημος, ου	ἡ	광야(48)
τέκνον, ου	τό	아이, 자녀(99)

감탄사

ὦ	오~(20)

VIII. 성경원문읽기

※ 다음 문장에서 동사를 분해하고, 명사의 성 · 수 · 격에 주의하여 문장 전체를 정확히 해석하십시오.

1. ἀποστέλλει ὁ υἱὸς ἀνθρώπου ἀγγέλους (마 13:41).

2. δοῦλοι λέγουσιν κυρίῳ (마 13:28).

3. κύριε, ἄνθρωπον οὐκ ἔχω (요 5:7).

4. ὁδὸν θεοῦ διδάσκεις (눅 20:21).

5. ὁ υἱὸς ἀνθρώπου ὑπάγει (마 26:24).

6. γινώσκει θεόν (요일 4:7).

7. κύριε, ποῦ ὑπάγεις; (요 13:36)

8. ὁ θεὸς οὐκ ἀκούει (요 9:31).

9. εὑρίσκω νόμον (롬 7:21).

10. ὦ, ἄνθρωπε θεοῦ (딤전 6:11).

제4과

제1 변화 명사 · 관사

제1 변화 명사는 어간이 α로 끝나기 때문에(물론 η로 끝나는 명사도 있지만, 이는 장모음 α의 변형) 'α변화'(a-declension)라고 불린다. 이 변화에 속하는 명사는 남성명사도 있지만 대부분 여성명사이고 중성명사는 하나도 없다. 제1 변화 명사는 신약성경에 827개의 단어가 총 7,996회 쓰이고 있다.

헬라어에는 부정관사는 없고, 단지 관사(ὁ, ἡ, τό)만 사용되었기에 관사라 함은 곧 정관사를 의미한다. 관사는 명사를 수식하는 품사이고, 수식하는 명사와 성 · 수 · 격이 일치한다. 관사는 신약성경에서 가장 많이 나오는 단어로(19,863회), 관사를 보면 뒤 따르는 명사의 성 · 수 · 격을 알 수 있으므로 철저히 익히면 문장 안에서 명사의 역할을 구분하는데 결정적 도움을 얻을 수 있다.

Ⅰ. 제1 변화 명사의 구성

제 1 변화 명사는 대부분 여성명사이고, 약간의 남성명사로 구성되어 있다.

여 성			남 성(-ης, -ας)
-α형	-η형	α/η혼합형	μαθητής(제자)
ἐκκλησία(교회)	φωνή(소리)	δόξα(영광)	νεανίας(청년)

Ⅱ. 여성명사(α형, η형, α/η 혼합형)

구분	격	α형	η형	α/η 혼합형
단수	主(호)격	ἐκκλησί α	φων ή	δόξ α
	소유격	ἐκκλησί ας	φων ῆς	δόξ ης
	여 격	ἐκκλησί ᾳ	φων ῇ	δόξ ῃ
	목적격	ἐκκλησί αν	φων ήν	δόξ αν
복수	主(호)격	ἐκκλησί αι	φων αί	δόξ αι
	소유격	ἐκκλησι ῶν	φων ῶν	δοξ ῶν
	여 격	ἐκκλησί αις	φων αῖς	δόξ αις
	목적격	ἐκκλησί ας	φων άς	δόξ ας

1. α형: 어간이 ϵ, ι, ρ로 끝나면 어미 -α가 붙는데, 이런 명사는 α형 변화를 한다.

2. η형: 어간이 ϵ, ι, ρ로 끝나지 않으면 어미 -η가 붙는데, 이런 명사는 η형 변화를 한다.

3. α/η 혼합형: 어간이 자음(ρ제외)으로 끝남에도 -α로 끝나는 명사는 약간의 예외는 있지만 α/η혼성어미가 붙는다. ζ, λλ, ξ, σ다음에는 항상 α/η혼성어미가 붙여진다.

(예: θάλασσα: 호수, γλῶσσα: 방언, ῥίζα: 뿌리)

4. 제 1 변화 명사는 기본형의 악센트 위치에 상관없이 복수 소유격의 울티마에 써컴플렉스(ˆ)가 붙고, 복수 목적격의 -ας는 항상 길다.

Ⅲ. 남성명사

구 분	단 수		복 수	
주 격	μαθητ ής	제자가	μαθητ αί	제자들이
소 유 격	μαθητ οῦ	제자의	μαθητ ῶν	제자들의
여 격	μαθητ ῇ	제자에게	μαθητ αῖς	제자들에게
목 적 격	μαθητ ήν	제자를	μαθητ άς	제자들을
호 격	μαθητ ά	제자여	(주격과 동일)	제자들이여

제 1 변화 명사 중에서 -ας나 -ης로 끝나는 명사는 남성명사로서, 단수주격과 소유격 외에는 제 1 변화 여성명사와 같이 변화한다.

Ⅳ. 관사 (19, 863회)

구 분	단 수			복 수		
	남 성	여 성	중 성	남 성	여 성	중 성
주 격	ὁ	ἡ	τό	οἱ	αἱ	τά
소유격	τοῦ	τῆς	τοῦ	τῶν	τῶν	τῶν
여 격	τῷ	τῇ	τῷ	τοῖς	ταῖς	τοῖς
목적격	τόν	τήν	τό	τούς	τάς	τά

1. 구조: 어미변화는 남성, 여성, 중성에서 명사의 2변화, 1변화, 2변화를 따른다. 관사는 중성을 제외한 모든 주격에서 강한 숨표가 사용되고, 그 외의 경우에는 모두 τ가 앞에 붙는다.

2. 특징: 관사는 명사를 한정할 때 사용하고, 명사와 성 · 수 · 격이 일치한다. 관사가 있는 경우 보통 '그'를 붙여 해석하고, 관사가 없는 경우 '한' 또는 '어떤'을 첨가하여 해석하는 것이 좋다.

3. 중요성: 관사는 성경에서 가장 많이 나오는 단어로(19,863회), 관사를 보면 뒤따르는 명사의 성 · 수 · 격을 알 수 있고, 문장 안에서 명사의 역할을 구분할 수 있으므로 철저히 익혀야 한다.

※ 헬라어 관사는 단순히 명사를 한정하는 외에도 다양한 용법들이 있는데, 더 자세한 용법을 위해서는 권말 부록의 구문론 중 "관사의 용법"을 참조하라.

V. 제1, 2 변화 명사 변화 정리

구분		제 2 변화		제 1 변화			
				여성			남성
		남성/여성	중성	α형	η형	α/η형	
단수	주격	ος	ον	α	η	α	ης
	소유격	ου	ου	ας	ης	ης	ου
	여격	ῳ	ῳ	ᾳ	ῃ	ῃ	ῃ
	목적격	ον	ον	αν	ην	αν	ην
	호격	ε	호격=주격	호격=주격	호격=주격	호격=주격	α(η)
복수	주(호)격	οι	α	αι			
	소유격	ων	ων	ῶν			
	여격	οις	οις	αις			
	목적격	ους	α	ας			

※ **중요성** : 제1, 2변화 명사의 변화는 1,522개의 1, 2변화 명사를 구별하는 마스터 키의 역할을 할 뿐 아니라, 또한 앞으로 배우게 될 형용사와 여러 대명사(인칭 · 지시 · 관계 · 재귀) 변화와 거의 동일하므로 반드시 암기해 두어야 한다.

VI. 단어

명사

ἀγάπη, ης	ἡ	사랑(116회)
ἀρχή, ῆς	ἡ	시작(55)
δόξα, ης	ἡ	영광(166)
ἐκκλησία, ας	ἡ	교회(114)
ἐξουσία, ας	ἡ	권세(102)
ζωή, ῆς	ἡ	생명(135)
καρδία, ας	ἡ	마음, 심장(156)
μαθητής, οῦ	ὁ	제자(261)
προφήτης, ου	ὁ	선지자, 예언자(144)
εὐαγγέλιον, ου	τό	복음(76)
σάββατον, ου	τό	안식일(68)

관사

ὁ, ἡ, τό 그(19, 863)

Ⅶ. 성경원문읽기

※ 다음 문장에서 동사를 분해하고, 명사의 성 · 수 · 격에 주의하여 문장 전체를 정확히 해석하십시오.

1. ζωὴν ἔχετε (요일 5:13).

2. λέγει τῷ μαθητῇ (요 19:27).

3. ἐξουσίαν ἔχει ὁ υἱὸς τοῦ ἀνθρώπου (마 9:6).

4. ὁ θεὸς γινώσκει τὰς καρδίας (눅 16:15).

5. δόξαν ἀνθρώπων οὐ λαμβάνω (요 5:41).

6. ὁ θεὸς ἀγάπη ἐστίν (요일 4:8).
   * ἐστίν (~이다: is)

7. τὴν ἀγάπην τοῦ θεοῦ οὐκ ἔχετε (요 5:42).

8. κύριός ἐστιν τοῦ σαββάτου ὁ υἱὸς τοῦ ἀνθρώπου (마 12:8).

9. πιστεύεις, Ἀγρίππα, τοῖς προφήταις; (행 26:27)
   * Ἀγρίππα (아그립바여: 호격)

10. ἀρχὴ τοῦ εὐαγγελίου Ἰησοῦ Χριστοῦ υἱοῦ θεοῦ (막 1:1).
   * Ἰησοῦ Χριστοῦ (예수 그리스도의)

제 5 과

형용사 · εἰμί 현재 직설법

형용사는 명사를 수식하거나 묘사하는 역할을 하는 관계로 형용사의 어형변화는 명사의 변화를 따른다. 즉 형용사는 명사를 수식하기에 명사와 같이 성 · 수 · 격을 가지고 있고, 수식하는 명사와 성 · 수 · 격이 일치해야 한다. 따라서 이런 '일치' 라는 문법적 특성 때문에 명사나 형용사, 또는 관사 중 어느 하나를 보면 명사의 성 · 수 · 격을 알 수 있고, 이것이 헬라어를 분석적이고 조직적인 언어라 부르는 이유인 것이다.

형용사의 어미변화는 지금까지 배웠던 제 1, 2 변화 명사의 격어미를 그대로 따르고 있기 때문에 익히는데 특별히 어려움은 없을 것이다. 이는 수식하는 명사와 어미의 모양에 있어서도 가능하면 일치를 시키고자 하는 헬라어 문법의 특성 때문인데, 이런 일치의 원칙은 앞으로 배우게 될 인칭대명사, 지시대명사, 관계대명사에서도 동일하게 적용이 된다.

형용사를 배우는데 있어 '일치'와 더불어 중요한 것은 '용법'이다. 형용사의 용법에는 명사를 수식하는 관형적 용법, 형용사가 명사처럼 사용되는 독립적 용법, 그리고 형용사가 마치 동사처럼 사용되는 서술적 용법이 있다. 이들 중 일반적으로 사용되는 용법은 관형적 용법과 독립적 용법인데, 특히 독립적 용법은 수식하는 명사가 생략되어 있어 구별이 쉽지 않고, 또 사용 빈도도 워낙 높아 정확히 해석할 수 있도록 잘 익혀두어야 한다.

εἰμί 동사는 영어의 be동사에 해당하는 것으로 보통 인칭대명사와 함께 쓰이고, 다른 μι 동사와는 달리 불규칙적으로 변하면서 상태나 존재를 나타낸다.

I. 형용사 (ἀγαθός, ή, όν: 선한)

구 분		남 성	여 성	중 성
단수	주 격	ἀγαθ ός	ἀγαθ ή	ἀγαθ όν
	소 유 격	ἀγαθ οῦ	ἀγαθ ῆς	ἀγαθ οῦ
	여 격	ἀγαθ ῷ	ἀγαθ ῇ	ἀγαθ ῷ
	목 적 격	ἀγαθ όν	ἀγαθ ήν	ἀγαθ όν
	호 격	ἀγαθ έ	(주격과 동일)	(주격과 동일)
복수	주(호)격	ἀγαθ οί	ἀγαθ αί	ἀγαθ ά
	소 유 격	ἀγαθ ῶν	ἀγαθ ῶν	ἀγαθ ῶν
	여 격	ἀγαθ οῖς	ἀγαθ αῖς	ἀγαθ οῖς
	목 적 격	ἀγαθ ούς	ἀγαθ άς	ἀγαθ ά

1. 형용사의 변화는 남성과 중성은 명사의 2변화를, 여성은 1변화를 따르기 때문에 편의상 2-1-2 변화라 부르기도 한다.

2. 형용사는 어간이 ϵ, ι, ρ로 끝나면 -ος, -α, -ον의 형태(예: ἅγιος, α, ον 거룩한)를, 그 이외의 경우는 -ος, -η, -ον의 형태 (예: ἀγαθός, ή, όν)를 지닌다.

II. 형용사의 어미 일치

형용사는 수식하는 명사와 성 · 수 · 격이 일치해야 한다.

ὁ ἀγαθὸς ἄνθρωπος	그 선한 사람이
ἡ ἀγαθὴ ἐκκλησία	그 선한 교회가
τὸ ἀγαθὸν τέκνον	그 선한 아이가

III. 형용사의 용법

형용사의 용법에는 관형적 용법, 독립적 용법, 서술적 용법 세 가지가 있다. 그 구분은 주로 형용사 앞의 관사의 유무에 따라 결정되는데, 관사가 없는 경우는 문맥으로 그 용법을 구분할 수 있다.

1. 관형적 용법 : 가장 일반적 용법으로 관사를 가진 형용사가 명사를 수식하는 용법이다.
(예외: 명사 앞에 관사가 생략된 경우에는 형용사 앞에도 관사가 생략된다.)

관사 + 형용사 + 명사	ὁ ἀγαθὸς ἄνθρωπος	그 선한 사람이
관사+명사+ 관사+형용사	ὁ ἄνθρωπος ὁ ἀγαθός (이 경우는 약간의 강조의 의미가 있음)	그 선한 사람이

2. 독립적 용법: 관사를 가진 형용사가 수식하는 명사 없이 명사처럼 쓰이므로 명사적 용법 혹은 독립적 용법이라 부르는데, 관형적 용법만큼 많이 사용된다. 독립적 용법일 경우 형용사 어미의 성 · 수 · 격에 주의하여 그 뜻을 해석해야 한다 (예외: 경우에 따라 관사가 생략되어 나타나기도 한다).

관사 + 형용사　ὁ ἀγαθός　그 선한 남자가
　ἡ ἀγαθή　그 선한 여자가

3. 서술적 용법: 형용사가 관사 없이 마치 동사처럼 사용되므로 형용사의 동사적 용법이라 부르기도 한다. 서술적 용법이 성립되려면 문장 안에 (εἰμί 동사를 제외하고는) 동사가 없어야 한다.

관사 + 명사 + 형용사　ὁ ἄνθρωπος ἀγαθός.　그 사람은 선하다.
형용사 + 관사 + 명사　ἀγαθὸς ὁ ἄνθρωπος.　그 사람은 선하다.

Ⅳ. εἰμί 동사의 현재 직설법 (2,462회)

구 분	단 수	복 수
1 인칭	εἰμί	ἐσμέν
2 인칭	εἶ [4]	ἐστέ
3 인칭	ἐστί(ν)	εἰσί(ν)

1. 특징 : εἰμί동사는 불완전자동사(연결동사)로서 서술적 주격(주로 관사 없는 명사)을 주격보어로 취할 수 있는데, 이때는 "~는 ~이다." 라는 의미로 사용된다. 또한 완전자동사(존재동사)로서 "~이 있다." 라는 의미로 사용되기도 한다.

2. 분해 : εἰμί동사는 현재시제에서는 능동태가, 미완료과거와 미래 시제에서는 중간태가 사용되기에 분해할 때 태를 언급하지 않는다.

예) ἐστέ: εἰμί의 현재 직설법 2인칭 복수

V. 단어

동사

ἐγείρω	일으키다, 살리다(144회)
εἰμί	내가 ~이다, 있다 (2,462)
ἐκβάλλω	내어놓다, 내쫓다(81)
κρίνω	판단하다, 심판하다(114)

명사

ἐντολή, ῆς	ἡ	계명(67)
ναός, οῦ	ὁ	성전, 성소(45)
φωνή, ῆς	ἡ	소리, 음성(139)

형용사

ἀγαθός, ή, όν	선한(125)	
ἅγιος, α, ον	거룩한(233)	(οἱ ἅγιοι, 성도들)
ἄλλος, η, ο	다른(155)	(중성 단수 주격이 ον대신 ο)
ἔσχατος, η, ον	마지막의(52)	
ἕτερος, α, ον	다른, 상이한(98)	
μακάριος, α, ον	복된, 행복한(50)	
νεκρός, ά, όν	죽은(128)	
πονηρός, ά, όν	악한(78)	
πρῶτος, η, ον	처음의, 첫 번째(155)	
πτωχός, ή, όν	가난한(34)	

---

4) εἰμί동사의 2인칭 단수 εἶ는 항상 악센트가 있고 그 이외는 단어 뒤에 놓이는 후접어(p. 52 참조)이다. εἰμί 동사의 3인칭 단수 ἐστίν이 οὐκ, καί 등 몇 단어들을 만나면 첫 음절에 악센트가 온다. 예) οὐκ ἔστιν. 그가 있지 않다(눅 24:6; 눅 12:24; 요 1:47).

VI. 성경원문읽기

※ 다음 문장에서 동사를 분해하고, 형용사의 용법에 주의하여 문장 전체를 정확히 해석하십시오.

1. ὁ ἀγαθὸς ἄνθρωπος ἐκβάλλει ἀγαθά, καὶ ὁ πονηρὸς ἄνθρωπος ἐκβάλλει πονηρά (마 12:35).

2. βλέπω ἕτερον νόμον (롬 7:23).

3. οἱ νεκροὶ ἀκούουσιν[5] τῆς φωνῆς τοῦ υἱοῦ τοῦ θεοῦ. (요 5:25).

4. κρίνεις τὸν ἕτερον (롬 2:1).

5. ὁ νόμος ἅγιος καὶ ἡ ἐντολὴ ἁγία (롬 7:12).

6. ὁ θεὸς νεκροὺς ἐγείρει (행 26:8).

7. ὁ ναὸς τοῦ θεοῦ ἅγιός ἐστιν (고전 3:17).

8. ἐγὼ τὸ ἄλφα καὶ τὸ ὦ, ὁ πρῶτος καὶ ὁ ἔσχατος (계 22:13).
   * ἐγώ (나는, I)

9. ἄλλη ἐντολὴ οὐκ ἔστιν (막 12:31).

10. μακάριοι οἱ πτωχοί (눅 6:20).

---

5) ἀκούω 동사는 직접 목적어로 소유격을 취하기도 한다.

제 6 과
인칭대명사

대명사는 먼저 쓰인 명사를 대신할 때 사용되는 품사이다. 헬라어도 다른 언어와 마찬가지로 여러 종류의 대명사가 있는데, 곧 인칭, 지시, 재귀, 관계, 상관, 상호, 소유대명사 등 7종류가 있다. 이들 중 빈번하게 사용되는 것은 인칭대명사(11,206회), 지시대명사(1,656), 관계대명사(1,365)순으로 이들을 잘 익혀두어야 한다.

모든 언어는 문장에서 이미 사용한 명사를 반복하지 않으려는 특성이 있어 대명사가 사용되는데, 이 때 대명사가 지칭하고 있는 명사를 선행사라 부른다. 대명사는 선행사와 성과 수에서는 일치하지만, 격은 문장에서의 역할에 따라 달라지기도 한다.

이번 과에서 배우게 될 인칭대명사는 주로 주어를 강조할 때 사용된다. 헬라어는 인칭대명사 없이 동사의 어미만으로도 주어를 표시할 수 있기 때문에 인칭대명사가 덧붙여지면 당연히 강조 용법이 되는 것이다. 인칭대명사 중 3인칭은 형용사와 거의 동일하게 변화하기에 1, 2인칭의 인칭대명사를 잘 암기하여야 한다. 이는 1, 2인칭의 인칭대명사, 특히 복수가 성경에서 많이 사용되기 때문이다.

인칭대명사와 더불어 반드시 기억해야 할 동사는 인칭대명사와 함께 쓰이는 εἰμί동사이다. εἰμί동사는 영어의 be동사에 해당하는 것으로 상태나 존재를 나타낸다.

I. 인칭대명사

구 분	1 인 칭		2 인 칭	
	단 수	복 수	단 수	복 수
주 격	ἐγώ	ἡμεῖς	σύ	ὑμεῖς
소유격	μου (ἐμοῦ)	ἡμῶν	σου (σοῦ)	ὑμῶν
여 격	μοι (ἐμοί)	ἡμῖν	σοι (σοί)	ὑμῖν
목적격	με (ἐμέ)	ἡμᾶς	σε (σέ)	ὑμᾶς

1. 구조: 1인칭 대명사와 2인칭 대명사는 단수 주격을 제외하고는 어미가 거의 동일하게 변화한다. 따라서 영어에도 그 흔적이 남아 있는 1인칭(ἐγώ: ego, με: me)을 잘 암기하면, 2인칭의 변화는 쉽게 익힐 수 있다.

2. 특징: 1 · 2인칭 대명사의 단수에는 두 형태가 있는데, 괄호 안에 있는 것은 강조형이다. 대부분의 경우 악센트가 없는 보통형이 사용되며, 강조형은 전치사의 목적어나 다른 명사와 비교 · 대조 할 때 사용된다(단, πρός με는 예외로 보통형이 사용된다).

II. 3인칭 대명사(αὐτός, ή, ό)

구분		남성	여성	중성
단수	주격	αὐτ ός	αὐτ ή	αὐτ ό
	소유격	αὐτ οῦ	αὐτ ῆς	αὐτ οῦ
	여격	αὐτ ῷ	αὐτ ῇ	αὐτ ῷ
	목적격	αὐτ όν	αὐτ ήν	αὐτ ό
복수	주격	αὐτ οί	αὐτ αί	αὐτ ά
	소유격	αὐτ ῶν	αὐτ ῶν	αὐτ ῶν
	여격	αὐτ οῖς	αὐτ αῖς	αὐτ οῖς
	목적격	αὐτ ούς	αὐτ άς	αὐτ ά

1. 구조: 중성 단수 주격의 어미가 ον대신 ο가 된 것 외에는 형용사(예: ἀγαθός)와 동일하게 변화한다.

2. 특징: 대명사는 명사의 자리를 대신하여 반복을 피하면서 언어에 다양성과 유연성을 준다. 대명사가 대신하는 단어를 선행사라고 하는데, 선행사는 대명사와 성과 수는 일치하고, 격은 문장에서의 역할에 따라 달라진다.

예) βλέπω τὸν μαθητὴν καὶ διδάσκω αὐτόν.
내가 그 제자를 보고, 그리고 그(제자)를 가르친다.

예) ἡ ἐκκλησία διδάσκει με, καὶ ἐγὼ διδάσκω αὐτήν.
그 교회가 나를 가르치고, 그리고 나는 그녀(교회)를 가르친다.

Ⅲ. 후접어

인칭대명사의 보통형(1인칭: μου μοι με, 2인칭: σου σοι σε)은 다른 명사 뒤에 붙어 한 단어로 취급되는 후접어로서 앞 단어의 악센트에 영향을 미친다. 즉 끝음절의 그레이브는 애큐트로 변하고(예 1), 또한 한 단어에 악센트가 두 개 붙는 경우도 발생한다(예 2).

예 1) ἀδελφός μου
(두 단어이지만 ἀδελφόςμου처럼 한 단어로 취급)

예 2) ἄνθρωπος μου → ἄνθρωπόςμου
→ ἄνθρωπός μου[5)]

δοῦλος μου → δοῦλόςμου → δοῦλός μου

Ⅳ. αὐτός의 특별용법

αὐτός는 3인칭 인칭대명사로 쓰이는 경우보다는 다음과 같이 특별하게 쓰인다. 서술적 위치에서 '~ 자신'(self)이라는 의미의 강조대명사로, 관형적 위치에서 '동일한'(same)이라는 의미의 정체대명사로 사용된다.

1. 강조 용법: 서술적 위치(관사 없이)에서 명사와 동사를 강조한다.

αὐτὸς ὁ δοῦλος 그 종 자신이
αὐτὸς λέγω 나 자신이 말한다.

---

5) 헬라어의 악센트법칙은 acute가 antepenult를 넘어가거나 circumplex가 antepenult에 오는 것을 허용하지 않는데, 후접어가 붙는 경우 이런 현상들이 발생한다. 이런 경우 악센트법칙을 맞추기 위해 부득이 ultima에 acute를 하나 더 붙여 한 단어에 두 개의 악센트가 붙는 예외현상이 발생하게 된다.

2. 관형적 용법: 관형적 위치(+관사)에서 명사를 강조한다.

ὁ αὐτὸς δοῦλος 그 동일한 (바로 그) 종이

V. 고유명사

구 분	Ἰησοῦς, οῦ, ὁ 예수	Ἰωάννης, ου, ὁ 요한
주 격	Ἰησοῦς	Ἰωάνν ης
소유격	Ἰησοῦ	Ἰωάνν ου
여 격	Ἰησοῦ	Ἰωάνν ῃ
목적격	Ἰησοῦν	Ἰωάνν ην
호 격	Ἰησοῦ	Ἰωάνν η

VI. 단어

명사

ἀλήθεια, ας	ἡ	진리(109)
ἄρτος, ου	ὁ	빵 (97)
Ἰησοῦς, οῦ	ὁ	예수님 (917)
Ἰωάννης, ου	ὁ	요한 (135)
κόσμος, ου	ὁ	세상 (180)
χαρά, ᾶς	ἡ	기쁨(59)
Χριστός[6], οῦ	ὁ	그리스도(메시아의 헬라어 번역) (529)

형용사

πιστός, ή, όν	신실한, 믿음직한 (67)

인칭대명사

αὐτός, ή, ό	그가, 그녀가, 그것이 (5,597)
ἐγώ	내가 (1,720)
ἡμεῖς	우리가 (864)
σύ	네가 (1,068)
ὑμεῖς	너희가 (1,840)

6) Χριστός는 대문자와 소문자가 혼용되어 쓰인다.

VII. 성경원문읽기

※ 다음 문장에서 동사를 분해하고, 인칭대명사에 주의하여 문장 전체를 정확히 해석하십시오.

1. σὺ εἶ ὁ χριστὸς ὁ υἱὸς τοῦ θεοῦ (마 16:16).

2. ἐγώ εἰμι ὁ ἄρτος τῆς ζωῆς (요 6:35).

3. ἡμεῖς νόμον ἔχομεν (요 19:7).

4. ὑμεῖς ἐστε ἡ δόξα ἡμῶν καὶ ἡ χαρά (살전 2:20).

5. σὺ εἶ ὁ υἱὸς τοῦ θεοῦ, σὺ βασιλεὺς εἶ τοῦ Ἰσραήλ (요 1:49). * βασιλεύς (왕)

6. ἐγώ εἰμι ὁ θεὸς Ἀβραὰμ[7] καὶ ὁ θεὸς Ἰσαὰκ καὶ ὁ θεὸς Ἰακώβ (마 22:32).

7. ἐγὼ αὐτὸς ἄνθρωπός εἰμι (행 10:26).

8. αὐτὸς Δαυὶδ λέγει αὐτὸν κύριον (막 12:37).

9. ὑμεῖς ἐστε τὸ φῶς τοῦ κόσμου (마 5:14).
   * φῶς (빛)

10. λέγει αὐτῷ ὁ Ἰησοῦς· ἐγώ εἰμι ἡ ὁδὸς καὶ ἡ ἀλήθεια καὶ ἡ ζωή (요 14:6).

---

7) 여기 나오는 고유명사들 – Ἀβραάμ 아브라함(73회), Ἰσαάκ 이삭(20), Ἰακώβ 야곱(27) – 은 모두 남성으로 변화형이 하나밖에 없는 불변화 명사이기에 문맥으로 그 의미를 파악해야 한다.

제 7 과
전치사 · 지시대명사

전치사(preposition)는 '앞에 위치하는 품사'라는 뜻으로 명사나 대명사 앞에 위치하여 그 명사와 다른 단어 간의 관계를 표현하는데 사용된다.

헬라어 전치사의 특징은 명사(혹은 대명사)의 특정한 격과 함께 사용된다는데 있다. 신약성경에는 17개의 전치사가 사용되고 있는데, 대부분의 전치사는 한 개의 격만을 지배한다. 하지만 둘, 혹은 세 개의 격을 지배하는 전치사들도 있는데, 이런 경우는 동일한 전치사라도 격에 따라 의미가 달라지므로 두 개 이상의 격을 지배하는 전치사는 명사의 격에 주의해야만 전치사구의 의미를 정확히 파악할 수 있다.

또한 전치사는 동사와 합하여 새로운 동사가 되기도 하는데, 이런 동사를 합성동사라 한다. 대부분의 합성동사는 전치사의 뜻이 반영되지만, 어떤 합성동사는 동사와 유착하여 그 의미를 상실하는 경우도 있다.

지시대명사는 어떤 사물이나 사람을 가리키거나 주의를 환기시킬 때 사용되는 대명사로서, 근거리 지시대명사 οὗτος, αὕτη, τοῦτο (this)와 원거리 지시대명사 ἐκεῖνος, η, ο (that)가 있다. 이 둘 중 근거리 지시대명사는 그 사용 빈도가 매우 높으므로 잘 익혀 두어야 한다.

I. 전치사

1. 격지배에 따른 전치사 구분

(1) 한 개의 격을 지배하는 전치사

ἐν + 여격: ~안에 (2,752회)

(ἐν ταῖς ὁδοῖς 그 길들 안에, 롬 3:16)

εἰς + 목적격: ~안으로 (2,112)

(εἰς τὸν οὐρανόν 하늘 안으로, 행 2:34)

ἐκ + 소유격: ~밖으로, ~로부터 (914)

(ἐκ τῆς γῆς 땅 밖으로, 계 13:11)

ἀπό + 소유격: ~로부터 (646)

(ἀπὸ τοῦ οὐρανοῦ 하늘로부터, 눅 9:54)

σύν + 여격: ~와 함께 (128)

(σὺν τῷ Χριστῷ 그리스도와 함께, 골 3:3)

πρό + 소유격: ~앞에 (47)

(πρὸ προσώπου σου 너의 얼굴 앞에, 막 1:2)

(2) 두 개의 격을 지배하는 전치사: διά, μετά 등이 있는데, 취하는 격에 따라 그 의미가 달라진다.

διά + 소유격: ~을 통하여 (667)

(διὰ τῆς Σαμαρείας 사마리아를 통과하여, 요 4:4)

+ 목적격: ~때문에

(διὰ τὴν ἀλήθειαν 진리 때문에, 요이 1:2)

μετά + 소유격: ~와 함께 (469)

(μετὰ ἀνθρώπων 사람들과 함께, 롬 12:18)

+ 목적격: ~ 후에

(μετὰ δύο ἡμέρας 이틀 후에, 마 26:2)

(3) 세 개의 격을 지배하는 전치사: 뜻이 거의 비슷한 특징이 있다.

πρός + 소유격: ~을 위하여 (1)
(πρὸς τῆς σωτηρίας 구원을 위하여, 행 27:34)
+ 여격: ~ 옆에 (7)
(πρὸς τῷ μνημείῳ 무덤 곁에, 요 20:11)
+ 목적격: ~에게로 (692)
(πρὸς τὸν Ἰησοῦν 예수님께로, 요 1:42)

ἐπί + 소유격: ~ 위에 (ἐπὶ τῆς γῆς 땅 위에, 막 4:26) (890)
+ 여격: ~ 위에, ~ 곁에 (ἐπὶ θύραις 문들 곁에, 마 24:33)
+ 목적격: ~ 위에 (ἐπὶ τὴν γῆν 땅 위에, 마 10:29)

2. 동작의 방향을 통해 본 전치사 도표

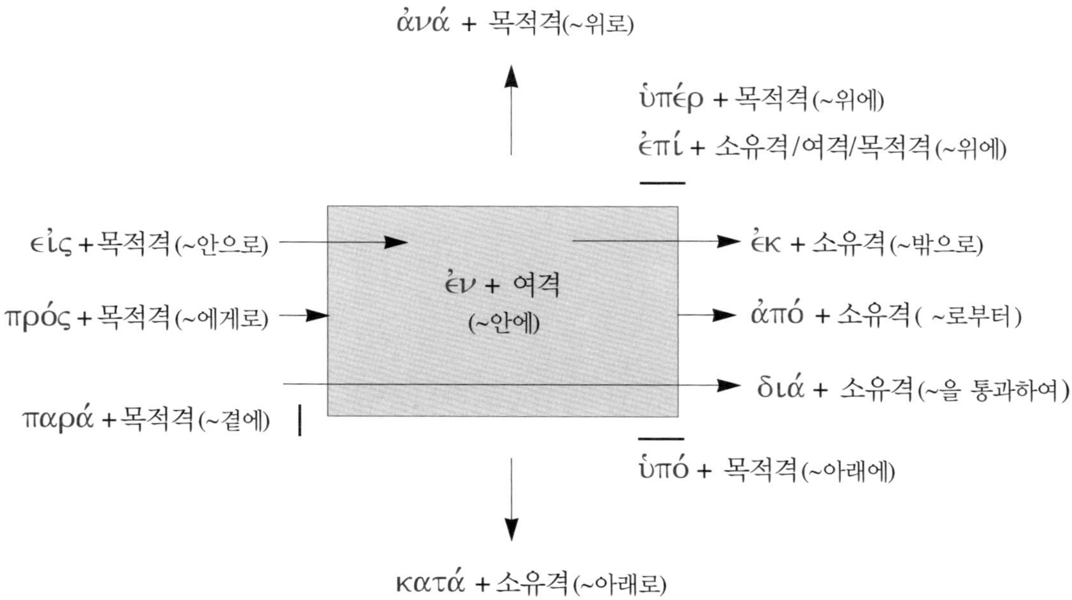

3. 모음 앞에서의 전치사의 변형

전치사의 마지막 모음이 모음으로 시작하는 단어 앞에서 생략되는 현상을 '모음 생략'이라 부르며, 모음이 생략된 자리에는 생략부호(’)를 붙인다(περί와 πρό는 예외). 또한 모음이 탈락되고 남게 되는 τ와 π는 강한 숨표 앞에서 각각 θ와 φ로 강화된다.

ἀπὸ αὐτοῦ → ἀπ’ αὐτοῦ
ἀπὸ ἡμῶν → ἀπ’ ἡμῶν → ἀφ’ ἡμῶν

μετὰ αὐτοῦ → μετ’ αὐτοῦ
μετὰ ἡμῶν → μετ’ ἡμῶν → μεθ’ ἡμῶν

4. 명사로 사용되는 전치사구

전치사구 앞에 관사를 사용하여 특별히 수식하는 명사나 대명사 없이 관사 + 전치사구가 하나의 명사처럼 사용된다.

예) τοῖς ἐν τῷ νόμῳ (롬 3:19) 율법 안에 있는 자들에게

II. 합성 동사

전치사는 동사와 합하여 합성동사를 만드는데, 대부분은 전치사의 뜻이 살아있지만 동사와 유착하여 그 의미를 상실하는 경우도 있다.

ἐκ + βάλλω (던지다) → ἐκβάλλω 내쫓다
ἀνα + βαίνω (가다) → ἀναβαίνω 올라가다

III. 지시대명사 (οὗτος, ἐκεῖνος)

지시대명사는 어떤 사물이나 사람을 지적하거나 주의를 환기시킬 때 사용되는 대명사로서, 근거리 지시대명사 οὗτος, αὕτη, τοῦτο (this)와 원거리 지시대명사 ἐκεῖνος, η, ο(that)이 있다. 이 둘 중 οὗτος는 ἐκεῖνος (243회)보다 5배가량 더 많은 1,387회가 사용되고, 특히 독립적 용법으로 많이 쓰이므로 잘 익혀두어야 한다.

1. 지시대명사의 변화

구 분	단 수			복 수		
	남 성	여 성	중 성	남 성	여 성	중 성
주 격	οὗτ ος	αὕτ η	τοῦτ ο	οὗτ οι	αὗτ αι	ταῦτ α
소유격	τούτ ου	ταύτ ης	τούτ ου	τούτ ων	τούτ ων	τούτ ων
여 격	τούτ ῳ	ταύτ ῃ	τούτ ῳ	τούτ οις	ταύτ αις	τούτ οις
목적격	τοῦτ ον	ταύτ ην	τοῦτ ο	τούτ ους	ταύτ ας	ταῦτ α

(1) οὗτος의 어미변화는 형용사와 같이 2-1-2변화를 하는데, 관사의 변화와 매우 비슷하다.

(2) οὗτος, αὕτη, τοῦτο의 경우 끝음절 모음이 ο계통(ο, οι, ου, ῳ, ω)이면 끝앞음절의 모음은 ου가 되고, 끝음절 모음이 α계통(α, αι, η)이면 끝앞음절 모음은 αυ가 된다.

(3) ἐκεῖνος의 어미변화는 형용사와 같이 규칙적으로 2-1-2변화를 하는데, 인칭대명사 αὐτός, ή, ό와 동일하게 변화한다.
(ἐκεῖνος, ἐκείνη, ἐκεῖνο)

2. 지시대명사의 용법

지시대명사는 명사와 함께 사용되기도 하고 명사 없이 사용되기도 하는데, 수식하는 명사와 함께 쓰이면 성 · 수 · 격이 일치해야 한다.

(1) 관형적 용법: 지시대명사는 서술적 위치(관사 없이)에서 명사를 수식한다.

οὗτος ὁ ἄνθρωπος 이 사람이
ἐκεῖνος ὁ ἄνθρωπος 저 사람이

(2) 독립적 용법: 지시대명사는 수식하는 명사 없이 독립적으로도 많이 사용된다.

οὗτος 이 (남)자가
ἐκεῖνος 저 (남)자가

οὗτος βλέπει ἐκεῖνον. 이 남자가 저 남자를 본다.

Ⅳ. 단어

동사

ἀναβαίνω	(위로) 올라가다 (82회)
καταβαίνω	(아래로) 내려가다 (81)

명사

διδάσκαλος, ου	ὁ	선생(61)
οἰκία, ας	ἡ	집 (93)
οὐρανός, οῦ	ὁ	하늘 (273)
πρόσωπον, ου	τό	얼굴, 안색 (76)

전치사

εἰς	(+목) 안으로, ~을 위하여 (2,112)
ἐκ (ἐξ)	(+소) 밖으로, ~로부터 (914)
ἐν	(+여) 안에 (2,752)
ἐπί	(+소, 여, 목) 위에, 곁에, 앞에서 (890)
μετά	(+소) 함께, (+목) 후에 (469)
πρός	(+소, 여, 목) ~에게로 (700)
πρό	(+소) ~앞에, ~전에 (47)

지시대명사

οὗτος, αὕτη, τοῦτο	이 (this) (1,387)
ἐκεῖνος, ἐκείνη, ἐκεῖνο	저 (that) (243)

V. 성경원문읽기

※ 다음 문장에서 동사를 분해하고, 전치사에 주의하여 문장 전체를 정확히 해석하십시오.

1. ὁ δοῦλος οὐ μένει ἐν τῇ οἰκίᾳ, ὁ υἱὸς μένει(요 8:35).

2. ἡ ἀγάπη ἐκ τοῦ θεοῦ ἐστιν(요일 4:7).

3. εἶ μετ' αὐτοῦ ἐν τῇ ὁδῷ(마 5:25).

4. πρὸς τὸν θεὸν ὑπάγει(요 13:3).

5. ἀναβαίνομεν εἰς Ἱεροσόλυμα[8] (마 20:18).

6. καταβαίνει ἐκ τοῦ οὐρανοῦ ἐπὶ τοὺς ἀνθρώπους(계 16:21).

7. ὁ νόμος λέγει τοῖς ἐν τῷ νόμῳ(롬 3:19).

8. αὕτη ἐστιν ἡ ἀγάπη τοῦ θεοῦ(요일 5:3).

9. σὺ εἶ ὁ διδάσκαλος τοῦ Ἰσραὴλ καὶ ταῦτα οὐ γινώσκεις; (요 3:10)

10. ἀποστέλλω τὸν ἄγγελόν μου πρὸ προσώπου σου(막 1:2).

---

8) '예루살렘' 이란 지명은 일반적으로 여성명사 Ἰερουσαλήμ (77회, 불변화)을 사용하는데, 중성명사 Ἱεροσόλυμα (62회)가 사용되기도 한다.

제 8 과

현재 수동태 · 중간태 직설법

헬라어 동사의 태(voice)에는 기본적으로 능동태와 수동태가 있는데, 이 중 수동태는 능동태에 비해 당연히 적게 사용된다. 수동태 구문을 쉽게 구별할 수 있는 이유는 수동태에 자주 사용되는 특정 동사들이 있고(구원하다, 세례주다, 가르치다, 인도하다 등), 또 행위자를 가리키는 ὑπό + 소유격이나 수단을 가리키는 ἐν + 여격이 문장 속에 분명히 보이기 때문이다.

또한 헬라어에는 그리 많이 사용되지는 않지만 중간태(middle)라는 것이 있다. 중간태란 행동의 결과가 직접적으로 주어에 미치는 형태로 "~자신이(을 위하여) ~한다."로 해석된다. 즉 재귀적 목적이 그 주된 기능으로, 그 종류로는 재귀적 · 강조적 · 상호적 중간태가 있다. 그러나 신약성경에서 재귀적 의미를 표현할 때에는 중간태를 사용하기 보다는 능동태를 쓰면서 재귀대명사를 쓰는 경우가 더 많다. 또한 중간태를 취하는 동사들도 그리 많지 않기 때문에 기초문법에서 매 시제마다 ω동사의 중간태를 취급하여 마치 모든 ω동사가 중간태를 취하는 것처럼 혼동을 주는 것은 바람직하지 않으므로 부록에서 다루기로 하고, 앞으로 ω동사는 능동태와 수동태로 변화한다고 생각하고 두 변화를 중점적으로 익히면 될 것이다.

헬라어에는 수동형(중간형)은 있으면서 능동형이 없는 동사들도 있는데, 이런 동사를 디포넌트(deponent) 동사라 한다. 한 예를 들면 신약성경에서 가장 많이 사용되는 디포넌트 동사는 ἔρχομαι(가다, 오다)인데, 그 형태는 수동태이지만 의미는 능동태이기에 '수동형 능동동사'라 부르기도 한다. 디포넌트 동사는 기본적으로 중간태 변화를 취하므로, 이제부터 '중간태'라고 하면 디포넌트 동사의 변화를 떠올리면 될 것이다.

I. 현재 수동태 직설법

구 분	단 수		복 수	
1 인칭	λύ ομαι	내가 풀리고 있다	λυ όμεθα	우리가풀리고있다
2 인칭	λύ ῃ	네가 풀리고 있다	λύ εσθε	너희가풀리고있다
3 인칭	λύ εται	그가 풀리고 있다	λύ ονται	그들이풀리고있다

1. 구조: 현재어간 + 연결모음(ε / ο) + 제 1 시제 수동태 어미(단수: - μαι - σαι -ται, 복수: - μεθα - σθε - νται)로 형성되어 위와 같이 최종형태로 단축되었다.

2. 수동태의 행위자

(1) 직접적인 행위자: 행동을 일으키는 행위자는 ὑπό + 소유격(~에 의해)으로 표현된다.

예) ὁ δοῦλος διδάσκεται ὑπὸ τοῦ κυρίου.
그 종이 주님에 의해서 가르침을 받고 있다.

(2) 비인칭적 행위자: ἐν + 여격(~으로), 혹은 전치사 없는 여격(수단의 여격)으로 표현된다.

예) ὁ δοῦλος διδάσκεται (ἐν) τῷ λόγῳ τοῦ κυρίου.
그 종이 주님의 말씀으로 가르침을 받고 있다.

(3) 행위자 표시가 없는 경우: 행위자가 생략되었거나 암시된 수동태로 신적 수동태(divine passive), 혹은 신학적 수동태 (theological passive)라고 불린다.

3. 수동태의 특징: 수동태는 능동태에 비해 훨씬 적게 사용되며, 또 수동태에 자주 사용되는 특정 동사들이 있다(구원하다, 세례주다, 가르치다, 인도하다 등). 또한 행위자가 ὑπό + 소유격(행위자)이나 ἐν + 여격(수단)으로 표시되므로 쉽게 구별할 수 있다. 현재 수동태(중간태) 변화는 미래, 미완료과거, 부정과거 중간태 변화의 근간이 되므로 잘 익혀 두어야 한다.

Ⅱ. 현재 중간태 직설법 (디포넌트 동사)

구 분	단 수		복 수	
1 인칭	πορεύ ομαι	내가 간다	πορευ όμεθα	우리가 간다
2 인칭	πορεύ ῃ	네가 간다	πορεύ εσθε	너희가 간다
3 인칭	πορεύ εται	그가 간다	πορεύ ονται	그들이 간다

1. 중간태: ω동사의 현재 중간태형(예: λύω[능동태], λύομαι[수동태], λύομαι[중간태])은 수동태형과 동일한데, 성경에서는 자주 사용되지 않으며 사용된다 하더라도 그 의미를 기초문법에서 취급하는 것은 적절치 않다. 실제로 중간태 변화는 ω동사보다는 디포넌트 동사의 변화에 더 많이 사용되기에, 앞으로 중간태는 이 형태를 기본형으로 사용하는 πορεύομαι같은 디포넌트 동사의 변화를 익히는데 사용하도록 할 것이다.

2. 디포넌트 동사(deponent verb): 디포넌트 동사는 능동태의 형태가 없고, 수동태로 능동의 의미를 나타내는 '수동형 능동동사'를 가리킨다. 예를 들면, πορεύομαι는 λύομαι와 동일한 어미를 가지고

있지만, 후자가 "내가 풀리다." 라는 수동의 의미인 반면, 전자는 "내가 가다." 라는 능동의 의미를 가진다.

3. 중요 디포넌트 동사 : 신약성경에서 자주 쓰이는 디포넌트 동사는 다음과 같다.

ἔρχομαι	오다, 가다 (131) (합성동사로 많이 쓰임) (예: εἰσέρχομαι, 들어가다)
γίνομαι	되다, 발생하다 (26) (εἰμί처럼 주격보어를 취한다)
πορεύομαι	가다 (15)
ἀποκρίνομαι	대답하다 (7)
δέχομαι	영접하다, 환영하다 (7)

4. 디포넌트 동사의 분해: 디포넌트 동사는 비록 ω동사의 중간태 어미를 사용하기는 하지만, 능동태도 중간태도 아니므로 다음과 같이 분해하기로 한다.[9]

예) πορεύομαι: πορεύομαι의 현재 직설법 1인칭 단수 (dep.)

---

9) 현재 시중에 나와 있는 일부 성경 프로그램(BibleWorks)이나 문법책들은 이를 '중간태' 라고 분해하기도 하지만, 중요한 것은 동사의 시제를 파악하고 뜻을 아는 것이므로 분해의 절대적 방식을 주장할 필요는 없다.

III. 중성 복수 주어

중성 복수 주어는 복수 동사형과 더불어 단수 동사형을 취하기도 하는데, 빈도수로 보면 거의 절반씩 쓰인다고 할 정도로 단수 동사형이 많이 사용되고 있다.

예) τὰ δαιμόνια ὑποτάσσεται ἡμῖν (눅 10:17).
귀신 [악령][10]들이 우리에게 복종케 된다.

10) 신약성경에 63회 등장하는 δαιμόνιον은 개역성경에서는 '귀신'으로 번역되었는데, 이 귀신이란 단어는 그 정체성에 대해 우리 한국 교회의 신자들에게 많은 혼란을 주고 있다. 그 까닭은 공관복음서의 저자인 마태, 마가, 누가는 여러 문단 – 예를 들면 거라사의 악령들린 자를 고치신 사건 (마 8:28-34; 막 5:1-20; 눅 8:26-39) – 에서 δαιμόνιον을 '더러운 영' (τὸ πνεῦμα τὸ ἀκάθαρτον)으로 교호적으로 사용하여 이미 그 실체를 분명히 밝혔음에도 개역성경이 이를 무시하고 일률적으로 '귀신' 으로 번역했기 때문이다.

IV. 단어

동사

ἁγιάζω	거룩하게 하다(28회)
γίνομαι	되다, 발생하다(669)
εἰσπορεύομαι	들어가다(오다)(18)
ἔρχομαι	오다, 가다(632)
καθαρίζω	깨끗하게 하다(31)
παράγω	지나가다(10)
πορεύομαι	가다, 오다(153)
ὑποτάσσω	복종시키다(38)

명사

δαιμόνιον, ου	τό	귀신(악령, 더러운 영)(63)
ἐπιθυμία, ας	ἡ	욕망, 욕구(38)
λόγος, ου	ὁ	말, 말씀(330)

형용사

λεπρός, ά, όν	한센병자의(9)

전치사

διά	(+소) ~을 통하여, (+목) ~ 때문에(667)
ὑπό	(+소) ~에 의해, (+목) 아래(220)

부사

σήμερον	오늘 (41) (ἡ σήμερον ἡμέρα, 마 28:15)

의문사

πῶς	어떻게(118)

V. 성경원문읽기

※ 다음 문장에서 동사를 분해하고, 현재 수동태 직설법에 주의하여 문장 전체를 정확히 해석하십시오.

1. ἁγιάζεται διὰ λόγου θεοῦ (딤전 4:5).

2. πῶς ἐγείρονται οἱ νεκροί; (고전 15:35).

3. ὁ υἱὸς τοῦ ἀνθρώπου πορεύεται (눅 22:22).

4. ἔρχεται ὁ Ἰησοῦς εἰς Ἱεροσόλυμα (요 12:12).

5. ἐκ τῆς Γαλιλαίας προφήτης οὐκ ἐγείρεται (요 7:52).

6. ὁ κόσμος παράγεται καὶ ἡ ἐπιθυμία αὐτοῦ (요일 2:17).

7. εἰσπορεύονται εἰς Καφαρναούμ (막 1:21).

8 ἐγὼ κρίνομαι σήμερον ἐφ' ὑμῶν (행 24:21).

9. λεπροὶ καθαρίζονται καὶ νεκροὶ ἐγείρονται (눅 7:22).

10. κύριε, καὶ[11] τὰ δαιμόνια ὑποτάσσεται ἡμῖν ἐν τῷ ὀνόματί σου (눅 10:17).
 * ἐν τῷ ὀνόματί (이름으로)

---

11) 접속사 καί는 '그리고' 라는 뜻 이외에도 '~조차도'(too) 라는 강조부사로도 쓰인다. 자세한 용법은 9과에 나오는 "καί와 οὐδέ 의 용법"을 참조하라.

제 9 과

미완료과거 능동태 직설법

헬라어의 미완료시제는 직설법에서만 존재하는데, 미완료과거 직설법 (imperfect indicative)은 영어의 과거진행형과 비슷하다. 목차를 유심히 본 사람은 한 가지 의문이 들었을 것이다. 왜 헬라어 동사의 과거는 두 가지, 즉 미완료과거와 부정과거로 구분하는 것인가?

이미 언급한 대로(2과 참조) 헬라어 동사의 특징은 시간과 상(aspect)을 동시에 나타낸다는 것이었다. 현재시제는 하나의 형태로 현재라는 '시간'과 진행 · 반복이라는 '상'을 모두 표현했다. 하지만, 과거에서는 이것을 엄격하게 구분한다. 곧 과거 단순발생을 표현하는 부정과거(~했다)와 진행 · 계속 · 반복의 의미를 표현하는 미완료과거(~하고 있었다 / 하곤 했다 / 하기 시작했다)이다.

미완료과거의 또 다른 특성은 단순히 과거 진행의 의미 이외에 종종 무엇인가 새로운 사건을 소개하려는 뉘앙스를 준다는 것이다. 그런 경우 미완료과거는 "~하기 시작했다." 라고 해석하면 그 의미를 잘 드러낼 수 있다.

I. 미완료과거 능동태 직설법

구 분	단 수		복 수	
1 인칭	ἔ λυ ον	내가 풀고 있었다	ἐ λύ ομεν	우리가 풀고 있었다
2 인칭	ἔ λυ ες	네가 풀고 있었다	ἐ λύ ετε	너희가 풀고 있었다
3 인칭	ἔ λυ ε(ν)	그가 풀고 있었다	ἔ λυ ον	그들이 풀고 있었다

1. 구조: 시상접두모음(ε) + 현재어간 + 연결모음(ε/ο) + 제 2 시제 능동태 어미(단수: -ν, -ς, -, 복수: -μεν, -τε, -ν)로 형성되어 위와 같은 최종 형태가 되었다.

2. 접두모음 : 미완료과거는 제 2 시제(과거시제)에 속하므로 과거를 나타내는 시상접두모음 ε을 붙인다. 접두모음을 붙이는 방법은 아래에 소개되어 있다.

3. 특징 : 미완료과거는 과거의 진행 · 계속 · 반복적 동작을 표현하기에 '과거진행형' 이라 부르기도 하며, "~하고 있었다."라고 해석한다.

4. 중요성 : 미완료과거는 시상접두모음을 붙이는 것 외에는 현재어간을 그대로 사용하고 어미도 현재와 비슷하기 때문에 익히는데 특별한 어려움은 없을 것이다. 하지만 이 변화는 후에 배우게 될 제 2 부정과거(불규칙변화) 직설법의 어미변화에 그대로 사용되기 때문에 잘 익혀 두어야 한다.

예) βλέπω의 제 2 부정과거

단수: ε ἶδ ον   ε ἶδ ες   ε ἶδ ε(ν)

복수: ε ἴδ ομεν   ε ἴδ ετε   ε ἶδ ον

II. 시상접두모음을 붙이는 법

1. 자음으로 시작하는 동사 앞에는 과거를 표시하는 시상접두모음 ϵ을 붙인다.

λέγω ἔ λεγ ον 내가 말하고 있었다(151회)

2. 모음으로 시작하는 동사는 그 첫 모음을 길게 만드는데, 이 때 α와 ϵ은 η로, ο은 ω로 길어진다.

ἀκούω ἤκου ον 내가 듣고 있었다 (11)
ἐσθίω ἤ σθι ον 내가 먹고 있었다(4)
ὀφείλω ὤ φειλ ον 내가 ~ 해야만 했었다(6)

(예외)
ἔχω εἶχ ον (ἦχον 아님) 내가 가지고 있었다(51)

3. 합성동사는 전치사와 동사 사이에 시상접두모음 ϵ을 붙이는데, 이때 전치사의 마지막 모음은 시상접두모음 ϵ 앞에서 생략되고, 악센트는 동사에만 붙인다.

ἀναβαίνω → ἀνα ϵ βαινον → ἀνέβαινον

III. 접속사

헬라어에는 많은 접속사들이 있지만, 주요 접속사들을 간단히 소개하면 다음과 같다.

1. **καί** (9,018회) : 성경에 가장 많이 나오는 접속사로 대표적 의미는 '그리고' (and)라는 뜻이지만 강조, 비교, 결과 등 뜻이 다양하다.

2. ἀλλά (638) : '그러나' (but)라는 대조의 의미로 주로 사용된다.

3. δέ (2,792) : καί와 ἀλλά의 중간 의미로 보통 '그러나', '그런데' 로 해석되며, 문장 두 번째에 위치하는 후치사이다.

4. ὅτι (1,296) : 이유를 나타내는 접속사로 보통 '왜냐하면' (because)이라는 뜻으로 사용되며, 또한 명사절(that)을 이끌기도 한다.

5. γάρ (1,041) : ὅτι와 마찬가지로 이유를 나타내기에 흔히 '왜냐하면' 으로 해석하지만, 의미는 좀 더 약하기에 "~이기 때문이다."(for)라고 해석하며, 문장 두 번째에 위치하는 후치사이다.

IV. 단어

동사

δοξάζω 영화롭게 하다, 찬양하다(61회)

χαίρω 기뻐하다(74)

명사

ἀδελφός, οῦ	ὁ	형제(343)
βασιλεία, ας	ἡ	나라, 왕국(162)
διδαχή, ῆς	ἡ	교훈(30)
ἱερόν, οῦ	τό	성전(72)
παραβολή, ῆς	ἡ	비유(50)
Πέτρος, ου	ὁ	베드로(156)
προσευχή, ῆς	ἡ	기도(36)
συναγωγή, ῆς	ἡ	회당(56)
ὥρα, ας	ἡ	시간(106)

접속사

ἀλλά 그러나(638)

부사

οὕτως 이와 같이(208)

V. 성경원문읽기

※ 다음 문장에서 동사를 분해하고, 미완료과거에 주의하여 문장 전체를 정확히 해석하십시오.

1. ἐδίδασκεν τοὺς μαθητὰς αὐτοῦ καὶ ἔλεγεν αὐτοῖς (막 9:31).

2. ἤκουον οἱ μαθηταὶ αὐτοῦ (막 11:14).

3. οὐκ ἐγίνωσκεν αὐτήν (마 1:25).

4. καὶ ἔλεγεν· οὕτως ἐστὶν ἡ βασιλεία τοῦ θεοῦ (막 4:26).

5. [οἱ ἄνθρωποι][12)] ἔχαιρον καὶ ἐδόξαζον τὸν λόγον τοῦ κυρίου (행 13:48).

6. ἄνθρωπος εἶχεν τέκνα δύο (마 21:28).
   * δύο (둘, two)

7. ἐδίδασκεν αὐτοὺς ἐν τῇ συναγωγῇ αὐτῶν (마 13:54).

8. Πέτρος καὶ Ἰωάννης ἀνέβαινον εἰς τὸ ἱερὸν ἐπὶ τὴν ὥραν τῆς προσευχῆς (행 3:1).

9. Ἰησοῦς αὐτὸς οὐκ ἐβάπτιζεν ἀλλ' οἱ μαθηταὶ αὐτοῦ (요 4:2).

10. ἐδίδασκεν αὐτοὺς ἐν παραβολαῖς καὶ ἔλεγεν αὐτοῖς ἐν τῇ διδαχῇ αὐτοῦ (막 4:2).

---

12) 이 [ ]표시는 주어의 혼돈을 피하고 정확한 해석을 돕기 위하여 성경 본문에는 없으나 부득이 단어를 첨가한 것을 의미함.

제 10 과

미완료과거 수동태 · 중간태 직설법

헬라어의 미완료과거 직설법은 영어의 과거진행형과 매우 흡사한데, 신약성경에서는 그리 많이 쓰이지는 않는다. 그럼에도 미완료과거 수동태 직설법의 변화는 후에 배우게 될 제 2 부정과거(불규칙변화) 중간태 직설법의 어미변화에 그대로 사용되기 때문에 잘 익혀 두어야 한다.

또한 이번 과에서 우리는 εἰμί동사의 미완료과거 직설법을 배운다. εἰμί동사는 현재 · 미래 · 과거시제에서 오직 한 가지 형태만을 취하는데, 과거시제에서는 미완료 과거가 사용된다. εἰμί동사의 미완료과거는 그 형태만으로는 기본형을 유추하기가 쉽지 않고, 또 신약성경에서 456회에 걸쳐 빈번하게 사용되고 있으므로 반드시 암기해두어야 한다.

I. 미완료과거 수동태 직설법

구 분	단 수		복 수	
1 인칭	ἐ λυ όμην	내가 풀리고 있었다	ἐ λυ όμεθα	우리가 풀리고 있었다
2 인칭	ἐ λύ ου	네가 풀리고 있었다	ἐ λύ εσθε	너희가 풀리고 있었다
3 인칭	ἐ λύ ετο	그가 풀리고 있었다	ἐ λύ οντο	그들이 풀리고 있었다

1. 구조 : 시상접두모음(ε) + 현재어간 + 연결모음(ε/ο) + 제 2 시제 수동태 어미(단수: -μην -σο -το, 복수: -μεθα -σθε -ντο)로 형성되어 위와 같은 최종 형태가 되었다.

2. 특징 : 미완료과거 수동태는 현재어간을 중심으로 형성되며, 중간태와 수동태가 동일하다.

II. 미완료과거 중간태 직설법(디포넌트 동사)

구 분	단 수		복 수	
1 인칭	ἐ πορευ όμην	내가 가고 있었다	ἐ πορευ όμεθα	우리가 가고 있었다
2 인칭	ἐ πορεύ ου	네가 가고 있었다	ἐ πορεύ εσθε	너희가 가고 있었다
3 인칭	ἐ πορεύ ετο	그가 가고 있었다	ἐ πορεύ οντο	그들이 가고 있었다

1. 디포넌트 동사는 현재에서와 같이 미완료과거에서도 중간태를 취한다.

2. 미완료과거 중간태 직설법의 변화는 제 2 부정과거(불규칙변화) 중간태 직설법의 어미변화에 그대로 사용된다.

예) γίνομαι의 제 2 부정과거

단수 : ἐ γεν όμην ἐ γέν ου ἐ γέν ετο

복수 : ἐ γεν όμεθα ἐ γέν εσθε ἐ γέν οντο

III. εἰμί 동사의 미완료과거 직설법 (456회)

구 분	단 수	복 수
1 인칭	ἤμην	ἦμεν
2 인칭	ἦς	ἦτε
3 인칭	ἦν	ἦσαν

εἰμί동사는 현재, 미래, 과거시제에서 오직 한 가지 형태만을 취하는데, 과거에서는 미완료과거가 사용된다.

IV. καί와 οὐδέ의 용법

1. καί는 '그리고' 라는 뜻의 등위접속사로 사용되지만, 종종 '~도 역시', '~조차' 의 강조부사로도 사용된다.

예) κύριε, καὶ τὰ δαιμόνια ὑποτάσσεται ἡμῖν ἐν τῷ ὀνόματί σου(눅 10:17).

주님, 귀신(악령)들 조차도 당신의 이름으로 우리에게 복종케 됩니다.

2. οὐδέ (οὔτε)는 καί와는 반대로 '아니' 또는 '~도 아니'라는 뜻의 접속사로, 위의 καί의 용법을 다 가지고 있다.

예) οὐδὲ οἱ ἀδελφοὶ αὐτοῦ ἐπίστευον εἰς αὐτόν[13] (요 7:5). 그분의 형제들조차도 그분을 믿지 않고 있었다.

3. καί … καί …는 이중 긍정으로 '~과 ~도 모두'(both ~ and), οὐδέ … οὐδέ … (οὔτε … οὔτε)는 이중 부정으로 '~과 ~도 모두 아니'(neither ~ nor)라는 뜻으로 쓰인다.

예) Περὶ δὲ τῆς ἡμέρας ἐκείνης ἢ τῆς ὥρας οὐδεὶς οἶδεν, οὐδὲ οἱ ἄγγελοι ἐν οὐρανῷ οὐδὲ ὁ υἱός, εἰ μὴ ὁ πατήρ (막 13:32).

그러나 저 날과 그 시간은 아무도 모르니, 하늘에 있는 천사들도, 아들도 모르고 아버지만 아신다.

---

13) πιστεύω 동사는 주로 여격을 직접 목적어로 취하지만, 적극적인 신앙을 표현할 때는 εἰς + 목적격이 사용되고, 종종 ἐν이나 ἐπί와 함께 쓰이기도 한다.

V. 단어

동사

ἄγω	인도하다, 이끌다(76회)
ἐξέρχομαι	밖으로 나가다(218)
ἤμην	εἰμί의 미완료과거(456)

명사

Δαμασκός, οῦ	ἡ	다메섹(15)
Ἰορδάνης, ου	ὁ	요단(15)
ποταμός, οῦ	ὁ	강(17)
σημεῖον, ου	τό	표적(77)

전치사

σύν	(+ 여) ~와 함께(128)

접속사

δέ	그러나, 그런데(2,792)
οὐδέ (οὔτε)	아니, ~도 아니(143)

VI. 성경원문읽기

※ 다음 문장에서 동사를 분해하고, 문장 전체를 정확히 해석하십시오.

1. ἐβαπτίζοντο ὑπ' αὐτοῦ ἐν τῷ 'Ιορδάνῃ ποταμῷ (막 1:5).

2. σημεῖα διὰ τῶν ἀποστόλων ἐγίνετο (행 2:43).

3. ὁ δὲ Ἰησοῦς ἐπορεύετο σὺν αὐτοῖς (눅 7:6).

4. Ἰησοῦς ἤγετο ἐν τῇ ἐρήμῳ (눅 4:1).

5. [οὗτοι] ἐπίστευον καὶ ἐβαπτίζοντο (행 18:8).

6. πρὸς τοὺς ἀδελφοὺς εἰς Δαμασκὸν ἐπορευόμην (행 22:5).

7. ἐν αὐτῷ ζωὴ ἦν, καὶ ἡ ζωὴ ἦν τὸ φῶς τῶν ἀνθρώπων (요 1:4).

8. ἐξήρχετο δὲ καὶ δαιμόνια (눅 4:41).

9. οὐδὲ οἱ ἀδελφοὶ αὐτοῦ ἐπίστευον εἰς αὐτόν (요 7:5).

10. ἐν ἀρχῇ ἦν ὁ λόγος, καὶ ὁ λόγος ἦν πρὸς τὸν θεόν,[14] καὶ θεὸς ἦν ὁ λόγος (요 1:1).

---

14) 전치사 πρός + 목적격이 εἰμί 동사와 함께 사용되면 "~와 함께"라는 뜻으로 사용되어 서로의 친밀한 관계를 나타낸다.

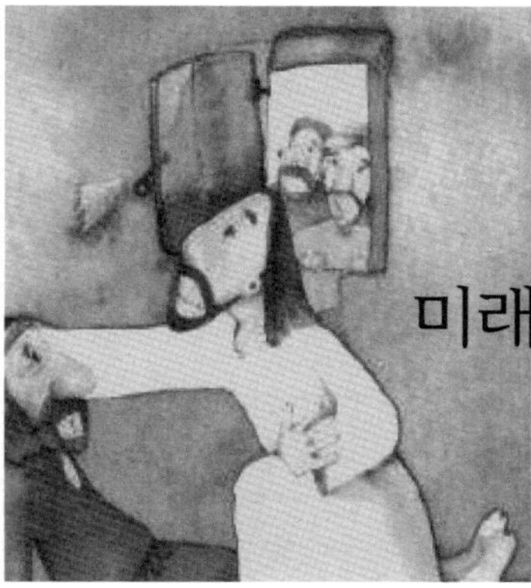

제 11 과
미래 능동태 · 중간태 직설법

미래 직설법의 변화는 현재 직설법과 거의 동일하게 변화하지만, 두 가지 다른 점이 있다. 하나는 미래시상접미어(능동태 · 중간태 σ, 수동태 θησ)를 사용하는 점과, 다른 하나는 중간태와 수동태가 다르다는 점이다.

실제로 미래 직설법은 현재 기본형의 어미에 미래시상접미어 σ만 붙이면 되기 때문에 매우 간단하다. 그럼에도 변화들이 다소 불규칙하고 복잡하게 보이는 이유는, 어간이 자음으로 끝나는 동사들이 시상접미어 σ와 충돌을 일으켜 자음접변, 어간변경, 심지어는 디포넌트형으로 변화하기 때문이다.

미래 직설법의 해석은 "~할 것이다." 라고 해석하면 되지만, 그 이외에도 다양한 용법들(예견적, 진행적, 명령적, 토의적 미래 등)이 있는데 더 자세한 용법을 위해서는 권말 부록의 "미래 직설법의 용법"을 참조하면 좋을 것이다.

I. 미래 능동태 직설법

구 분	단 수		복 수	
1 인칭	λύ σ ω	내가 풀 것이다	λύ σ ομεν	우리가 풀 것이다
2 인칭	λύ σ εις	네가 풀 것이다	λύ σ ετε	너희가 풀 것이다
3 인칭	λύ σ ει	그가 풀 것이다	λύ σ ουσι(ν)	그들이 풀 것이다

1. 구조: 미래어간 + 미래시상접미어 σ + 연결모음 (ε / ο) + 제 1 시제 능동태 어미로 이루어진다.

2. 특징: 미래 능동태 직설법은 현재 능동태 직설법에 미래시상접미어 σ만 첨가하면 되기에 매우 간단하다. 그러나 어간이 자음으로 끝나는 동사들은 어간 끝자음이 미래 시상접미어 σ와 충돌을 일으켜 자음접변이나 어간변경이 일어나게 되는데, 전체 동사의 약 20%정도가 이에 해당된다.

3. 자음접변 : 어간이 양순음, 구개음, 치조음 등 자음으로 끝나면, 미래시상접미어 σ와 결합하여 다음과 같이 자음접변이 일어난다.

구 분	어간의 끝자음			미래 능동 · 중간 시상접미어	결 과
	무성음	유성음	기식(ㅎ)음	+ σ →	이중자음
양순음	π	β	φ	+ σ →	ψ
구개음	κ	γ	χ	+ σ →	ξ
치조음	τ	δ(ζ)	θ	+ σ →	σ

예) πέμπω πέμ ψω 보낼 것이다(6회)
ἄγω ἄ ξω 인도할 것이다(2)
βαπτίζω βαπτί σω 세례를 줄 것이다(3)
σῴζω σώ σω 구원할 것이다(10)

4. 어간변경 : 현재 기본형의 어간이 σσ나 σκ으로 끝나는 동사는 미래시상 접미어 σ 앞에서 ξ가 되는데, 이는 원어간이 κ이기 때문이다.

예) κηρύσσω κηρύ ξω 선포할 것이다 (원어간 κηρυκ) (2)
διδάσκω διδά ξω 가르칠 것이다 (원어간 διδακ) (2)

Ⅱ. 미래 중간태 직설법 (디포넌트 동사)

구 분	단 수		복 수	
1 인칭	πορεύ σ ομαι	내가 갈 것이다	πορευ σ όμεθα	우리가 갈 것이다
2 인칭	πορεύ σ ῃ	네가 갈 것이다	πορεύ σ εσθε	너희가 갈 것이다
3 인칭	πορεύ σ εται	그가 갈 것이다	πορεύ σ ονται	그들이 갈 것이다

1. 디포넌트 동사는 미래에서 불규칙하게 어간이 바뀌는 경우도 있지만, 그럼에도 어미는 항상 중간태 변화를 따른다.

예) γίνομαι γενή σομαι 될 것이다(dep.) (11)
ἔρχομαι ἐλεύ σομαι 올 것이다(dep.) (22)

2. 몇몇 동사는 미래에서 디포넌트 동사의 형태를 취하기도 하는데, 이를 반(半)디포넌트 동사라고 한다.

γινώσκω	γνώ σομαι	알 것이다(dep.) (14회)
λαμβάνω	λήμ ψομαι	취할 것이다(dep.) (18)
βλέπω[15](ὁράω)	ὄ ψομαι	볼 것이다(dep.) (33)

Ⅲ. εἰμί 동사의 미래 직설법 (186회)

구 분	단 수	복 수
1 인칭	ἔσ ομαι	ἐσ όμεθα
2 인칭	ἔσ ῃ	ἔσ εσθε
3 인칭	ἔσ ται	ἔσ ονται

1. 구조 : 어간 ἐσ + 시상접미어 σ + 연결모음(ε/ο) + 제 1시제 중간태 어미로 형성되어 위와 같은 최종 형태가 되었다.

2. 특징 : εἰμί동사의 미래 직설법은 미래 중간태 직설법에 어간 ἐσ(실제로는 ἐ)만 첨가하면 되기에 쉽게 구분할 수 있다.

---

15) "보다"라고 하는 헬라어 동사는 βλέπω와 ὁράω가 같이 사용되는데, 그 미래형은 주로 ὄψομαι가 쓰인다(βλέψω는 단지 2회 사용됨). 그러나 βλέπω동사가 합성동사로 쓰일 때는ὄψομαι가 아니라 βλέψω가 사용된다. 예를 들면 합성동사 ἀναβλέπω(시력을 회복하다)의 미래는 ἀναόψομαι가 아니라 ἀναβλέψω이다.

Ⅳ. 단어

동사

ἔσομαι	εἰμί의 미래(186회)
κυριεύω	주관하다, 지배하다 (7) (소유격을 직접목적어로 취함)
προφητεύω	예언하다(28)
ῥύομαι	구출하다, 건져내다(dep.) (17)
σῴζω	구원하다(106)

명사

ἁμαρτία, ας	ἡ	죄(173)
εἰρήνη, ης	ἡ	평강, 평화(92)
ἔργον, ου	τό	일, 행위(169)
ἡμέρα, ας	ἡ	날, 낮(389)
λαός, οῦ	ὁ	백성(142)
παρουσία, ας	ἡ	재림, 임함(24)
στέφανος, ου	ὁ	면류관(25)

형용사

καθαρός, ά, όν	깨끗한, 정결한, 순수한(27)

접속사

ὅτι[16]	왜냐하면(because), ~한 바(that) (1,296)

---

16) ὅτι는 이유를 나타내는 접속사로 보통 '왜냐하면' (because)이라는 뜻으로 사용되며, 또한 명사절(that)을 이끌기도 한다. 일반적으로 ὅτι앞에 쉼표(,)가 있으면 '왜냐하면' 으로, 없으면 '~ 한 바' 라는 명사절로 사용된다.

V. 성경원문읽기

※ 다음 문장에서 동사를 분해하고, 문장 전체를 정확히 해석하십시오.

1. αὐτὸς βαπτίσει ὑμᾶς(막 1:8).

2. ἁμαρτία ὑμῶν οὐ κυριεύσει(롬 6:14).

3. ἐν ταῖς ἐσχάταις ἡμέραις, λέγει ὁ θεός, προφητεύσουσιν οἱ υἱοὶ ὑμῶν(행 2:17).

4. αὐτὸς σώσει τὸν λαὸν αὐτοῦ ἀπὸ τῶν ἁμαρτιῶν αὐτῶν (마 1:21).

5. λήμψεται τὸν στέφανον τῆς ζωῆς(약 1:12).

6. ἐν ἐκείνῃ τῇ ἡμέρᾳ γνώσεσθε ὑμεῖς(요 14:20).

7. οὕτως ἔσται ἡ παρουσία τοῦ υἱοῦ τοῦ ἀνθρώπου(마 24:37).

8. μακάριοι οἱ καθαροὶ τῇ καρδίᾳ, ὅτι αὐτοὶ τὸν θεὸν ὄψονται(마 5:8).

9. ῥύσεταί με ὁ κύριος ἀπὸ ἔργου πονηροῦ καὶ σώσει εἰς τὴν βασιλείαν αὐτοῦ(딤후 4:18).

10. ὁ θεὸς τῆς ἀγάπης καὶ εἰρήνης ἔσται μεθ' ὑμῶν(고후 13:11).

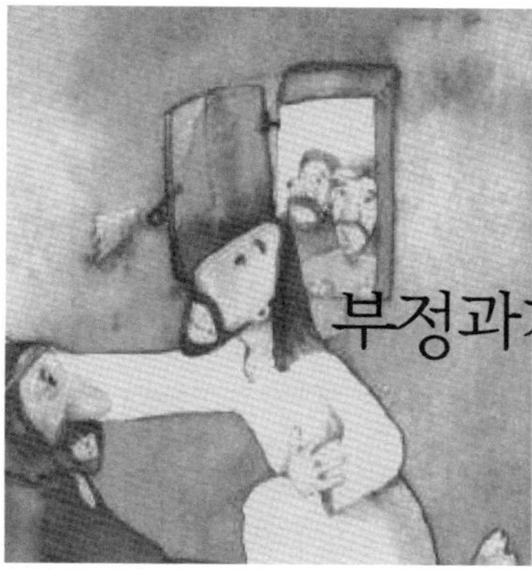

제 12 과

부정과거 능동태 · 중간태 직설법

부정과거 시제는 직설법 뿐 아니라 모든 법(분사포함)에 있어 변함없는 하나의 특징을 지니고 있는데, 그것은 동작이 불확정적이라는 것이다. 불확정적(ἀόριστος, 정해지지 않은)이란 과거의 동작이 정확히 정해지지 않았다는 의미이다.

미완료과거가 진행과 반복의 동작을 표현하는 것과는 대조적으로 부정과거는 단회적 단순 동작을 표현하기에 단순과거라 부르기도 하며, 제 2시제(과거시제)에 속한다. 또한 미완료와는 달리 어간이 변하기도 하는데, 어간의 변화 유무에 따라 제 1 부정과거(규칙변화)와 제 2부정과거(불규칙변화)로 나뉜다.

비록 부정과거가 미완료과거와 더불어 과거의 행동을 표현하지만, 부정과거라 하여 단순히 과거의 사실만을 표현하는 것은 아니며 다양한 용례들(시발적, 미래적, 서신적 부정과거 등)이 존재하는데, 자주 사용되는 부정과거의 용법은 권말 부록에서 볼 수 있다.

I. 제 1 부정과거 능동태 직설법

구 분	단 수		복 수	
1 인칭	ἔ λυ σα	내가 풀었다	ἐ λύ σαμεν	우리가 풀었다
2 인칭	ἔ λυ σας	네가 풀었다	ἐ λύ σατε	너희가 풀었다
3 인칭	ἔ λυ σε (ν)	그가 풀었다	ἔ λυ σαν	그들이 풀었다

1. 구조 : 시상접두모음(ϵ) + 부정과거어간 + 시상접미어 σα + 제 2 시제 능동태 어미로 형성되었다.

2. 특징 : 부정과거는 과거의 단회적인 동작을 표현하는데 사용되며, "~하였다"로 해석한다. 제 1 부정과거란(동사의 제 3 주요부분인) 과거어간이 현재와 동일한 규칙 동사로서, 과거시제이므로 어간 앞에 시상접두모음 ϵ을 붙인다(9과 참조).

3. 자음접변 : 어간이 모음으로 끝나는 동사는 σα를 붙이면 되지만, 어간이 자음으로 끝나면 과거시상접미어 σ와 결합하여 미래에서와 마찬가지로 다음과 같이 자음접변이 일어난다.

구 분	어간의 끝자음			부정과거 능동 · 중간 시상접미어	결 과
	무성음	유성음	기식(ㅎ)음	+ σ →	이중자음
양순음	π	β	φ	+ σ →	ψ
구개음	κ	γ	χ	+ σ →	ξ
치조음	τ	δ(ζ)	θ	+ σ →	σ

예) γράφω　ἔ γρα ψα　썼다(29회)
διώκω　ἐ δίω ξα　박해했다(6)
ἑτοιμάζω　ἡ τοίμα σα　예비했다(11)

4. 어간변경 : 현재 기본형의 어간이 σσ나 σκ으로 끝나는 동사는 과거시 상접미어 σ 앞에서 ξ가 되는데, 이는 원어간이 κ이기 때문이다.

예) κηρύσσω　ἐ κήρυ ξα　선포했다(6)
διδάσκω　ἐ δίδα ξα　가르쳤다(6)

Ⅱ. 제 1 부정과거 중간태 직설법 (디포넌트 동사)

구 분	단 수		복 수	
1 인칭	ἐ πορευ σάμην	내가 갔다	ἐ πορευ σάμεθα	우리가 갔다
2 인칭	ἐ πορεύ σω	네가 갔다	ἐ πορεύ σασθε	너희가 갔다
3 인칭	ἐ πορεύ σατο	그가 갔다	ἐ πορεύ σαντο	그들이 갔다

1. 구조 : 시상접두모음(ε) + 부정과거어간 + 시상접미어 σα + 제 2 시제 중간태 어미로 형성되어 위와 같은 최종 형태가 되었다.

2. 특징 : 디포넌트 동사는 과거에서도 원칙적으로 중간태를 취한다. 따라서 문장 가운데서 동사가 이 변화의 형태(-σάμην)를 보이면, 일단 기본형이 디포넌트 동사라고 판단해도 좋을 것이다.

Ⅲ. 제 2 부정과거 능동태 · 중간태 (디포넌트 동사) 직설법

구 분		λαμβάνω의 제 2 부정과거 능동태		γίνομαι의 제 2 부정과거 중간태(dep.)	
단수	1	ἔ λαβ ον	내가 취했다	ἐ γεν όμην	내가 되었다
	2	ἔ λαβ ες	네가 취했다	ἐ γέν ου	네가 되었다
	3	ἔ λαβ ε(ν)	그가 취했다	ἐ γέν ετο	그가 되었다
복수	1	ἐ λάβ ομεν	우리가 취했다	ἐ γεν όμεθα	우리가 되었다
	2	ἐ λάβ ετε	너희가 취했다	ἐ γέν εσθε	너희가 되었다
	3	ἔ λαβ ον	그들이 취했다	ἐ γέν οντο	그들이 되었다

1. 구조 : 시상접두모음(ε) + 부정과거어간 + 연결모음(ε/ο) + 제 2 시제 능동태 어미 / 제 2 시제 중간태 어미로 형성되어 위와 같은 최종 형태가 되었다.

2. 특징 : 제 2 부정과거는 어간이 변하는 불규칙동사로서, 어간이 변하는 대신 어미는 미완료과거의 어미를 그대로 사용한다. 미완료과거와의 차이는 단지 상이한 어간이 사용된다는 것뿐이다.

예) βάλλω　ἔ βαλλ ον (미완료)　ἔ βαλ ον (제 2 부정과거)
γίνομαι　ἐ γιν όμην(〃)　ἐ γεν όμην(〃)

3. 신약성경에서 자주 쓰이는 제 2 부정과거형은 다음과 같다. 어간으로는 기본형을 유추하기 힘든 불규칙동사이므로 잘 암기해 두어야 한다.

βάλλω	ἔ βαλ ον	던졌다 (30회)
λαμβάνω	ἔ λαβ ον	취했다 (68)
ἐσθίω	ἔ φαγ ον	먹었다 (21)
βλέπω (ὁράω)	ε ἶδ ον	보았다 (146)
γίνομαι	ἐ γεν όμην	되었다 (233)
λέγω	εἶπ ον[17]	말했다 (667)
ἄγω	ἤγαγ ον	인도했다 (23)
ἔρχομαι	ἦλθ ον	왔다 (171)
εὑρίσκω	εὗρ ον	찾았다 (54)
ἀποθνῄσκω	ἀπ έ θαν ον (합성동사)	죽었다 (48)

17) λέγω의 제 2 부정과거 εἶπον의 어간은 εἶπ이다. 즉 단어 앞의 ε은 시상접두모음이 아니라 어간의 일부분으로, 이는 매우 예외적인 것이므로 어간을 잘 기억해 두어야 한다.

IV. 단어

동사

ἀποθνῄσκω	죽다(111회)
δέχομαι	영접하다(56)
διώκω	박해(핍박)하다(45)
θεραπεύω	치료하다(43)

명사

γραφή, ῆς	ἡ	성경 (50)
δικαιοσύνη, ης	ἡ	의(義)(92)
ὀφθαλμός, οῦ	ὁ	눈(目)(100)
σωτήριον, ου	τό	구원(4)

전치사

κατά	(+소)~을 대항하여, ~아래로	(+목)~을 따라(473)
ὑπέρ	(+소) ~을 위하여, 대신하여	(+목)~위에(150)

동사(성경원문읽기 해석을 위한 기출동사의 부정과거형)

ἀπέθανον	ἀποθνῄσκω의 제2부정과거	죽었다(48)
ἐγενόμην	γίνομαι의 제2부정과거	되었다(264)
ἐδεξάμην	δέχομαι의 제1부정과거	영접했다(13)
ἐδίωξα	διώκω의 제1부정과거	박해했다(6)
ἐθεράπευσα	θεραπεύω의 제1부정과거	치료했다(17)
εἶδον	ὁράω의 제2부정과거	보았다(166)
εἶπον	λέγω의 제2부정과거	말했다(786)
ἐπίστευσα	πιστεύω의 제1부정과거	믿었다(53)
ἦλθον	ἔρχομαι의 제2부정과거	갔다(171)

VI. 성경원문읽기

※ 다음 문장에서 동사를 분해하고, 문장 전체를 정확히 해석하십시오.

1. τῷ σαββάτῳ ἐθεράπευσεν ὁ Ἰησοῦς(눅 13:14).

2. ἐπίστευσαν εἰς αὐτὸν οἱ μαθηταὶ αὐτοῦ(요 2:11).

3. εἶπεν ὁ Πέτρος πρὸς τὸν Ἰησοῦν(눅 9:33).

4. εἶδον οἱ ὀφθαλμοί μου τὸ σωτήριόν σου(눅 2:30).

5. οὕτως γὰρ ἐδίωξαν τοὺς προφήτας τοὺς πρὸ ὑμῶν (마 5:12).

6. καὶ φωνὴ ἐγένετο ἐκ τῶν οὐρανῶν· σὺ εἶ ὁ υἱός μου (막 1:11).

7. ἔλεγεν αὐτοῖς· τὸ σάββατον διὰ τὸν ἄνθρωπον ἐγένετο(막 2:27).

8. ἤκουσαν οἱ ἀπόστολοι καὶ οἱ ἀδελφοὶ ὅτι ἐδέξαντο τὸν λόγον τοῦ θεοῦ (행 11:1).

9. ἦλθεν Ἰωάννης πρὸς ὑμᾶς ἐν ὁδῷ δικαιοσύνης, καὶ οὐκ ἐπιστεύσατε αὐτῷ(마 21:32).

10. Χριστὸς ἀπέθανεν ὑπὲρ τῶν ἁμαρτιῶν ἡμῶν κατὰ τὰς γραφάς(고전 15:3).

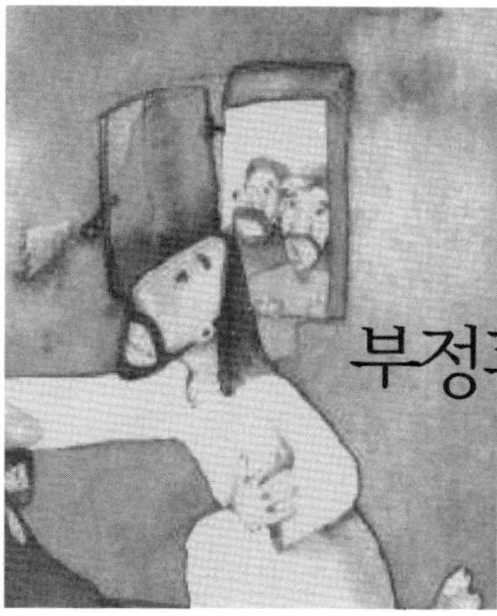

제13 과

부정과거 수동태 · 미래 수동태 직설법

부정과거 수동태 직설법은 미래 수동태 직설법과 매우 유사하다. 어간은 동사의 주요 6부분(① 현재 능동 ② 미래 능동 ③ 부정과거 능동 ④ 현재완료 능동 ⑤ 현재완료 수동 ⑥ 부정과거 수동) 중 여섯 번째 부분인 부정과거 수동태 직설법의 어간을 같이 사용하고, 어미도 부정과거 수동태의 표식인 θη를 같이 사용하기 때문이다.

특히 미래 수동태 직설법은 미래 중간태(-σομαι)와 매우 유사한데, 이는 미래 중간태 직설법 어미 앞에 θη를 붙여 만들기 때문이다(-θησομαι).

I. 제 1 부정과거 수동태 직설법

구 분	단 수		복 수	
1 인칭	ἐ λύ θην	내가 풀렸다	ἐ λύ θημεν	우리가 풀렸다
2 인칭	ἐ λύ θης	네가 풀렸다	ἐ λύ θητε	너희가 풀렸다
3 인칭	ἐ λύ θη	그가 풀렸다	ἐ λύ θησαν	그들이 풀렸다

1. 구조 : 시상접두모음(ε) + 부정과거 수동태 어간 + 시상접미어 θη + 제 2 시제 능동태 어미(수동태이지만 능동태 어미를 사용하는 것에 유의)로 형성되어 위와 같은 최종 형태가 되었다.

2. 특징 : 부정과거 수동태 직설법은 제 2시제이므로 시상접두모음 ε을 붙인다. 그리고 어간이 자음으로 끝나는 동사는 어간 끝자음이 시상접미어 θη와 충돌을 일으켜 자음접변이나 어간변경이 일어나게 되는데, 이는 모두 발음을 용이하게 하기 위한 변형이다.

3. 자음접변 : 어간이 양순음, 구개음, 치조음 등 자음으로 끝나면, 제 1 부정과거 수동태 시상접미어 θη와 충돌하여 다음과 같이 자음접변이 일어난다.

구 분	어간의 끝자음		부정과거 · 미래 수동태 시상접미어	결 과
	무성음	유성음	+ θη →	기식(ㅎ)음 + θ
양순음	π	β	+ θη →	φθη
치조음	τ	δ, θ, ζ	+ θη →	(σ)θη
구개음	κ(σσ, σκ)	γ	+ θη →	χθη

πέμπω	ἐ πέμφ θην	보내졌다 (1회)
ἄγω	ἤχ θην	인도되었다 (1)
βαπτίζω	ἐ βαπτί σθην	세례받았다 (14)
σώζω	ἐ σώ θην	구원받았다 (5)

4. 어간변경 : 현재 기본형의 어간이 σσ나 σκ으로 끝나는 동사는 부정과거 수동태에서 χ가 되는데, 이는 원어간이 κ이기 때문이다.

κηρύσσω	ἐ κηρύχ θην	선포되었다 (원어간 κηρυκ) (1)
διδάσκω	ἐ διδάχ θην	가르침을 받았다(원어간 διδακ)(5)

5. 그 외에도 σ가 첨가되는 불규칙 변화형들은 다음과 같다.

ἀκούω	ἠκού σθην	들려졌다 (4)
γινώσκω	ἐ γνώ σθην	알려졌다 (2)
δοξάζω	ἐ δοξά σθην	영화롭게 되었다 (6)

6. 몇몇 디포넌트(deponent) 동사는 부정과거에서 중간태와 수동태 둘 다를 취하기도 한다.

γίνομαι	ἐγενόμην(더 많이 사용: 233)	ἐγενήθην(31회)
πορεύομαι	ἐπορευσάμην	ἐπορεύθην(더 많이 사용: 16)
ἀποκρίνομαι	ἀπεκρινάμην(7)	ἀπεκρίθην(더 많이 사용: 104)

II. 제 2 부정과거 수동태 직설법

제 1 부정과거 수동태는 시상접미어 θη로 형성되지만 θ가 없는 형태도 있는데, 이를 제 2 부정과거 수동태라 한다.

예) ἐ γράφ ην: γράφω의 제 2 부정과거 수동태 직설법 1인칭 단수(4)

Ⅲ. 미래 수동태 직설법

구 분	단 수		복 수	
1인칭	λυ θή σομαι	내가 풀릴 것이다	λυ θη σόμεθα	우리가 풀릴 것이다
2인칭	λυ θή σῃ	네가 풀릴 것이다	λυ θή σεσθε	너희가 풀릴 것이다
3인칭	λυ θή σεται	그가 풀릴 것이다	λυ θή σονται	그들이 풀릴 것이다

1. 구조 : 부정과거 수동태 어간 + 시상접미어 θη + 미래시상접미어 σ + 제 1 시제 수동태 어미로 형성되어 위와 같은 최종 형태가 되었다.

2. 특징 : 미래 수동태 직설법은 매우 간단하고 또 구별하기도 쉬운데, 이는 부정과거 수동태 어간에 시상접미어 θη가 첨가된 것 외에는 미래 중간태 직설법과 동일하고, 또한 어미가 매우 길기(-θησομαι) 때문이다.

Ⅳ. 직설법 정리

<table>
<tr><th rowspan="2">구 분</th><th colspan="3">제 1 시 제</th><th colspan="3">제 2 시 제</th></tr>
<tr><th>현재</th><th>미래</th><th>현재완료</th><th>미완료</th><th>부정과거</th><th>과거완료</th></tr>
<tr><td>능동태</td><td>ω</td><td>σω</td><td>κα</td><td>ον</td><td>σα</td><td>κειν</td></tr>
<tr><td>수동태</td><td rowspan="2">ομαι</td><td>θησομαι</td><td rowspan="2">μαι</td><td rowspan="2">ομην</td><td>θην</td><td rowspan="2">μην</td></tr>
<tr><td>중간태</td><td>σομαι</td><td>σαμην</td></tr>
</table>

1. 구조 : 지금까지 배운 직설법 어미를 도표로 정리한 것인데, 이 도표를 이해하고 암기하면 직설법 동사를 쉽게 분해할 수 있다.

2. 사용법

(1) 문장 안에서 어떤 단어가 동사임이 판명되면 일단 제 1 시제(현재시제)인지 아니면 제 2 시제(과거시제)인지를 시상접두모음(ϵ)으로 먼저 구분해야 한다.

(2) 한 시제가 선택되면, 다른 시제는 제외한다.

(3) 선택된 시제 안에서 어미를 보고 현재와 미래, 혹은 미완료와 부정과거를 구분하고, 그 후 능동태와 수동태를 구분하면 쉽게 분해할 수 있을 것이다.

예) ἐλύθην : ① 시상접두모음 ϵ이 붙었으므로 제 2 시제(따라서 제 1 시제는 제외)
② 어미 θη가 붙었으므로 부정과거(미완료는 제외)
③ θη는 수동태
④ λύω의 부정과거 수동태 직설법 1인칭 단수

IV. 단어

동사

ἀποκρίνομαι	대답하다 (231회)
καλέω	부르다 (148)

명사

γυνή, αικός	ἡ	여자(215) (제3변화 여성명사로 다음 과에서 배울 것임)
ὀργή, ῆς	ἡ	진노(36)
φυλακή, ῆς	ἡ	감옥(47)
σατανᾶς, ᾶ	ὁ	사탄(36)

기출 중요 동사(4부분) 정리

현재능동	미래능동	부정과거능동	부정과거수동	
ἄγω	ἄξω	ἤγαγον	ἤχθην (2)	인도받았다
ἀκούω	ἀκούσω	ἤκουσα	ἠκούσθην (4)	들려졌다
βάλλω	(βαλῶ)	ἔβαλον	ἐβλήθην (12)	던져졌다
βαπτίζω	βαπτίσω	ἐβάπτισα	ἐβαπτίσθην (14)	세례받았다
βλέπω(ὁράω)	βλέψω(ὄψομαι)	εἶδον	ὤφθην (20)	보여졌다
γίνομαι	γενήσομαι	ἐγενόμην	ἐγενήθην (31)	되었다
γινώσκω	γνώσομαι	(ἔγνων)	ἐγνώσθην(2)	알려졌다
γράφω	γράψω	ἔγραψα	ἐγράφην(4)	쓰여졌다
διδάσκω	διδάξω	ἐδίδαξα	ἐδιδάχθην(5)	가르침을 받았다
ἐγείρω	(ἐγερῶ)	ἤγειρα	ἠγέρθην(14)	일으켜졌다
καλέω	καλέσω	ἐκάλεσα	ἐκλήθην (16)	부름받았다
κηρύσσω	κηρύξω	ἐκήρυξα	ἐκηρύχθην(1)	선포되었다
λαμβάνω	λήμψομαι	ἔλαβον	ἐλήμφθην	취하여졌다
πείθω	πείσω	ἔπεισα	ἐπείσθην(2)	설득되었다
σώζω	σώσω	ἔσωσα	ἐσώθην(5)	구원받았다

VI. 성경원문읽기

※ 다음 문장에서 동사를 분해하고, 문장 전체를 정확히 해석하십시오.

1. ὁ θεὸς ἐδοξάσθη καὶ ὁ θεὸς δοξάσει αὐτόν (요 13:32).

2. ἐσώθη ἡ γυνὴ ἀπὸ τῆς ὥρας ἐκείνης (마 9:22).

3. ὤφθη αὐτῷ ἄγγελος κυρίου (눅 1:11).

4. ἀπεκρίθη πρὸς αὐτὴν Πέτρος (행 5:8).

5. σωθησόμεθα δι᾽ αὐτοῦ ἀπὸ τῆς ὀργῆς (롬 5:9).

6. Ἰησοῦς ἐβαπτίσθη εἰς τὸν Ἰορδάνην ὑπὸ Ἰωάννου (막 1:9).

7. κηρυχθήσεται τοῦτο τὸ εὐαγγέλιον τῆς βασιλείας (마 24:14).

8. λυθήσεται ὁ σατανᾶς[18] ἐκ τῆς φυλακῆς αὐτοῦ (계 20:7).

9. ἀπεκρίθη Θωμᾶς καὶ εἶπεν αὐτῷ· ὁ κύριός μου καὶ ὁ θεός μου (요 20:28).

10. σὺ εἶ Σίμων ὁ υἱὸς Ἰωάννου, σὺ κληθήσῃ Κηφᾶς (요 1:42).

---

18) 제 1변화 남성명사로 단수 격변화는 다음과 같다: σατανᾶς, σατανᾶ, σατανᾷ, σατανᾶν, σατανᾶ.

제 14 과

제 3 변화 명사(I)

제 3 변화 명사는 그 어간이 자음이나 또는 자음의 성격을 지닌 반모음 ι 나 υ으로 끝나는 명사인데, 신약성경에 663단어가 총 7,095회 쓰일 정도로 자주 사용되고 있다. 제 3 변화 명사의 어간은 제 1, 2 변화와는 달리 단수 소유격에서 숨겨진 어간이 나타나므로 단수 소유격이 매우 중요시 된다.

제 3 변화 명사는 언뜻 보면 그 종류가 매우 다양하고, 남성, 여성, 중성을 모두 가지고 있어 그 변화도 복잡하게 보이지만, 주로 중성이 많이 쓰이고 변화도 매우 규칙적이라 할 수 있다. 복잡하게 여겨지는 변화는 단수 주격과 복수 여격에서의 음성변화인데, 이것도 규칙대로 변화되기에 제 3 변화명사의 어미변화를 기억하고 있으면 큰 어려움이 되지 않는다.

또한 명사는 보통 관사나 전치사와 더불어 사용되기 때문에, 제 3 변화 명사가 복잡하다 해도 그 앞에 붙은 관사나 전치사를 보면 그 격을 정확히 파악할 수 있다. 그럼에도 제 3 변화 명사는 1, 2 변화에 비해서는 그 구성이 복잡하기에 이번 과에서는 기본적인 3 변화 명사를 먼저 배우고, 보다 복잡한 형태의 3 변화 명사의 변형은 후에 익히도록 할 것이다.

지금 우리에게 3 변화 명사가 중요한 또 다른 이유는 제 3 변화 남성명사 ἄρχων, οντος (관원)의 변화가 다음 과에서 배우게 될 헬라어 공부의 분수령, 또는 헬라어 문장의 꽃이라 불리우는 현재 능동태(부정과거 능동태 · 수동태) 분사의 변화와 동일하기 때문이다.

I. 제 3 변화 명사의 구성

제 3 변화 명사는 어간의 형태에 따라 어간이 ① 폐쇄음(양순음, 치조음, 구개음) ② 유음(λ, ρ) ③ 비음 ν ④ ος, ες ⑤ ι, ε, ευ 모음으로 끝나는 부류로 크게 나눌 수 있다. 또한 3변화 명사는 남성, 여성, 중성 등 모든 성으로 구성되어 있는데, 가장 많은 부분을 차지하는 것은 중성이다. 그 대표적인 형태들을 소개하면 다음과 같다.

남 성	여 성	중 성
αἰών (세대)	ἐλπίς (소망)	πνεῦμα (영, 성령)
ἄρχων (관원, 관리)	πίστις (믿음)	φῶς (빛)
βασιλεύς (왕)	σάρξ (육체)	ἔθνος (민족, 이방)

II. 제 3 변화 명사의 어미

제 3 변화 명사는 복잡하다는 선입관과는 달리 아주 규칙적인데, 이는 어미변화가 거의 동일하기 때문이다. 따라서 아래의 어미변화를 잘 암기해 두면, 여러 부류의 3변화 명사들의 변화를 어렵지 않게 유추할 수 있다.

구 분	단 수		복 수	
	남성/여성	중 성	남성/여성	중 성
주 격	– ς	–	– ες	– α
소유격	– ος	– ος	– ων	– ων
여 격	– ι	– ι	– σι(ν)	– σι(ν)
목적격	– α, – ν	–	– ας, – ες	– α

Ⅲ. 어간이 폐쇄음(양순음, 치조음, 구개음)으로 끝나는 제 3변화명사

1. 치조음(τ, δ, θ) 어간 명사

구 분		ἐλπίς, ίδος, ἡ 소망 (어간 δ)	χάρις, ιτος, ἡ 은혜 (어간 τ)	ἄρχων, οντος, ὁ 관원 (어간 τ)
단수	주 격	ἐλπίς	χάρις	ἄρχων
	소유격	ἐλπίδ ος	χάριτ ος	ἄρχοντ ος
	여 격	ἐλπίδ ι	χάριτ ι	ἄρχοντ ι
	목적격	ἐλπίδ α	χάρι ν	ἄρχοντ α
복수	주 격	ἐλπίδ ες	χάριτ ες	ἄρχοντ ες
	소유격	ἐλπίδ ων	χαρίτ ων	ἀρχόντ ων
	여 격	ἐλπί σι(ν)	χάρι σι(ν)	ἄρχου σι(ν)
	목적격	ἐλπίδ ας	χάριτ ας	ἄρχοντ ας

(1) 제3 변화 명사의 어간 : 단수 주격이 아니라 소유격에서 나타나며, 이 소유격이 변화의 원형이 되기에 중요하다. 따라서 3변화 명사는 단수 주격과 더불어 소유격도 같이 암기하여야 한다.

(2) 치조음 어간명사 : 단수 주격과 복수 여격에서 τ, δ, θ는 σ앞에서(ν앞에서도) 탈락한다.

(3) ἄρχων의 변화 : 특히 ἄρχων의 변화는 다음 과에서 배울 현재 능동태 분사의 어미와 동일하므로 완벽히 익혀두어야 한다.

2. 치조음(τ), 구개음(κ, γ, χ) 어간 명사

구 분		πνεῦμα, ατος, τό 영 (치조음: 어간 τ)	φῶς, φωτός, τό 빛 (치조음: 어간 τ)	σάρξ, σαρκός, ἡ 육체 (구개음: 어간 κ)
단수	주 격	πνεῦμα	φῶς	σάρξ
	소유격	πνεύματ ος	φωτ ός	σαρκ ός
	여 격	πνεύματ ι	φωτ ί	σαρκ ί
	목적격	πνεῦμα	φῶς	σάρκ α
복수	주 격	πνεύματ α	φῶτ α	σάρκ ες
	소유격	πνευμάτ ων	φώτ ων	σαρκ ῶν
	여 격	πνεύμα σι(ν)	φῶ σι(ν)	σαρ ξί(ν)
	목적격	πνεύματ α	φῶτ α	σάρκ ας

(1) 어간 -μα/ματος로 끝나는 중성명사: πνεῦμα와 같이 어간이 -μα로 끝나는 명사는 모두 중성명사로서 주격, 목적격, 호격이 동일하다. 이와 동일하게 변화하는 중요 명사는 ὄνομα(이름, 230회), σῶμα(몸, 142), αἷμα(피, 97), θέλημα(뜻, 62)이다.

(2) 어간 -τ로 끝나는 기타 중성명사: φῶς, φωτός(빛, 73)와 ὕδωρ, ὕδατος(물, 76).

(3) 구개음 어간명사 : 어간이 구개음(κ, γ, χ)으로 끝나는 명사는 단수 주격과 복수 여격에서 κ, γ, χ + ς = ξ로 음성변화가 일어나는데, 남성도 있고 여성도 있다. 이와 동일하게 변화하는 중요 명사는 γυνή, γυναικός(ἡ, 여자, 215)가 있다.

IV. 어간이 ν(비음)과 ι, ϵ으로 끝나는 제 3변화명사

구 분		πίστις, εως, ἡ 믿음(어간 ϵ)	πόλις, εως, ἡ 도시(어간 ϵ)	αἰών, αἰῶνος, ὁ 세대(비음: 어간 ν)
단수	주 격	πίστι ς	πόλι ς	αἰών
	소유격	πίστεως	πόλεως	αἰῶν ος
	여 격	πίστε ι	πόλε ι	αἰῶν ι
	목적격	πίστι ν	πόλι ν	αἰῶν α
복수	주 격	πίστεις	πόλεις	αἰῶν ες
	소유격	πίστε ων	πόλε ων	αἰών ων
	여 격	πίστε σι(ν)	πόλε σι(ν)	αἰῶ σι(ν)
	목적격	πίστεις	πόλεις	αἰῶν ας

1. πίστις와 πόλις의 어간은 단수 소유격의 -ϵ인데, 여기에 격어미(단수: ς ος ι ν, 복수: ες ων σι ας)가 붙어 위의 최종형태가 되었다. 이 단어들은 매우 많이 사용되기에 두 단어를 같이 소개한다.

2. αἰών은 어간은 단수 소유격의 -ν(비음)인데, 여기에 기본 격어미가 붙은 형태이다. 복수 여격 αἰῶσι에 유의하라.
(동일한 변화의 예: Σίμων, νος ὁ 시몬)

3. αἰών은 특별히 숙어로 많이 사용된다.

예) εἰς τὸν αἰῶνα (영원히, 벧전 1:25)
εἰς τοὺς αἰῶνας τῶν αἰώνων (영원 무궁히, 계 1:6)

V. 단어

동사

θαυμάζω		놀라다(43회)
ἑτοιμάζω		예비(준비) 하다(40)

명사

αἰών, αἰῶνος	ὁ	세대, 영원(122)
ἄρχων, οντος	ὁ	관원, 통치자(37)
ἐλπίς, ίδος	ἡ	소망(53)
κοινωνία, ας	ἡ	교제, 교통(19)
πίστις, εως	ἡ	믿음(243)
πόλις, εως	ἡ	도시, 성(163)
σάρξ, σαρκός	ἡ	육신, 육체(147)
χάρις, ιτος	ἡ	은혜(155)
πάσχα	τό	유월절(29) (불변화명사)
πνεῦμα, ατος	τό	영, 성령, 바람(379)
ῥῆμα, ατος	τό	말(68)
σῶμα, ατος	τό	몸(142)
φῶς, φωτός	τό	빛, 불(73)

VI. 성경원문읽기

※ 다음 문장에서 동사를 분해하고, 제 3 변화 명사에 주의하여 문장 전체를 정확히 해석하십시오.

1. ὑμεῖς δέ ἐστε σῶμα Χριστοῦ(고전 12:27).

2. ὁ δὲ νόμος οὐκ ἔστιν ἐκ πίστεως(갈 3:12).

3. [οἱ ἄνθρωποι] ἐθαύμαζον ἐπὶ τοῖς λόγοις τῆς χάριτος (눅 4:22).

4. ἐξῆλθον οἱ μαθηταὶ καὶ ἦλθον εἰς τὴν πόλιν καὶ ἡτοίμασαν τὸ πάσχα(막 14:16).

5. ὑμεῖς υἱοὶ φωτός ἐστε καὶ υἱοὶ ἡμέρας(살전 5:5).

6. τὸ ῥῆμα κυρίου μένει εἰς τὸν αἰῶνα(벧전 1:25).

7. ὑμεῖς δὲ οὐκ ἐστὲ ἐν σαρκὶ ἀλλὰ ἐν πνεύματι(롬 8:9).

8. μακάριοι οἱ πτωχοὶ τῷ πνεύματι, ὅτι αὐτῶν ἐστιν ἡ βασιλεία τῶν οὐρανῶν(마 5:3).

9. ἁμαρτία ὑμῶν οὐ κυριεύσει· οὐ γάρ ἐστε ὑπὸ νόμον ἀλλὰ ὑπὸ χάριν(롬 6:14).

10. ἡ χάρις τοῦ κυρίου Ἰησοῦ Χριστοῦ καὶ ἡ ἀγάπη τοῦ θεοῦ καὶ ἡ κοινωνία τοῦ ἁγίου πνεύματος μεθ' ὑμῶν (고후 13:13).

제 15 과
현 재 분 사

분사(μετοχή)는 문자적으로 "함께 참여하다."(μετέχω)라는 의미이며, 동사가 형용사처럼 사용되기에 동사적 형용사(verbal adjective)라고 불린다. 신약성경에는 현재 · 미래(극소수) · 부정과거 · 현재완료 분사가 쓰이는데, 분사는 헬라어 문장의 꽃이라 부를 수 있고 헬라어 공부의 분수령이라 할 수 있다. 실제로 사용 빈도수를 보더라도 성경 전체 단어의 5%가 분사이고, 현재 분사만도 3,674회나 쓰일 정도이다. 따라서 분사를 알지 못하면 성경을 정확히 해석할 수 없기에 세 과로 나누어 이번 과에서 현재 분사를 배우고, 이어지는 두 과에서 부정과거 분사를 자세히 익힐 것이다.

많은 사람들이 분사가 어렵다고 하지만, 헬라어 분사는 우리말과 아주 유사하여 구조와 원리를 알고 따라가면 그리 어렵지 않게 배울 수 있다. 분사구문 해석의 첫 관문은 분사를 찾아내는 것이고, 그 다음은 용법을 파악하여 올바로 해석하는 것이다. 문장에서 분사를 찾아낼 수 있는 방법은 지금까지 단어의 어미를 보고 품사를 파악했듯 분사의 어미를 잘 숙지하는 것이다.

분사의 용법은 형용사와 거의 동일하기 때문에 5과에서 배웠던 형용사의 용법을 적용하면 된다. 분사의 관형적, 독립적 용법은 직독직해가 가능하므로 해석에 어려움이 없고, 다만 분사가 동사처럼 쓰이는 서술적 용법에만 주의하면 분사를 어렵지 않게 정복할 수 있을 것이다.

I. εἰμί의 현재 분사 (158회)

구 분		남 성	여 성	중 성
단수	주(호)격	ὤν	οὖσα	ὄν
	소유격	ὄντος	οὔσης	ὄντος
	여 격	ὄντι	οὔσῃ	ὄντι
	목적격	ὄντα	οὖσαν	ὄν
복수	주(호)격	ὄντες	οὖσαι	ὄντα
	소유격	ὄντων	οὐσῶν	ὄντων
	여 격	οὖσι(ν)	οὔσαις	οὖσι(ν)
	목적격	ὄντας	οὔσας	ὄντα

1. 특징 : εἰμί의 현재 분사는 현재 능동태 분사의 어미를 결정적으로 보여주고 있다.

2. 중요성 : 분사구문의 첫 번째 관문은 문장 속에서 분사를 찾아내는 것이다. 따라서 이 변화를 숙지하면, 성경에서 가장 많이 사용되는 현재 능동태 분사(구문)를 잘 식별할 수 있을 것이다.

※ 암기방법은 먼저 남성, 여성, 중성의 단수 주격을 나란히 외워두는 것인데, 이렇게 하면 다른 격들이 어떤 변화를 하는지 예상할 수 있기 때문이다(3-1-3 변화).

II. 현재 능동태 분사

구 분		남 성	여 성	중 성
단수	주(호)격	λύ ων	λύ ουσα	λῦ ον
	소유격	λύ οντος	λυ ούσης	λύ οντος
	여 격	λύ οντι	λυ ούσῃ	λύ οντι
	목적격	λύ οντα	λύ ουσαν	λῦ ον
복수	주(호)격	λύ οντες	λύ ουσαι	λύ οντα
	소유격	λυ όντων	λυ ουσῶν	λυ όντων
	여 격	λύ ουσι(ν)	λυ ούσαις	λύ ουσι(ν)
	목적격	λύ οντας	λυ ούσας	λύ οντα

1. 구조 : 현재어간 + εἰμί의 현재 분사 어미로 구성된다.

2. 특징 : 어미변화는 남성과 중성은 제 3 변화, 그리고 여성은 제 1 변화 명사 혼합형(δόξα, ης)과 동일하게 변화한다(3-1-3변화).

3. 분사분해 : 분사는 동사에서 파생된 형용사 형태이기에 분해할 때 동사(시제·태·법)와 형용사(성·수·격)의 요소를 모두 고려하여 분해한다.

예) λύων: λύω의 현재 능동태 분사 남성 단수 주격

4. 해석: 헬라어 분사의 해석은 우리말과 유사하여 그리 어렵지 않다.

예) λύω	→	λύων	(풀다 → 푸는)
πιστεύω	→	πιστεύων	(믿다 → 믿는)

Ⅲ. 현재 수동태 분사

구 분		남 성	여 성	중 성
단수	주(호)격	λυ όμενος	λυ ομένη	λυ όμενον
	소유격	λυ ομένου	λυ ομένης	λυ ομένου
	여 격	λυ ομένῳ	λυ ομένῃ	λυ ομένῳ
	목적격	λυ όμενον	λυ ομένην	λυ όμενον
복수	주(호)격	λυ όμενοι	λυ όμεναι	λυ όμενα
	소유격	λυ ομένων	λυ ομένων	λυ ομένων
	여 격	λυ ομένοις	λυ ομέναις	λυ ομένοις
	목적격	λυ ομένους	λυ ομένας	λυ όμενα

1. 구조 : 현재어간 + 연결모음(ο) + 분사표시철자 μεν + 형용사 어미(ος, η, ον)로 형성된다.

2. 특징 : 어미변화는 남성과 중성은 2변화 명사, 여성은 1변화 명사의 η형과 동일하게 변화한다(2-1-2 변화).

Ⅳ. 현재 중간태 분사 (디포넌트 동사)

구분		남성	여성	중성
단수	주(호)격	πορευ όμενος	πορευ ομένη	πορευ όμενον
	소유격	πορευ ομένου	πορευ ομένης	πορευ ομένου
	여격	πορευ ομένῳ	πορευ ομένῃ	πορευ ομένῳ
	목적격	πορευ όμενον	πορευ ομένην	πορευ όμενον
복수	주(호)격	πορευ όμενοι	πορευ όμεναι	πορευ όμενα
	소유격	πορευ ομένων	πορευ ομένων	πορευ ομένων
	여격	πορευ ομένοις	πορευ ομέναις	πορευ ομένοις
	목적격	πορευ ομένους	πορευ ομένας	πορευ όμενα

1. 중요성 : 대부분의 디포넌트 동사들은 기본형인 πορεύομαι와 동일한 변화를 한다. 신약성경에 자주 쓰이는 디포넌트 분사들은 다음과 같다.

예)		
	πορευ όμενος	가는(23회)
	ἐρχ όμενος	가는, 오는(60)
	γιν όμενος	되는(18)
	δεχ όμενος	영접하는(4)
	προσευχ όμενος	기도하는(21)

Ⅳ. 분사의 시간

분사의 시간은 주동사와의 관계에 의해 결정되는데, 현재 분사는 주동사와 동시동작을, 부정과거 분사는 주동사보다 앞선 동작을 나타낸다. 즉 분사 자체에는 시간의 개념이 없기 때문에 분사와 그것이 관계하는 대상의 동작의 시간은 분사의 시제가 아니라 주동사, 또는 문맥에 의해 결정된다.

Ⅴ. 현재 분사의 용법

분사는 동사에서 파생된 형용사로, 한마디로 동사가 형용사 역할을 하는 것이다. 따라서 용법도 형용사와 마찬가지로 관형적, 독립적, 서술적(혹은 부사적[19]) 용법이 있다(5과 형용사 용법 참조). 그 구분은 분사 앞의 관사의 유무에 따라 결정되는데, 관사가 없는 경우는 문맥으로 그 용법을 구분할 수 있다.

분사구문 해석의 첫 단계는 문장 속에서 분사(구문)를 찾아내는 것이고, 그 다음은 용법을 결정하는 것이다. 신약성경에는 현재 능동태 분사가, 그리고 독립적 용법이 가장 많이 쓰이고 있다.

1. 관형적 용법

관사를 가진 분사가 명사를 수식하는 용법으로, 분사는 수식하는 명사와 성 · 수 · 격이 일치해야 한다.

---

19) '서술적 용법' 이란 관사 없는 분사가 원래의 품사인 동사처럼 쓰이면서 동사의 특성을 나타내는 것을 말하는데, 이런 경우 분사가 주동사를 수식하거나 확실하게 해주는 역할을 하기 때문에 '부사적 용법' 이라 부르기도 한다. 한편 서술적 용법이 보통 "~할 때, ~을 하면서" 라는 시간의 분사로 해석되는데 반해, 부사적 용법이라 할 때는 이것을 문맥에 따라 시간, 이유, 근거, 조건, 목적, 양보, 수단, 양식, 결과, 부대상황 등으로 세분화시킨 것을 의미하기도 한다. 그러나 서술적 용법의 시간 개념을 잘 배우면 나머지 것들도 어렵지 않게 익힐 수 있기에 우리는 서술적 용법이란 이름하에 분사의 기본적인 용법을 먼저 배우고, 더 자세한 부사적 용법들은 후에 익히도록 할 것이다.

(1) 구조 : 관사 + 분사 + 명사 ὁ πιστεύων ἄνθρωπος
관사 + 명사 + 관사 + 분사 ὁ ἄνθρωπος ὁ πιστεύων
그 믿는 사람이

(2) 예문 : ὁ πατήρ σου ὁ βλέπων (마 6:6).
보시는 너의 아버지께서

2. 독립적 용법

가장 대표적 용법으로, 관사를 가진 분사가 수식하는 명사 없이 명사처럼 사용되는 용법을 말한다. 수식하는 명사가 없으므로 분사 어미의 성 · 수 · 격에 주의하여 그 뜻을 해석해야 한다.

(1) 구조: 관사 + 분사 ὁ πιστεύων 그 믿는 남자가
ἡ πιστεύουσα 그 믿는 여자가

(2) 예문: ὁ πιστεύων εἰς τὸν υἱὸν ἔχει ζωήν (요 3:36).
그 아들을 믿는 자는 생명을 소유하고 있다.

3. 서술적 용법

분사가 관사 없이 원래의 품사인 동사 역할을 하면서 성 · 수 · 격이 같은 명사의 움직임을 설명하는 용법으로, 독립적 용법 다음으로 많이 사용된다. 이때 분사의 주어는 주문장(직설법 동사가 이끄는 문장)의 명사 중에서 성 · 수 · 격이 일치하는 것을 찾으면 된다.

(1) 구조 : 분사 앞에 관사가 없으며, 따라서 관사가 없으면 일단 서술적 용법으로 "분사가 동사로 쓰인다." 라고 보면 된다.

(2) 해석 : 서술적 용법은 연결된 명사의 동작을 서술하는 용법이므로 '~ 할 때' 또는 '~하면서' 라고 해석한다. 분사가 주격일 경우는 주문장의 주어와 분사구문의 주어가 동일하기에 "~하면서 ~하다." 라고 '동시 동작' 으로 해석한다.

그러나 주격 이외의 분사일 경우는 주어가 둘이 되므로 복문으로 해석할 수 밖에 없다. 즉 분사와 관계된 명사를 주어로 하여 부문장을 만든 후(~할 때), 분사구를 제외한 나머지 주문장을 해석하면 된다.

서술적 용법은 직역이 가능한 관형적 용법이나 독립적 용법과는 달라서 긴 설명이 이어졌는데, 이를 간단히 정리하면 다음과 같다.

① 분사구문 파악하기 (분사어미로 확인)
② 분사의 용법 확인 (분사 앞의 관사유무로)
③ 분사의 격 확인
④ 주격일 경우 : 주문장과 주어가 동일하므로 "~하면서 ~하다." 라고 '동시동작' 으로 해석

주격 이외의 격 : 문장에서 성 · 수 · 격이 같은 명사 (대명사)를 찾아 '~ 할 때' 라는 시상절을 만들어 해석한 후, 주문장 해석

이제 예문을 보면서 분사의 서술적 용법을 어떻게 해석하는지 살펴보자.

예 1) ἀκούοντες ἐπίστευον καὶ ἐβαπτίζοντο(행 18:8).

① 분사구문 파악 : ἀκού οντες (ἀκούω의 현재 능동태 분사 남성 복수 주격)

② 분사의 용법: 서술적 용법

(분사 앞에 관사 없으므로 분사가 동사로 쓰인다는 의미이기에 주문장에서 분사의 주어를 찾아야 함)

③ 분사의 격 확인: 주격

(직설법이 이끄는 주문장 ἐπίστευον καὶ ἐβαπτίζοντο의 주어와 분사의 주어가 동일: '그들이')

④ 해석: 그들이 들으면서 믿고 있었고, 그리고 세례를 받고 있었다.

예 2) [ὁ 'Ιωάννης] βλέπει τὸν 'Ιησοῦν ἐρχόμενον πρὸς αὐτόν (요 1:29).

① 분사구문 파악: ἐρχ όμενον (ἔρχομαι의 현재 분사 남성 단수 목적격, dep.)

② 분사의 용법: 서술적 용법(분사 앞에 관사가 없음)

③ 분사의 격 확인: 목적격

(직설법이 이끄는 주문장 [ὁ 'Ιωάννης] βλέπει τὸν 'Ιησοῦν에서 분사의 의미상의 주어를 찾아야 하는데, 분사 ἐρχόμενον과 성·수·격이 같은 것은 'Ιησοῦν이므로 분사구문의 주어는 'Ιησοῦς)

④ 해석: 먼저 부문장을 해석하고, 이어 주문장을 해석

부문장(분사구문): 예수께서 그에게로 오실 때,
주문장(직설법): 요한이 예수님을 보고 있다.[20)]

20) 이 구문은 기초 문법에서는 보통 서술적 용법(시상절)으로 해석하지만, 좀 더 엄밀히 구분하면 부사적 용법(지각동사 + 목적격 + 분사구문)으로 "요한이 예수께서 그에게 오시는 것을 보고 있다."라고도 해석한다.

VI. 단어

동사

αἴρω		치워버리다, 없애다(take away)(101회)

명사

ἀμνός, οὗ	ὁ	어린 양(4)
μισθός, οὗ	ὁ	삯, 상(29)
ὄνομα, ατος	τό	이름(230)

형용사

αἰώνιος, ον[21] 영원한(71) ἡ ζωὴ αἰώνιος(영원한 생명, 영생)

부사

ἐπαύριον 내일(17) τῇ ἐπαύριον(이튿날, on the next day)

감탄사

ἴδε 보라!(34)

---

21) 제2 변화 형용사인 αἰώνιος, ον은 남성과 여성이 동일하고, 중성이 따로 있는 형태(two termination)로 이런 형용사는 -ος, -ον어미 형용사가 된다. 이와 동일하게 변화하는 형용사로는 ἁμαρτωλός, όν(죄인의, 47회), ἄπιστος, ον(믿음이 없는, 23), ἔρημος, ον(광야의, 48), ἀκάθαρτος, ον(불결한, 32) 등이 있다.

VII. 성경원문읽기

※ 다음 문장에서 동사와 분사를 분해하고, 분사의 용법에 주의하여 문장 전체를 정확히 해석하십시오.

1. ὁ πιστεύων εἰς αὐτὸν οὐ κρίνεται(요 3:18).

2. οὗτός ἐστιν ὁ τὸν λόγον ἀκούων(마 13:20).

3. ὁ πιστεύων εἰς τὸν υἱὸν ἔχει ζωὴν αἰώνιον(요 3:36).

4. οὗτός ἐστιν ὁ ἄρτος ὁ ἐκ τοῦ οὐρανοῦ καταβαίνων (요 6:50).

5. ὁ δεχόμενος ὑμᾶς ἐμὲ δέχεται(마 10:40).

6. οὗτός ἐστιν ὁ βαπτίζων ἐν πνεύματι ἁγίῳ(요 1:33).

7. τῇ ἐπαύριον βλέπει τὸν Ἰησοῦν ἐρχόμενον πρὸς αὐτὸν καὶ λέγει(요 1:29).

8. Ἴδε ὁ ἀμνὸς τοῦ θεοῦ ὁ αἴρων τὴν ἁμαρτίαν τοῦ κόσμου (요 1:29).

9. ὁ δεχόμενος προφήτην εἰς ὄνομα προφήτου μισθὸν προφήτου λήμψεται(마 10:41).

10. ὁ θεὸς ἀγάπη ἐστίν, καὶ ὁ μένων ἐν τῇ ἀγάπῃ ἐν τῷ θεῷ μένει καὶ ὁ θεὸς ἐν αὐτῷ μένει(요일 4:16).

제 16 과
부정과거 능동태 · 중간태 분사

부정과거 분사는 연속적인 동작이 아니라 단회적 동작을 표현하는데 사용되는데, 시간의 개념이 없기 때문에 직설법에서 사용되었던 시상접두모음은 사용되지 않는다. 즉 시상접두모음은 오직 직설법에서만 사용되며, 나머지 법(분사, 부정사, 가정법, 명령법, 희구법)에서는 붙지 않는데, 이는 그것이 과거시제를 가리키는 것이 아니기 때문이다.

그러므로 부정과거 분사를 해석할 때에 과거시제로 해석하려는 것은 잘못된 시도이다. 이는 동작이 과거에 일어났기 때문에 과거 분사를 사용하는 것이 아니고, 단지 주동사보다 앞선 동작을 나타낼 때 사용되기 때문이다. 따라서 부정과거 능동태 분사의 해석은 관형적 · 독립적 용법의 경우 '~을 한 사람(사물)'으로, 서술적 용법은 '~ 한 후에'라고 한다.

부정과거 분사는 신약성경에서 현재 분사 다음으로 많이 사용되며, 그 규칙성에 따라 제 1 부정과거(규칙변화)와 제 2 부정과거(불규칙변화) 분사로 나뉜다.

I. 제 1 부정과거 분사 어미

구 분	남 성	여 성	중 성
부정과거 능동태 분사	σας	σασα	σαν
부정과거 수동태 분사	θείς	θεῖσα	θέν
부정과거 중간태 분사	σάμενος	σαμένη	σάμενον

II. 제 1 부정과거 능동태 분사

구 분		남 성	여 성	중 성
단수	주(호)격	λύ σας	λύ σασα	λῦ σαν
	소유격	λύ σαντος	λυ σάσης	λύ σαντος
	여 격	λύ σαντι	λυ σάσῃ	λύ σαντι
	목적격	λύ σαντα	λύ σασαν	λῦ σαν
복수	주(호)격	λύ σαντες	λύ σασαι	λύ σαντα
	소유격	λυ σάντων	λυ σασῶν	λυ σάντων
	여 격	λύ σασι(ν)	λυ σάσαις	λύ σασι(ν)
	목적격	λύ σαντας	λυ σάσας	λύ σαντα

1. 구조 : 부정과거어간 + 시상접미어 σα + 분사형 어미로 형성된다.

2. 특징 : 시상접두모음은 직설법에만 붙이므로 부정과거 분사는 시상접두모음 ϵ을 제거한 부정과거어간을 사용한다. 어미변화는 현재 분사와 마찬가지로 남성과 중성은 제3변화, 그리고 여성은 제1변화 명사 혼합형(예: δόξα, ης)과 동일하게 변화한다(3-1-3 변화).

3. 해석 : 부정과거 분사는 주동사의 시제보다 한 단계 앞선 동작이나 상태를 표현하기에 '~ 한 사람(사물)', '~ 한 후'로 해석한다.
(용법은 현재 분사와 동일)

예) ὁ πιστεύσας 그 믿은 남자
πιστεύσας 믿은 후에

Ⅲ. 제 2 부정과거 능동태 분사

구 분		남 성	여 성	중 성
단수	주(호)격	ἐλθ ών	ἐλθ οῦσα	ἐλθ όν
	소유격	ἐλθ όντος	ἐλθ ούσης	ἐλθ όντος
	여 격	ἐλθ όντι	ἐλθ ούσῃ	ἐλθ όντι
	목적격	ἐλθ όντα	ἐλθ οῦσαν	ἐλθ όν
복수	주(호)격	ἐλθ όντες	ἐλθ οῦσαι	ἐλθ όντα
	소유격	ἐλθ όντων	ἐλθ ουσῶν	ἐλθ όντων
	여 격	ἐλθ οῦσι(ν)	ἐλθ ούσαις	ἐλθ οῦσι(ν)
	목적격	ἐλθ όντας	ἐλθ ούσας	ἐλθ όντα

1. 구조 : 제2부정과거(불규칙) 어간 + 현재 능동태 분사어미로 형성된다.

2. 특징 : 제2부정과거는 직설법에서는 미완료과거 어미를, 그 외의 법에서는 현재어미를 사용한다. 따라서 제2부정과거 능동태 분사와 현재 능동태 분사는 단지 어간과 악센트의 차이만 있으므로 제2부정과거 직설법에서 익혔던 불규칙변화 어간을 잘 기억해야 한다.

예) λαμβάν ων : λαμβάνω의 현재 능동태 분사
λαβ ών : λαμβάνω의 제2부정 과거 능동태 분사
(λαμβάνω의 제 2부정 과거 직설법 ἔλαβον을 기억하라)

3. 중요성 : 신약성경에서 자주 쓰이는 제2부정과거 분사들은 다음과 같다.

예)
ἐλθ ών	(간, 94회)	←	ἔρχομαι	(ἦλθον)
ἰδ ών	(본, 111)	←	βλέπω / ὁράω	(εἶδον)
λαβ ών	(취한, 65)	←	λαμβάνω	(ἔλαβον)
εἰπ ών	(말한, 59)	←	λέγω	(εἶπον)
ἀποθαν ών	(죽은, 7)	←	ἀποθνῄσκω	(ἀπέθανον)

IV. 부정과거 중간태 분사(디포넌트 동사)

구 분	남 성	여 성	중 성
제1과거	πορευ σάμενος	πορευ σαμένη	πορευ σάμενον
제2과거	γεν όμενος	γεν ομένη	γεν όμενον

디포넌트 동사들 가운데 규칙변화 동사(예: πορεύομαι)는 과거분사가 될 때 제1부정과거 중간태 분사어미인 σάμενος, η, ον을, 불규칙동사(예: γίνομαι)는 제2부정과거 어간에 현재 중간태 분사어미인 όμενος, η, ον을 붙인다.

V. 분사의 부정어: μή

직설법에서는 οὐ, 그 이외의 법(분사, 부정사, 가정법, 명령법, 희구법)에서는 μή가 부정어로 사용된다.

VI. 단어

동사

ἀναβλέπω	우러러 보다, 시력을 회복하다(25회)
ἀνοίγω	열다(77)
πέμπω	보내다 (79)
προσέρχομαι	~에게로 가다(86)
κατέχω	든든히 지키다, 꽉 잡다(17)
στενάζω	탄식하다(부정과거형은 ἐστέναξα) (6)

명사

θέλημα, ατος	τό	뜻 (62)
παιδίον, ου	τό	아이(52)
στόμα, ατος	τό	입 (78)

형용사

ἐμός, ή, όν	나의, 나에게 속한(소유형용사) (74)
καλός, ή, όν	좋은, 착한 (102)
τυφλός, ή, όν	눈먼(52) (ὁ τυφλός, 시각장애인)

접속사

οὖν	그러므로, 따라서 (후치사)(499)

VII. 성경원문읽기

※ 다음 문장에서 동사와 분사를 분해하고, 분사의 용법에 주의하여 문장 전체를 정확히 해석하십시오.

1. ὁ πιστεύσας σωθήσεται(막 16:16).

2. μακάριοι οἱ μὴ ἰδόντες καὶ πιστεύσαντες(요 20:29).

3. τοῦτό ἐστιν τὸ θέλημα τοῦ πέμψαντός με(요 6:39).

4. ἐλθόντες εἰς τὴν οἰκίαν εἶδον τὸ παιδίον(마 2:11).

5. οἱ ἀκούσαντες ἐδόξαζον τὸν θεὸν [καὶ] εἶπον αὐτῷ(행 21:20).

6. ἐν καρδίᾳ καλῇ καὶ ἀγαθῇ ἀκούσαντες τὸν λόγον κατέχουσιν(눅 8:15).

7. ἀνοίξας τὸ στόμα αὐτοῦ ἐδίδασκεν αὐτούς(마 5:2).

8. ἀμὴν ἀμὴν λέγω ὑμῖν ὅτι ὁ τὸν λόγον μου ἀκούων καὶ πιστεύων τῷ πέμψαντί με ἔχει ζωὴν αἰώνιον (요 5:24).

9. ἐλθόντι δὲ εἰς τὴν οἰκίαν προσῆλθον αὐτῷ οἱ τυφλοί, καὶ λέγει αὐτοῖς ὁ Ἰησοῦς(마 9:28).

10. ἀπεκρίθη οὖν αὐτοῖς ὁ Ἰησοῦς καὶ εἶπεν· ἡ ἐμὴ διδαχὴ οὐκ ἔστιν ἐμὴ ἀλλὰ τοῦ πέμψαντός με (요 7:16).

제 17 과
부정과거 수동태 분사 · 독립소유격

부정과거 수동태 분사는 부정과거 수동태 직설법에서 시상접두모음 ε을 제거한 어간(동사의 제 6 주요부분)에 시상접미어 θε가 붙어 구성되며, 남성 단수 주격 울티마에 악센트를 붙인다.

부정과거 수동태 분사는 주동사보다 앞서 일어났던 행동을 표현하는데 사용되며, 관형적 · 독립적 용법은 '~된 사람(사물)'으로, 서술적 용법은 '~된 후에'라고 해석한다.

이번 과에서 특별히 관심을 가지고 살펴볼 것은 분사의 독립소유격 용법이다. 독립소유격이란 분사가 관사 없이 명사나 대명사의 소유격과 함께 주문장과 상관없는 독립적인 문장을 구성하는 것을 말한다. 즉 분사가 서술적 용법으로 쓰이고, 분사의 격이 소유격이면 99% 독립소유격이라 보면 될 것이다.

I. 제 1 부정과거 수동태 분사

구 분		남 성	여 성	중 성
단수	주(호)격	λυ θείς	λυ θεῖσα	λυ θέν
	소유격	λυ θέντος	λυ θείσης	λυ θέντος
	여 격	λυ θέντι	λυ θείσῃ	λυ θέντι
	목적격	λυ θέντα	λυ θεῖσαν	λυ θέν
복수	주(호)격	λυ θέντες	λυ θεῖσαι	λυ θέντα
	소유격	λυ θέντων	λυ θεισῶν	λυ θέντων
	여 격	λυ θεῖσι(ν)	λυ θείσαις	λυ θεῖσι(ν)
	목적격	λυ θέντας	λυ θείσας	λυ θέντα

1. 구조 : 부정과거 수동태 어간 + 시상접미어 θε + 분사어미로 형성된다.

2. 특징 : 부정과거 수동태 분사는 동사 주요부분 중 6번째인 부정과거 수동태 직설법 어간에서 시상접두모음 ε을 제거한 어간에 시상접미어 θε를 붙여 형성한다. 과거 수동태 분사가 어려운 이유는 분사 자체의 문제라기보다 부정과거 수동태 어간을 잘 알지 못하기 때문이므로, 무엇보다 먼저 부정과거 수동태 직설법을 잘 기억해야 한다.

예) ὁ βαπτισθείς

1) θείς를 보고 부정과거 수동태 분사임을 예상
2) 어간 βαπτισ를 찾기 위해서는 먼저 13과에서 배운 부정과거 수동태 직설법 ἐβαπτίσθην을 기억해 내야 한다. 그후

ἐβαπτίσθην에서 시상접두모음 ϵ과 직설법 어미 θην을 제거하면 어간 βαπτισ를 찾게 되는데, 이 어간에 부정과거 수동태 분사어미 θϵίς가 붙은 수동태 분사이다.

3. 해석 : 부정과거 수동태 분사는 주동사의 시제보다 한 단계 앞선 동작이나 상태를 표현하므로 관형적 · 독립적 용법은 '~된 사람(사물)'으로, 서술적 용법은 '~된 후'로 해석한다(용법은 과거 분사와 동일).

예) ὁ λυθϵίς　　그 풀린 남자
λυθϵίς　　풀린 후에

Ⅱ. 제 2 부정과거 수동태 분사

1. 구조 : 부정과거 수동태 어간 + 시상접미어ϵ + 분사어미로 형성된다.

2. 특징 : 제 2 부정과거 수동태 분사가 제 1 부정과거 수동태 분사와 다른 점은 단지 시상접미어 θ를 생략하고 ϵ만 사용한다는 것이다. 그러므로 최종적인 어미는 θϵίς, θϵῖσα, θϵ́ν이 아니라 ϵίς, ϵῖσα, ϵ́ν이다. 신약성경에서 제 2 부정과거 수동태 분사형을 취하는 대표적인 동사들은 다음과 같다.

γραφ ϵίς　γραφ ϵῖσα　γραφ ϵ́ν　← γράφω (쓰다)
σπαρ ϵίς　σπαρ ϵῖσα　σπαρ ϵ́ν　← σπϵίρω (씨를 뿌리다)

Ⅲ. 독립소유격 분사

분사의 소유격(서술적 용법)이 관사 없이 명사나 대명사의 소유격과 함께 주 문장과 관계없는 독립적 문장을 형성하는 것을 말한다. 이 때 분사구문의 주어는 소유격 명사가 된다.

예) τοῦτο αὐτοῦ εἰπόντος ἐγένετο στάσις(다툼) τῶν Φαρισαίων καὶ Σαδδουκαίων (행 23:7).

1) 분사구문 : εἰπ όντος (λέγω의 부정과거 능동태 분사 남성 단수 소유격)

2) 분사의 격: 소유격(서술적 용법)이므로 독립소유격 예상

3) 분사의 주어: 분사 앞뒤에 있는 소유격 명사나 대명사(αὐτοῦ)

4) 해석 : 그가(바울) 이것을 말한 후, 바리새인들과 사두개인들의 다툼(분쟁)이 일어났다.

IV. 단어

동사

ἀνέβην	올라갔다(36회) (ἀναβαίνω의 제2부정과거 능동태 직설법)
ἀπολύω	풀어놓다(66)
ἠγέρθην	일으켜졌다(20) (ἐγείρω의 부정과거 수동태 직설법)
καθίζω	앉다 (46)
σπείρω	씨를 뿌리다 (52) (ἐσπάρην: 제 2 부정과거 수동태 직설법)
συνάγω	모으다(59)

명사

γῆ, γῆς	ἡ	땅(251)
θάνατος, ου	ὁ	죽음(120)
Σαδδουκαῖος, ου	ὁ	사두개인 (14)
στάσις, εως	ἡ	다툼, 폭동 (9)
Φαρισαῖος, ου	ὁ	바리새인(98)
ὕδωρ, ατος	τό	물(110)

형용사

ἴδιος, α, ον	(그) 자신의 (114)

부사

εὐθύς, εὐθέως	곧, 즉시 (59)
οὐκέτι	이제는 아니, 더 이상 아니(47)

전치사

παρά	(+ 소) ~ 로부터 (194) (+ 여, 목) ~ 곁 (옆)에

V. 성경원문읽기

※ 다음 문장에서 동사와 분사를 분해하고, 분사의 용법에 주의하여 문장 전체를 정확히 해석하십시오.

1. ὁ πιστεύσας καὶ βαπτισθεὶς σωθήσεται (막 16:16).

2. οὗτός ἐστιν ὁ παρὰ τὴν ὁδὸν σπαρείς(마 13:19).

3. ἀποκριθεὶς[22] ὁ Ἰησοῦς εἶπεν αὐτῷ· μακάριος εἶ, Σίμων Βαριωνᾶ(마 16:17).

4. Χριστὸς ἐγερθεὶς ἐκ νεκρῶν οὐκέτι ἀποθνῄσκει, θάνατος αὐτοῦ οὐκέτι κυριεύει(롬 6:9).

5. βαπτισθεὶς δὲ ὁ Ἰησοῦς εὐθὺς ἀνέβη ἀπὸ τοῦ ὕδατος (마 3:16).

6. ἐκεῖνοί εἰσιν οἱ ἐπὶ τὴν γῆν τὴν καλὴν σπαρέντες (막 4:20).

7. ὁ μὴ ὢν μετ' ἐμοῦ κατ' ἐμοῦ ἐστιν(마 12:30).

8. τοῦτο δὲ αὐτοῦ εἰπόντος ἐγένετο στάσις τῶν Φαρισαίων καὶ Σαδδουκαίων(행 23:7).

9. καὶ καθίσαντος αὐτοῦ προσῆλθαν[23] αὐτῷ οἱ μαθηταὶ αὐτοῦ (마 5:1).

10. χάρις ὑμῖν καὶ εἰρήνη ἀπὸ ὁ ὢν καὶ ὁ ἦν καὶ ὁ ἐρχόμενος (계 1:4).

---

22) ἀποκριθεὶς … εἶπεν의 용법은 성경원문읽기풀이 p.297의 설명을 참조하라.

23) ἦλθαν에 대한 설명은 p.160 각주의 설명을 참조하라.

제18 과
부 정 사

부정사란 동사가 명사처럼 쓰이는 것으로 동사적 명사(verbal noun)로 불리기도 한다. 부정사는 동사의 기능이 있기 때문에 태를 가지고 있고 목적어를 취할 수 있으며, 동시에 명사의 기능도 하기 때문에 주어와 목적어가 될 수도 있다.

신약성경에는 현재 · 부정과거 · 현재완료 · 미래 부정사가 2,291회 쓰이고 있는데, 이들 중 주로 쓰이는 것은 현재 부정사와 부정과거 부정사이다. 시제(tense)는 직설법과 달리 시간(time)을 의미하지는 않고, 동작의 종류나 상(aspect)을 나타낸다. 따라서 현재 부정사는 계속 · 진행 · 반복의 의미가 있고, 부정과거 부정사는 단회적 동작을 나타낸다.

부정사의 용법에는 동사적 용법(목적, 결과, 시간, 이유, 수단, 보완 등)과 명사적 용법(주어, 목적어, 보어 등)이 있다.

I. 부정사 어형론

구 분	현 재	부 정 과 거	
		1	2
능 동 태	λύ ειν	λῦ σαι	λαβ εῖν
수 동 태	λύ εσθαι	λυ θῆναι	γραφ ῆναι
중간태(dep.)	πορεύ εσθαι	πορεύ σασθαι	γεν έσθαι

1. 구조 : 현재 부정사는 현재어간에, 부정과거 부정사는 부정과거어간에 부정사 어미를 붙여 형성한다. 즉 제 1 부정과거의 능동태와 중간태에는 σα를, 수동태에는 θη를, 제 2 부정과거 능동태에는 현재 부정사 어미인 εῖν을 붙인다.

2. 특징 : 현재 부정사는 진행과 반복의 동작을, 부정과거 부정사는 단회적인 동작을 표현하는데 사용하며, 시간의 개념이 없기 때문에 시상접두 모음은 붙지 않는다.

3. 해석 : 부정사는 동사에서 파생된 명사이므로, '동사어간 + 하기 (또는 ~하는 것)'로 해석한다 (중성명사처럼 취급).

예) [ὁ Ἰησοῦς] ἤρξατο διδάσκειν (막 4:1).
예수께서 가르치기를 시작하셨다.

4. 분해 : 예) διδάσκειν: διδάσκω의 현재 능동태 부정사

5. εἰμί동사의 현재 부정사는 εἶναι(124회)이다.

II. 부정사의 용법

부정사는 동사가 명사처럼 쓰이는 것으로 주로 명사의 역할을 하지만, 또한 동사의 역할을 하기도 한다. 따라서 신약성경에 쓰인 부정사(2,291회)도 크게 두 가지로 나눌 수 있다. 즉 '명사적으로 쓰인 부정사'(주로 관사 없이 부정사 단독: 1,957회)와 '동사적으로 쓰인 부정사'(관사 + 부정사: 319회)이다. 사용 빈도수로 미루어 볼 때 동사적 용법도 중요하지만, 빈도수가 6배 이상 되는 명사적 용법을 더 중점적으로 익혀야 할 것이다.

1. 명사적으로 사용되는 부정사 (1,957회)

(1) 주어

1) 비인칭동사의 주어 : 주로 ἔξεστιν(합당하다), δεῖ(필요하다)와 같은 동사의 주어로 사용된다.[24] 따라서 이런 비인칭동사가 나오면 부정사를 예상하면 된다.

예) οὐκ ἔξεστίν σοι ἔχειν αὐτήν(마 14:4).
네가 그 여자를 취하는 것은 합당치 않다.

2) εἰμί 동사의 주어

예) οὐκ ἔστιν καλὸν λαβεῖν τὸν ἄρτον τῶν τέκνων (막 7:27).
자녀들의 빵을 취하는 것은 옳지 않다.

---

24) ἔξεστιν과 δεῖ는 모두 비인칭동사로 3인칭으로만 사용되며, ἔξεστιν은 여격과 부정사를 취하고 δεῖ는 목적격과 부정사를 취한다.

(2) 직접목적어

1) **보조** : 동사만으로는 그 의미가 불완전할 경우, 특정동사를 보조해 주기 위해 부정사가 쓰이는 경우를 말한다. 이렇게 부정사를 취하는 특정 동사들은 θέλω(원하다), μέλλω(하려고 한다), δύναμαι(할 수 있다), ὀφείλω(해야 한다), ἄρχομαι(시작하다) 등이 있는데, 이런 동사가 나오면 부정사를 예상하면 된다.

예) μέλλει ὁ υἱὸς τοῦ ἀνθρώπου ἔρχεσθαι(마 16:27).
인자가 오려고 한다.

2) **간접화법** : 목적격 명사 + 부정사는 특정 동사와 함께 간접화법에 쓰이기도 하는데, 이렇게 쓰이는 동사들은 λέγω(말하다), ἐρωτάω(묻다), αἰτέω(요구하다) 등이 있다.

예) λέγουσιν ἀνάστασιν μὴ εἶναι(막 12:18).
그들은 부활이 없다고 말한다.

2. 동사적으로 사용되는 부정사 (319회)

원칙적으로 부정사는 주어를 꼭 취할 필요가 없는 부정형동사(infinite verb)이지만, 동사로 쓰이면서 동작의 주체를 필요로 할 때는 목적격 명사가 부정사의 주어로 사용된다.

(1) 목적 : 부정사는 목적을 표현할 때 사용되는데, 이런 경우 ① 부정사 단독 ② τοῦ + 부정사 ③ εἰς τό + 부정사 등이 사용된다.

예) ἐξῆλθεν ὁ σπείρων τοῦ σπείρειν(마 13:3).
씨 뿌리는 자가 씨를 뿌리기 위하여 나갔다.

(2) 시간 : 부정사는 주문장과의 시간적 관계를 표현할 때 사용한다. 이런 경우 ① 선행적 시간은 πρὸ τοῦ + 부정사, 또는 πρίν + 부정사(~ 하기 전에), ② 동시적 시간은 ἐν τῷ + 부정사 (~하는 동안에), ③ 후속적 시간은 μετὰ τό +부정사 (~한 후에)가 사용되며, 이 때 부정사의 주어로는 목적격 명사가 사용된다.

예) μετὰ τὸ ἐγερθῆναί με ἄξω ὑμᾶς(막 14:28).
내가 일으켜진 후 너희를 인도할 것이다.

(3) 기타용법 : 이외에도 부정사는 여러 용도로 쓰이는데, 특히 이유를 표현할 때는 διὰ τό + 부정사(~때문에), 결과를 표현할 때는 ὥστε + 부정사가 사용된다.

III. 단어

동사

ἄρχομαι	시작하다 (86회)
βάλλω	던지다 (ἔβαλον : βάλλω 의 제2부정과거) (122)
δεῖ (+부정사)	~해야 한다, ~이 필요하다 (비인칭동사) (101)
ἔξεστιν (+부정사)	~이 합당하다 (비인칭동사) (34)
μέλλω (+부정사)	~하려고 한다(109)
προάγω	먼저 (앞서) 가다 (20)

명사

ἀνάστασις, εως	ἡ	부활 (42)
θάλασσα, ης	ἡ	호수 (91)
τέλος, ους	τό	끝, 마침 (p. 197 변화 참조) (40)
τόπος, ου	ὁ	장소, 처소(94)

부사

πάλιν	다시 (141)
ὧδε	여기 (61)

접속사

γάρ	왜냐하면 (1,041)

Ⅳ. 성경원문읽기

※ 다음 문장에서 동사와 부정사를 분해하고, 부정사의 용법에 주의하여 문장 전체를 정확히 해석하십시오.

1. ἔλεγεν γὰρ ὁ Ἰωάννης αὐτῷ· οὐκ ἔξεστίν σοι ἔχειν αὐτήν(마 14:4).

2. οὐκ ἔστιν καλὸν λαβεῖν τὸν ἄρτον τῶν τέκνων καὶ βαλεῖν(막 7:27).

3. μέλλει ὁ υἱὸς τοῦ ἀνθρώπου ἔρχεσθαι ἐν τῇ δόξῃ μετὰ τῶν ἀγγέλων αὐτοῦ (마 16:27).

4. πορεύομαι ἑτοιμάσαι τόπον ὑμῖν(요 14:2).

5. Σαδδουκαῖοι λέγουσιν ἀνάστασιν μὴ εἶναι(막 12:18).

6. ὁ πέμψας με βαπτίζειν ἐν ὕδατι ἐκεῖνός μοι εἶπεν (요 1:33).

7. κύριε, καλόν ἐστιν ἡμᾶς ὧδε εἶναι(마 17:4).

8. δεῖ γὰρ ταῦτα γενέσθαι πρῶτον[25], ἀλλ' οὐ τὸ τέλος (눅 21:9).

9. καὶ πάλιν ἤρξατο διδάσκειν παρὰ τὴν θάλασσαν(막 4:1).

10. μετὰ τὸ ἐγερθῆναί με προάξω ὑμᾶς εἰς τὴν Γαλιλαίαν (마 26:32).

---

25) 형용사 πρῶτος, η, ον의 중성 πρῶτον은 '먼저'(first)라는 부사로도 사용된다.

제 19 과
단 축 동 사

단축동사란 어간이 α, ϵ, o으로 끝나는 동사들(예: ἀγαπάω, λαλέω, δικαιόω)을 가리킨다. 이러한 동사들은 현재 직설법(분사, 부정사)에서 인칭어미의 첫모음(예: ω/ ων/ ϵιν)과 만나 장모음이나 이중모음으로 단축된다. 모음단축 현상이 일어나는 것은 언어학상 당연한 결과라 할 수 있다. 헬라어는 약 600년간 국제공용어로 사용되는 동안 원활한 발음을 위해 모음과 모음이 겹치는 것을 피하고 모음의 단순화를 가져왔기 때문이다. 성경에는 단축형만이 사용되고 있는데, 그 사용빈도가 매우 높으므로 잘 익혀두어야 한다.

언뜻 보면 '모음단축원칙'은 조금 복잡해 보일 수도 있다. 하지만 모음단축은 주로 현재에서 일어나고, 그것도 ϵω동사가 압도적으로 많으므로 ϵω동사를 중점적으로 익히고, 나머지 αω, oω의 대표적 동사 하나를 숙지하면 될 것이다.

단축동사 어간의 마지막 모음 -α, -ϵ, -o은 시상접미어(미래시상접미어 σ나 θησ, 부정과거 시상접미어 σα나 θϵ) 앞에서 규칙적으로 장모음화 된다.

I. 모음단축 법칙

1. 모음 + 모음의 단축

(1) 같은 계통의 모음이 서로 만나면, 그 모음의 장모음으로 단축된다.
(α + α = α, ε + η = η, ο + ω = ω)

예외) ε + ε = ει, ο + ο = ου

(2) 다른 계통의 모음이 서로 만나면, 앞 모음의 장모음으로 단축된다.
(α + ε〔η〕= α, ε + α = η)

(3) 모음 α, ε, ο가 ο계통(ο, ω)을 만나면 ω가 된다.

예외) ε + ο = ου, ο + ε = ου

2. 모음 + 이중모음의 단축

(1) 앞모음 α, ε, ο이 뒤에 오는 이중모음의 첫 모음과 같으면, 앞 모음은 탈락하고 이중모음만 남는다(ε + ει = ει, ο + ου = ου).

(2) 앞모음 α, ε, ο이 뒤에 오는 이중모음의 첫 모음과 다르면, 두 앞 모음이 먼저 단축되고, 이중모음의 둘째 모음이 ι인 경우 하기되고 (α + ει = ᾳ), ι가 아닌 경우 없어진다(ε + ου = ου).

예외) ο + ει와 ο + ῃ = οι
ά + ειν = ᾶν
ό + ειν = οῦν (현재 부정사)

3. 단축동사의 악센트

단축 전 두 모음 중 하나에 악센트가 있다면, 단축된 음절에 악센트를 붙인다. 예를 들면 φιλέω는 φιλῶ가 되는데, 이는 동사 악센트 법칙(역행적)의 예외로 악센트를 보고 단축 동사임을 알 수도 있다.

II. 단축동사의 현재 능동태 직설법

구 분		εω동사(ποιέω)		αω동사(ἀγαπάω)		οω동사(δικαιόω)	
단수	1	ποιῶ	ε+ω=ω	ἀγαπῶ	α+ω=ω	δικαιῶ	ο+ω=ω
	2	ποιεῖς	ε+ει=ει	ἀγαπᾷς	α+ει=ᾳ	δικαιοῖς	ο+ει=οι
	3	ποιεῖ	ε+ει=ει	ἀγαπᾷ	α+ει=ᾳ	δικαιοῖ	ο+ει=οι
복수	1	ποιοῦμεν	ε+ο=ου	ἀγαπῶμεν	α+ο=ω	δικαιοῦμεν	ο+ο=ου
	2	ποιεῖτε	ε+ε=ει	ἀγαπᾶτε	α+ε=α	δικαιοῦτε	ο+ε=ου
	3	ποιοῦσι	ε+ου=ου	ἀγαπῶσι	α+ου=ω	δικαιοῦσι	ο+ου=ου

III. 단축동사의 미래, 부정과거 직설법

단축동사 어간의 마지막 모음 α, ε, ο은 모든 시상접미어(미래: σ, 부정과거: σα와 θη) 앞에서 규칙적으로 길어지며, α는 η로 길어진다. 다음 동사의 주요 4부분을 보면, 이를 분명히 알 수 있다.

현재	미래능동	과거능동	과거수동
ποιέω	ποιή σω	ἐποίη σα	ἐποιή θην
ἀγαπάω	ἀγαπή σω	ἠγάπη σα	ἠγαπή θην
δικαιόω	δικαιώ σω	ἐδικαίω σα	ἐδικαιώ θην
(예외)			
καλέω	καλέ σω	ἐκάλε σα	ἐκλή θην

Ⅳ. 단축동사의 현재 분사

단축동사의 단축현상은 현재 분사와 현재 부정사에서도 나타나는데, 특히 현재 능동태 분사 남성 단수 주격은 독립적 용법으로 자주 쓰이므로 잘 익혀두어야 한다(예: ὁ ποιῶν 행하는 자)

	남성	여성	중성
ποιέω:	ποι ῶν	ποι οῦσα	ποι οῦν
ἀγαπάω:	ἀγαπ ῶν	ἀγαπ ῶσα	ἀγαπ ῶν
δικαιόω:	δικαι ῶν	δικαι οῦσα	δικαι οῦν

V. 단어

동사

ἀγαπάω	사랑하다(143회)
δικαιόω	의롭다고 인정하다(39)
λαλέω	말하다(52)
μαρτυρέω	증언하다(76)
μισέω	미워하다(40)
ὁμολογέω	고백하다, 자백하다(26)
ὀφείλω (+부정사)	~해야 한다(35)
ποιέω	행하다, 만들다(568)
περιπατέω	걷다, 생활하다(95)
φιλέω	사랑하다(25)

명사

πατήρ, ρός	ὁ	아버지(413)
σκοτία, ας	ἡ	어두움(16)

부사

καθώς	~처럼, ~와 같이(182)

전치사

περί	(+소) ~에 관하여(333)
	(+목) ~주위에

VI. 성경원문읽기

※ 다음 문장에서 동사를 분해하고, 단축동사에 주의하여 문장 전체를 정확히 해석하십시오.

1. ἐγὼ ἀγαπῶ ἐν ἀληθείᾳ (요이 1:1).

2. καλέσεις τὸ ὄνομα αὐτοῦ Ἰησοῦν(마 1:21).

3. ἐλάλει αὐτοῖς περὶ τῆς βασιλείας τοῦ θεοῦ (눅 9:11).

4. ὡμολόγησεν ὅτι ἐγὼ οὐκ εἰμὶ ὁ χριστός (요 1:20).

5. ὁ ποιῶν τὸ θέλημα τοῦ θεοῦ μένει εἰς τὸν αἰῶνα (요일 2:17).

6. οὐ δικαιοῦται ἄνθρωπος ἐξ ἔργων νόμου (갈 2:16).

7. καθὼς ἠγάπησέν με ὁ πατήρ, κἀγὼ ὑμᾶς ἠγάπησα (요 15:9).

8. ὁ μισῶν τὸν ἀδελφὸν αὐτοῦ ἐν τῇ σκοτίᾳ ἐστὶν καὶ ἐν τῇ σκοτίᾳ περιπατεῖ (요일 2:11).

9. λέγει τῷ Σίμωνι Πέτρῳ ὁ Ἰησοῦς· Σίμων Ἰωάννου, ἀγαπᾷς με; λέγει αὐτῷ· κύριε, φιλῶ σε (요 21:15).

10. ὁ λέγων ἐν αὐτῷ μένειν ὀφείλει καθὼς ἐκεῖνος περιεπάτησεν καὶ αὐτὸς οὕτως περιπατεῖν (요일 2:6).

제 20 과
유음동사

유음동사(liquid verb)는 어간이 유음자음(λ, μ, ν, ρ)으로 끝나는 동사를 가리키는데, 이들 중 어간이 μ로 끝나는 경우는 신약성경에 거의 나타나지 않는다. 유음동사가 문제가 되는 것은, 자음어간이 미래와 부정과거 직설법에서 시상접미어 σ와 충돌을 일으켜 약간의 발음과 철자의 변화를 일으키기 때문이다. 즉 미래 직설법의 경우 시상접미어 σ가 탈락되고 모음 ϵ이 첨가되어 결과적으로 -ϵω형 단축동사의 현재변화와 동일해지고, 제1 부정과거의 경우 시상접미어 σα에서 σ가 탈락된다.

또한 유음동사로 분류될 수 있는 몇몇 동사들은 유음동사의 원칙을 따르기보다는 제2부정 과거를 취하기도 한다(예: λαμβάνω → ἔλαβον, βάλλω → ἔβαλον). 우리가 알고 있듯 어느 언어든지 많이 사용되는 동사들은 불규칙이므로 유음동사의 불규칙형들을 잘 익혀 두어야 하는데, 다행히 우리는 이미 중요한 몇몇 유음동사의 불규칙형들을 암기하고 있다.

I. 미래 · 부정과거 능동태 직설법

구 분		κρίνω		ἐγείρω	
		미래능동태	부정과거능동태	미래능동태	부정과거능동태
단수	1	κριν ῶ	ἔκριν α	ἐγερ ῶ	ἤγειρ α
	2	κριν εῖς	ἔκριν ας	ἐγερ εῖς	ἤγειρ ας
	3	κριν εῖ	ἔκριν ε	ἐγερ εῖ	ἤγειρ ε
복수	1	κριν οῦμεν	ἐκρίν αμεν	ἐγερ οῦμεν	ἠγείρ αμεν
	2	κριν εῖτε	ἐκρίν ατε	ἐγερ εῖτε	ἠγείρ ατε
	3	κριν οῦσι(ν)	ἔκριν αν	ἐγερ οῦσι(ν)	ἤγειρ αν

1. 구조

(1) 미래 직설법 : 미래어간 + 시상접미어 εσ + 제1시제 최종어미로 형성된다. 이때 모음사이에 위치하는 σ는 탈락되고, ε은 어미와 결합하여 단축된다. 결과적으로 유음동사의 미래 직설법은 - εω 동사의 현재와 그 형태가 똑같다.

(2) 부정과거 직설법 : 유음(λ, ρ)이나 비음(μ, ν)이 부정과거 시상접미어 σα와 합쳐질 때 σ가 탈락하고, 이를 보상하기 위해 어간이 길어지기도 한다.

2. 특징 : 몇몇 유음동사는 현재와 미래의 형태가 동일하고 오직 악센트만 다르므로 이런 경우에는 악센트에 주의해야 한다.

예) μενῶ : μένω의 미래 능동태 직설법 1인칭 단수
κρινῶ : κρίνω의 미래 능동태 직설법 1인칭 단수

반면 어떤 유음동사는 현재와 미래의 형태가 다른데, 이런 경우 어간이 단축되는 경향이 있다.

예) ἐγερῶ: ἐγείρω의 미래 능동태 직설법 1인칭 단수
βαλῶ: βάλλω의 미래 능동태 직설법 1인칭 단수

II. 부정과거 수동태 직설법

구 분	κρίνω		ἐγείρω	
	단 수	복 수	단 수	복 수
1 인칭	ἐκρί θην	ἐκρί θημεν	ἠγέρ θην	ἠγέρ θημεν
2 인칭	ἐκρί θης	ἐκρί θητε	ἠγέρ θης	ἠγέρ θητε
3 인칭	ἐκρί θη	ἐκρί θησαν	ἠγέρ θη	ἠγέρ θησαν

III. 자주 쓰이는 중요 유음동사의 주요 4부분

현 재	미래능동	부정과거능동	부정과거수동
μένω	μενῶ	ἔμεινα	
ἐγείρω	ἐγερῶ	ἤγειρα	ἠγέρθην
σπείρω	σπερῶ	ἔσπειρα	ἐσπάρην
βάλλω	βαλῶ	ἔβαλον	ἐβλήθην
ἀποστέλλω	ἀποστελῶ	ἀπέστειλα	ἀπεστάλην
ἀποκτείνω	ἀποκτενῶ	ἀπέκτεινα	ἀπεκτάνθην
λαμβάνω	λήμψομαι	ἔλαβον	ἐλήμφθην

1. 특 징 : 몇몇 유음동사는 미래시제에서는 어간의 모음이 짧아지고, 부정과거시제에서는 길어진다(ε은 η가 아니라 ει가 된다).

2. 중요성 : 위의 유음동사들은 자주 쓰이므로 현재 · 미래 · 과거를 잘 암기해두면 원문해석에 큰 도움을 얻을 수 있다.

Ⅳ. 단어

동사

ἀποκτείνω		죽이다(74회)

명사

ἀπόστολος, ου	ὁ	사도(80)
ἀμπελών, ῶνος	ὁ	포도원(23)
γλῶσσα, ης	ἡ	혀, 언어, 방언(50)
σπέρμα, ατος	τό	씨, 자손(43)

형용사

καινός, ή, όν		새로운(new)(42)

부사

ἔξω		(+소) 밖에(63)

(부정) 불변사

οὐχί		아니(not)(54) (긍정적 답변을 기대할 때 사용: οὐχί; 아닌가?)

V. 성경원문읽기

※ 다음 문장에서 동사를 분해하고, 유음동사에 주의하여 문장 전체를 정확히 해석하십시오.

1. ἐγερεῖ αὐτὸν ὁ κύριος (약 5:15).

2. οἱ ἅγιοι τὸν κόσμον κρινοῦσιν (고전 6:2).

3. ἠγέρθη Σαῦλος ἀπὸ τῆς γῆς (행 9:8).

4. λέγει αὐτῷ· ἐκ τοῦ στόματός σου κρινῶ σε, πονηρὲ δοῦλε (눅 19:22).

5. ἐν τῷ ὀνόματί μου δαιμόνια ἐκβαλοῦσιν, γλώσσαις λαλήσουσιν καιναῖς (막 16:17).

6. ὁ ἐγείρας τὸν κύριον Ἰησοῦν καὶ ἡμᾶς σὺν Ἰησοῦ ἐγερεῖ (고후 4:14).

7. λαβόντες ἀπέκτειναν αὐτὸν καὶ ἐξέβαλον αὐτὸν ἔξω τοῦ ἀμπελῶνος (막 12:8).

8. οἱ ἀπόστολοι οἱ ἐν Ἱεροσολύμοις ἀπέστειλαν πρὸς αὐτοὺς τὸν Πέτρον καὶ Ἰωάννην (행 8:14).

9. κύριε, οὐχὶ καλὸν σπέρμα ἔσπειρας; (마 13:27)

10. ἦλθαν[26] οὖν καὶ εἶδαν ποῦ μένει καὶ παρ' αὐτῷ ἔμειναν τὴν ἡμέραν ἐκείνην (요 1:39).

---

26) 원래는 ἦλθον이어야 하는데 ἦλθαν이 쓰였다. 이처럼 신약성경에서는 종종 제 2 부정과거 어간에 제 1 부정과거 어미(시상접미어 σ제외)를 붙이는 경우가 있는데, 대표적인 예를 들면 다음과 같다: ἦλθα(9회), εἶπα(103), εἶδα(4), ἔπεσα(16), ἤνεγκα(9).

제 21 과

가 정 법

가정법(subjunctive mood)은 화자(話者)가 사실보다는 가능성, 전제, 혹은 소원을 전달하는 것으로, 신약성경에는 현재 · 부정과거 · 현재완료 가정법이 등장한다.

가정법에서도 시제(tense)는 직설법과 달리 시간(time)의 기능을 하지 않고 상(aspect)의 기능을 한다. 그러므로 부정과거 가정법을 과거시제로 해석하려 해서는 안 된다. 분사와 마찬가지로 가정법도 과거형에 접두모음이 없는데, 이는 그것이 과거시제를 가리키는 것이 아니기 때문이다. 따라서 현재 가정법은 계속 · 진행 · 반복을 나타내고, 부정과거 가정법은 단순발생의 단회적인 동작을 의미한다.

가정법은 영어의 가정법을 생각하는 사람들에게는 어떤 면에서 복잡하고 어려워 보일지 모른다. 하지만 헬라어의 가정법은 어미가 장모음화 된 까닭에 쉽게 식별할 수 있고, 또 ἐάν이나 ἵνα같은 특정한 접속사와 함께 쓰이므로 쉽게 구별할 수 있다.

가정법의 용법은 주절과 종속절의 용례로 구분할 수 있는데 주절에서는 권고, 토의적 질문, 금지 명령, 미래에 대한 강한 부정으로 사용되며, 종속절에서는 ἵνα + 가정법, ἐάν + 가정법, ὅπως + 가정법, 조건적 관계절 등으로 사용된다.

I. 현재 능동태 · 수동태 가정법

구 분	능 동 태		수 동 태	
	단 수	복 수	단 수	복 수
1인칭	λύ ω	λύ ωμεν	λύ ωμαι	λυ ώμεθα
2인칭	λύ ῃς	λύ ητε	λύ ῃ	λύ ησθε
3인칭	λύ ῃ	λύ ωσι(ν)	λύ ηται	λύ ωνται

특징 : 현재 가정법은 현재 직설법에서 단지 연결모음(ε/ο)을 장음화(η/ω)해 준 것이다. 즉 가정법의 특징은 어미의 장모음화인데, 다만 3인칭 복수 어미 ουσι가 ωσι로 변한 것만 주의하면 된다.

II. 부정과거 능동태 · 수동태 가정법

구 분	능 동 태		수 동 태	
	단 수	복 수	단 수	복 수
1인칭	λύ σ ω	λύ σ ωμεν	λυ θ ῶ	λυ θ ῶμεν
2인칭	λύ σ ῃς	λύ σ ητε	λυ θ ῇς	λυ θ ῆτε
3인칭	λύ σ ῃ	λύ σ ωσι(ν)	λυ θ ῇ	λυ θ ῶσι(ν)

구조 : 부정과거 능동태 가정법은 현재 능동태 가정법의 어간과 어미사이에 σ를, 부정과거 수동태 가정법은 θ를 첨가하여 위와 같은 형태가 되었다.

Ⅲ. 중간태 가정법 (디포넌트 동사)

구 분	현재 중간태		부정과거 중간태	
	단 수	복 수	단 수	복 수
1인칭	πορεύ ωμαι	πορευ ώμεθα	πορεύ σωμαι	πορευ σώμεθα
2인칭	πορεύ ῃ	πορεύ ησθε	πορεύ σῃ	πορεύ σησθε
3인칭	πορεύ ηται	πορεύ ωνται	πορεύ σηται	πορεύ σωνται

Ⅳ. εἰμί의 현재 가정법과 제 2 부정과거 능동태 가정법

구 분	εἰμί의 현재 가정법		λέγω의 제2부정과거 능동태 가정법	
	단 수	복 수	단 수	복 수
1인칭	ὦ	ὦμεν	εἴπ ω	εἴπ ωμεν
2인칭	ᾖς	ἦτε	εἴπ ῃς	εἴπ ητε
3인칭	ᾖ	ὦσι(ν)	εἴπ ῃ	εἴπ ωσι(ν)

1. 구조 : εἰμί의 현재 가정법은 현재 능동태 가정법의 어미만을 따로 떼어 낸 형태이다.

2. 특징 : 제 2 부정과거 능동태 가정법은 제 2 부정과거 능동태 어간에 현재 능동태 가정법 어미를 붙여서 만든다.

예) λέγω → εἶπον → εἴπω

V. 가정법의 용법

가정법은 종속절에서 ἐάν가정법, ἵνα가정법, ὅπως가정법, 조건적 관계절 등으로 사용되고, 주절(혹은 종속절)에서 권고나 금지명령/기원, 또는 미래의 강한 부정을 위하여 사용된다. 이들 용법중 가정법은 당연히 미래에 대한 가정(조건)이 대표적인 용법이므로 먼저 ἐάν절을 살피고, 이와 더불어 자주 사용되는 ἵνα절과 몇몇 용법을 중심으로 가정법을 익히도록 할 것이다.

1. 종속절 : 대부분의 가정법이 다양한 종류의 종속절에서 사용되고 있다.

(1) 조건 : 조건문은 ἐάν + 가정법이 사용된다. 가정법은 아니지만 조건을 나타내는 다른 방법에는 εἰ + 직설법이 사용된다.

1) 미래조건: ἐάν + 가정법 (만일 ~ 한다면)

ἐὰν εἴπωμεν ὅτι ἁμαρτίαν οὐκ ἔχομεν (요일 1:8).
만일 우리가 죄를 가지고 있지 않다고 말한다면,

2) 실제조건: εἰ + 직설법 (만일 ~인 것이 사실이라면)

εἰ δὲ ἀνάστασις νεκρῶν οὐκ ἔστιν (고전 15:13).
그러나 만일 죽은 자들의 부활이 없다면 (없는 것이 사실이라면)

(2) 목적 : 목적을 표현하기 위하여 ἵνα + 가정법, 또는 ὅπως + 가정법을 사용한다.

예) ὁ θεὸς ἀπέστειλεν τὸν υἱὸν εἰς τὸν κόσμον ἵνα σωθῇ ὁ κόσμος δι' αὐτοῦ (요 3:17).

하나님께서는 그 아들을 세상 안으로 보내셨는데, 이는 세상이 그를 통하여 구원받게 하려는 것이다.

(3) **결과** : 결과를 표현하기 위하여 ἵνα + 가정법을 사용한다.

예) ἐὰν ὁμολογῶμεν τὰς ἁμαρτίας ἡμῶν, πιστός ἐστιν καὶ δίκαιος, ἵνα ἀφῇ ἡμῖν τὰς ἁμαρτίας (요일 1:9). ἀφῇ : ἀφίημι(용서하다)의 부정과거 능동태 가정법 3인칭 단수(146회)

만일 우리가 우리 죄들을 고백하면, 그는 신실하시고 의로우셔서 (그 결과) 우리에게 죄들을 용서하신다.

(4) **기타용법** : 장소절은 ὅπου +가정법을, 시간절은 ὅταν + 가정법, 또한 명사절은 ἵνα + 가정법, 조건적 관계절은 관계대명사 + ἄν + 가정법을 사용한다.

2. 주절(혹은 독립절): 권고, 토의적 질문, 금지명령, 강한 부정에 사용된다.

(1) **권고** : 1인칭 복수 가정법이 주로 사용된다. 현재 가정법은 진행적 의미를(예: 갈 6:10), 부정과거 가정법은 전체적인 권면(예: 막 9:5)을 표현한다.

예) ἀγαπητοί, ἀγαπῶμεν ἀλλήλους(요일 4:7).
사랑하는 자들아, 우리가 서로를 사랑하자(합시다).

(2) **토의적 질문** : 1인칭 복수 가정법이 의문문 안에서 사용될 때에는 토의적 질문을 나타낸다.

예) πόθεν ἀγοράσωμεν ἄρτους; (요 6:5)
어디에서 우리가 빵들을 살까?

ἀγοράσωμεν: ἀγοράζω (사다, 구매하다)의 부정과거 능동태 가정법 1인칭 복수(54회)

(3) **강한 부정** : οὐ μή + 부정과거 가정법은 미래에 대한 강한 부정을 표현하는데 사용한다.

예) οὐ μὴ εἰσέλθητε εἰς τὴν βασιλείαν τῶν οὐρανῶν (마 5:20).
너희가 결(단)코 하늘들의 나라에 들어가지 못할 것이다.

VI. 단어

동사

ἀκολουθέω	따르다 (follow) (여격을 직접 목적어로 취함)(90회)
ἕξω	ἔχω의 미래[27](13)
ζάω	살다(ζάω - ζήσω [또는 ζήσομαι] - ἔζησα)(140)

명사

αἷμα, ατος	τό	피(97)

형용사

ἀγαπητός, ή, όν	사랑하는(61)
κενός, ή, όν	빈, 헛된(18)

부사

κἄν	비록 ~ 한다 해도(καὶ ἐάν) (17)

접속사

ἐάν + 가정법	만일 ~ 한다면(미래조건)(333)
εἰ + 직설법	만일 ~인 것이 사실이라면(실제조건)(502)
ἵνα + 가정법	~하기 위하여(목적), 그래서(결과)(663)
οὐ μή + 가정법	결코 ~하지 못할 것이다(미래에 대한 강한 부정)

(상호)대명사

ἀλλήλων, οις, ους	서로의, 서로에게, 서로를(100)

---

27) ἔχω의 미래시제 형태인 ἕξω는 부사 ἔξω(~밖에)와 혼동될 수 있기에 주의할 필요가 있다.

VII. 성경원문읽기

※ 다음 문장에서 동사를 분해하고, 가정법의 용법에 주의하여 문장 전체를 정확히 해석하십시오.

1. ἐὰν εἴπωμεν ὅτι ἁμαρτίαν οὐκ ἔχομεν, ἡ ἀλήθεια οὐκ ἔστιν ἐν ἡμῖν (요일 1:8).

2. ἀγαπητοί, ἀγαπῶμεν ἀλλήλους, ὅτι ἡ ἀγάπη ἐκ τοῦ θεοῦ ἐστιν (요일 4:7).

3. εἰ ἀνάστασις νεκρῶν οὐκ ἔστιν, ... κενὴ καὶ ἡ πίστις ὑμῶν (고전 15:13-14).

4. λέγει αὐτῇ ὁ Ἰησοῦς· οὐκ εἶπόν σοι ὅτι ἐὰν πιστεύσῃς ὄψῃ τὴν δόξαν τοῦ θεοῦ;(요 11:40)

5. οὐ μὴ εἰσέλθητε εἰς τὴν βασιλείαν τῶν οὐρανῶν (마 5:20).

6. ἐὰν ἐν τῷ φωτὶ περιπατῶμεν, κοινωνίαν ἔχομεν μετ' ἀλλήλων καὶ τὸ αἷμα Ἰησοῦ τοῦ υἱοῦ αὐτοῦ καθαρίζει ἡμᾶς ἀφ' ἁμαρτίας (요일 1:7).

7. οὐκ ἀπέστειλεν ὁ θεὸς τὸν υἱὸν εἰς τὸν κόσμον ἵνα κρίνῃ τὸν κόσμον, ἀλλ᾽ ἵνα σωθῇ ὁ κόσμος δι᾽ αὐτοῦ(요 3:17).

8. ἐγώ εἰμι τὸ φῶς τοῦ κόσμου· ὁ ἀκολουθῶν ἐμοὶ οὐ μὴ περιπατήσῃ ἐν τῇ σκοτίᾳ, ἀλλ᾽ ἕξει τὸ φῶς τῆς ζωῆς(요 8:12).

9. εἶπεν αὐτῇ ὁ Ἰησοῦς· ἐγώ εἰμι ἡ ἀνάστασις καὶ ἡ ζωή· ὁ πιστεύων εἰς ἐμὲ κἂν ἀποθάνῃ ζήσεται(요 11:25).

10. ἐὰν ὁμολογήσῃς ἐν τῷ στόματί σου κύριον Ἰησοῦν καὶ πιστεύσῃς ἐν τῇ καρδίᾳ σου ὅτι ὁ θεὸς αὐτὸν ἤγειρεν ἐκ νεκρῶν, σωθήσῃ(롬 10:9).

제 22 과
명 령 법

명령법(imperative mood)은 화자의 의지를 다른 사람에게 명령하는 법으로, 여기에는 간구나 기원도 포함된다. 신약성경에는 현재 · 부정과거 · 현재완료 명령법이 등장하는데, 주로 현재 명령법과 부정과거 명령법이 사용된다.

언뜻 보면 명령법에 과거시제가 있다는 것과 또 3인칭 명령법이 있다는 사실이 낯설 수 있다. 그러나 이미 알고 있듯이 헬라어의 시제는 직설법을 제외한 법에서는 동작의 상(aspect)만을 나타내기에 부정과거 명령법이나 완료 명령법이 존재할 수 있는 것이다. 과거 명령법은 단회적인 동작을 표현할 때 사용하고, 현재 명령법은 계속 · 진행 · 반복의 행동을 표현할 때 사용하기에 "~하기를 계속하라." 또는 "계속 ~하라."로 해석한다.

명령법의 변화 형태는 단순하여 익히는데 큰 어려움은 없고, 우리말에서 잘 사용하지 않는 3인칭 단수의 해석에만 주의하면 된다.

I. 명령법 어형론

구 분	능 동 태		수동태 / 중간태	
	단 수	복 수	단 수	복 수
2인칭	다양함	-τϵ	다양함	-σθϵ
3인칭	-τω	-τωσαν	-σθω	-σθωσαν

명령법은 2인칭이 주로 쓰이므로 먼저 2인칭 단 · 복수를 익힌 후, 2인칭 복수를 기준형으로 삼아 3인칭에 적용하면 된다. 예를 들면 λύ ϵτϵ로 명령법 3인칭 단수를 만들려면 접미어 -ϵ를 제거하고 대신 -ω붙이면 되고 (λυ έτω), 3인칭 복수는 거기에 σαν을 붙이면 된다(λυ έτωσαν). 이 법칙은 부정과거 능동태 · 수동태에도 그대로 적용된다.

Ⅱ. 현재 능동태 · 수동태 명령법

구 분	능 동 태		수 동 태	
	단 수	복 수	단 수	복 수
2인칭	λῦ ϵ	λύ ϵτϵ	λύ ου	λύ ϵσθϵ
3인칭	λυ έτω	λυ έτωσαν	λυ έσθω	λυ έσθωσαν

1. 구조 : 현재 능동태 명령법은 현재어간 + 연결모음(ϵ) + 능동태 명령법 어미로, 수동태 명령법은 현재어간 + 연결모음(ϵ) + 수동태 명령법 어미로 이루어진다.

2. 특징 : 현재 능동태 · 수동태 명령법 2인칭 복수는 현재 능동태 · 수동태 직설법과 동일하다. 이런 형태가 신약성경에 가끔 나타나는데, 이런 경우 문맥을 따라 해석해 주면 된다.

Ⅲ. 부정과거 능동태 · 수동태 명령법

구 분	능 동 태		수 동 태	
	단 수	복 수	단 수	복 수
2인칭	λῦ σον	λύ σατε	λύ θητι	λύ θητε
3인칭	λυ σάτω	λυ σάτωσαν	λυ θήτω	λυ θήτωσαν

부정과거 능동태 명령법은 부정과거어간 + 시상접미어 σα + 능동태 명령법 인칭어미가, 수동태 명령법은 부정과거 수동태어간 + 시상접미어 θη + 능동태 명령법 어미로 구성된다.

Ⅳ. 중간태 명령법(디포넌트 동사)

구 분	현재 중간태		부정과거 중간태	
	단 수	복 수	단 수	복 수
2인칭	πορεύ ου	πορεύ εσθε	πορεῦ σαι	πορεύ σασθε
3인칭	πορευ έσθω	πορευ έσθωσαν	πορευ σάσθω	πορευ σάσθωσαν

V. 제 2 부정과거 능동태 · 중간태 명령법 (디포넌트 동사)

구 분	능 동 태		중 간 태	
	단 수	복 수	단 수	복 수
2인칭	λάβ ε	λάβ ετε	γεν οῦ	γέν εσθε
3인칭	λαβ έτω	λαβ έτωσαν	γεν έσθω	γεν έσθωσαν

1. 구조 : 제 2부정과거 어간 + 연결모음(ε) + 현재 능동태/중간태 명령법 어미로 형성된다.

2. 특징 : 사용 빈도수로 보면 제 2부정과거 중간태 명령법은 거의 사용되지 않으므로(4회), 능동태 명령법을 중점적으로 익혀야 한다.

3. εἰμί의 명령법 : 단수 ἴσθι, ἔστω 복수 ἔστε, ἔστωσαν이다.

VI. 명령법의 용법

명령법은 크게 긍정과 금지의 명령, 그리고 기도와 간구의 명령으로 나눌 수 있다. 명령법의 상(aspect)도 가정법이나 분사와 같이 시간의 개념은 없고, 동작의 종류를 나타낼 뿐이다.

1. 명령 : 현재 명령은 지속과 반복의 일반적인 명령을, 부정과거 명령은 특정한 시공간에 요구되는 단회적 명령을 표현한다.

예) πιστεύετε ἐν τῷ εὐαγγελίῳ (막 1:15).
너희는 복음을 믿으라(계속, 반복).

2. 금지 : μή + 현재 명령법, 또는 μή + 부정과거 가정법을 사용한다. 현재 명령법을 통한 금지는 습관적인 행동의 중지를, 부정과거 가정법을 통한 금지는 행위 자체, 혹은 행위의 시작을 금지하는 특징이 있다.

예) μὴ νομίσητε ὅτι ἦλθον καταλῦσαι τὸν νόμον ἢ τοὺς προφήτας (마 5:17).

내가 율법이나 선지자들을 파괴하러 왔다고 너희는 생각하지 마라.

3. 간구 : 간절한 간구나 기원을 표현할 때도 (부정과거) 명령법이 사용된다. (예 : 마 6:9-13 주기도문)

예) δόξασόν σου τὸν υἱόν, ἵνα ὁ υἱὸς δοξάσῃ σέ (요 17:5).

그 아들이 당신을 영화롭게 하도록, 당신은 당신의 아들을 영화롭게 하소서.

VII. 단어

동사

ἐλεέω	불쌍히 여기다(29회)
ἐσθίω	먹다(157) (ἔφαγον: ἐσθίω의 제 2 부정과거)
ζητέω	구(求)하다(117)
καταλύω	파괴하다(17)
νομίζω	생각하다(15)
προσεύχομαι	기도하다(85)

명사

Δαυίδ	ὁ	다윗(59) (불변화 명사)
οἶκος, ου	ὁ	집(114)
σκότος, ους	τό	어두움(31)

(강조) 불변화사

δή	그러므로, 그런즉(5)

부사

νῦν	지금, 이제(147)
ποτέ	전에, 그때는(48)
ὡς	~처럼(504)

VII. 성경원문읽기

※ 다음 문장에서 동사를 분해하고, 명령법의 용법에 유의하여 문장 전체를 정확히 해석하십시오.

1. μὴ κρίνετε, ἵνα μὴ κριθῆτε (마 7:1).

2. ἐλέησον ἡμᾶς, κύριε, υἱὸς[28] Δαυίδ (마 20:30).

3. ζητεῖτε δὲ πρῶτον τὴν βασιλείαν τοῦ θεοῦ καὶ τὴν δικαιοσύνην αὐτοῦ(마 6:33).

4. ἀπεκρίθη Ἰησοῦς καὶ εἶπεν αὐτοῖς· λύσατε τὸν ναὸν τοῦτον καὶ ἐν τρισὶν ἡμέραις ἐγερῶ αὐτόν (요 2:19).

   *τρισὶν (삼, three)

5. λάβετε φάγετε, τοῦτό ἐστιν τὸ σῶμά μου (마 26:26).

6. οἱ δὲ εἶπαν· πίστευσον ἐπὶ τὸν κύριον Ἰησοῦν καὶ σωθήσῃ σὺ καὶ ὁ οἶκός σου (행 16:31).

---

28) 가끔 주격이 호격으로 사용되기도 한다. 더 자세한 용법을 위해서는 부록의 구문론 중 '격의 용법'을 참조하라.

7. μὴ θαυμάζετε, ἀδελφοί, εἰ μισεῖ ὑμᾶς ὁ κόσμος (요일 3:13).

8. οὕτως προσεύχεσθε ὑμεῖς· Πάτερ ἡμῶν ὁ ἐν τοῖς οὐρανοῖς, ἁγιασθήτω τὸ ὄνομά σου (마 6:9).

* Πάτερ (아버지여)

9. δοξάσατε δὴ τὸν θεὸν ἐν τῷ σώματι ὑμῶν (고전 6:20).

10. ἦτε γάρ ποτε σκότος, νῦν δὲ φῶς ἐν κυρίῳ· ὡς τέκνα φωτὸς περιπατεῖτε (엡 5:8).

제 23 과

관계대명사 · 제 3 변화 명사(Ⅱ) / 형용사

관계대명사 (relative pronoun)는 서로 연관이 있는 두 문장을 하나로 만들 때 사용한다. 관계대명사 (ὅς, ἥ, ὅ)는 신약성경에 1,365회 나오는데, 선행사가 무엇인가에 따라 적절히 해석한다.

관계대명사는 수식하고자 하는 선행사와 성 · 수는 일치해야 하지만, 격은 관계절에서의 역할에 따라 결정된다. 하지만 관계대명사의 격이 관계절의 역할에 따라 결정되지 않고 주절의 선행사의 격을 따를 경우도 있는데 이를 격동화라고 하며, 주로 소유격과 여격에서 나타난다. 관계대명사는 선행사 없이 독립적으로 사용되기도 한다.

또한 이번 과에서는 14과에서 분량 관계상 미처 다루지 못했던 제 3 변화 명사를 추가로 다루고, 이어서 제 3 변화 형용사를 배운다. 이번 과에 배우는 3변화 명사와 형용사, 특히 πᾶς형용사는 신약성경에서 많이 쓰이므로 잘 익혀두어야 한다.

I. 관계대명사

구 분	단 수			복 수		
	남 성	여 성	중 성	남 성	여 성	중 성
주 격	ὅς	ἥ	ὅ	οἵ	αἵ	ἅ
소유격	οὗ	ἧς	οὗ	ὧν	ὧν	ὧν
여 격	ᾧ	ᾗ	ᾧ	οἷς	αἷς	οἷς
목적격	ὅν	ἥν	ὅ	οὕς	ἅς	ἅ

1. 구조 : 관사의 어미변화와 같이 2-1-2변화를 따르는데, 모든 격에 강한 숨표와 악센트가 있다.

2. 특징 : 관계대명사는 선행사와 성 · 수가 일치하며, 격은 관계대명사가 위치하는 절에서의 역할에 따라 결정된다.

예) ἐπίστευσαν τῷ λόγῳ ὃν εἶπεν ὁ Ἰησοῦς (요 2:22).
그들이 예수께서 말씀하셨던 그 말씀을 믿었다.

3. 독립적 용법 : 관계대명사는 선행사 없이 독립적으로 사용되기도 하는데, 이런 경우 지시대명사처럼 취급할 수 있다.

예) ὃς οὐκ ἔστιν ἐκ τοῦ θεοῦ οὐκ ἀκούει ἡμῶν (요일 4:6).
하나님으로부터 나지 않은 자는 우리를 듣지 않는다.

II. 제 3 변화명사(II)

구분		πατήρ, τρός, ὁ 아버지(어간: 유음 ρ)	ἱερεύς, έως, ὁ 제사장(어간: ϵυ/ϵ)	ἔθνος, ους, τό 이방인(어간: ος/ες)
단수	주 격	πατήρ	ἱερεύς	ἔθν ος
	소유격	πατρ ός	ἱερέως	ἔθν ους
	여 격	πατρ ί	ἱερεῖ	ἔθν ει
	목적격	πατέρ α	ἱερέ α	ἔθν ος
	호 격	πάτερ	ἱερεῦ	(주격과 동일)
복수	주(호)격	πατέρ ες	ἱερεῖς	ἔθν η
	소유격	πατέρ ων	ἱερέ ων	ἐθν ῶν
	여 격	πατρά σι(ν)	ἱερεῦσι(ν)	ἔθν εσι(ν)
	목적격	πατέρ ας	ἱερεῖς	ἔθν η

1. 위 도표에 있는 제 3 변화명사들은 14과에서 배웠던 3변화 명사들과 더불어 자주 쓰이는 명사들로, 어간이 ① 유음(λ, ρ) ② ος/ες ③ 반모음 ϵυ/ϵ로 끝나는 부류이다.

2. 유음어간명사 : πατήρ는 어간이 유음 -ρ로 끝나는 명사로 단수 소유격 · 여격과 복수여격에서 어간이 πατρ가 되고 그 외의 격에서는 모두 πάτερ가 되었다. 이렇게 변화하는 중요 명사는 다음과 같다.

πατήρ, πατρός	ὁ 아버지(412회)
μήτηρ, μητρός	ἡ 어머니(83)
ἀνήρ, ἀνδρός	ὁ 남자(216)

＊장모음을 그대로 유지하는 형

σωτήρ, σωτῆρος	ὁ	구원자(24)
χείρ, χειρός	ἡ	손(177)
πῦρ, πυρός	τό	불(71)

3. **어간이 반모음 ευ로 끝나는 명사** : 여기에 속하는 명사는 모두 남성명사로 어미가 자음으로 시작할 때는 ευ를 유지하지만, 모음으로 시작할 때는 υ가 탈락하고 남겨진 ε이 어미의 모음과 단축을 일으킨다.

ἱερεύς, έως	ὁ	제사장(31)
ἀρχιερεύς, έως	ὁ	대제사장(122)
βασιλεύς, έως	ὁ	왕(115)
γραμματεύς, έως	ὁ	서기관, 율법학자(63)

4. **어간이 -ος / ες로 끝나는 명사** : 어간이 단수 주격 · 목적격에서는 ος, 나머지에서는 ες로 끝나는 명사는 모두 중성명사이다. 이렇게 변화하는 중요 명사는 다음과 같다.

ἔθνος, ους	τό	이방인(162)
ὄρος, ους	τό	산(63)
σκότος, ους	τό	어두움(31)
ἔτος, ους	τό	년, 해(49)
πλῆθος, ους	τό	무리(31)
τέλος, ους	τό	끝(40)

III. 제 3 변화 형용사

제 3 변화에 속하는 형용사는 모든 성에서 3변화를 따르는 형용사와 일부 성에서만 부분적으로 3 변화를 따라 변화하는 형용사로 나누어진다.

1. 모든 성에서 제 3 변화를 따르는 형용사

구 분	단 수		복 수	
	남성/여성	중 성	남성/여성	중 성
주 격	ἀληθής	ἀληθές	ἀληθεῖς	ἀληθῆ
소유격	ἀληθοῦς		ἀληθῶν	
여 격	ἀληθεῖ		ἀληθέσι(ν)	
목적격	ἀληθῆ	ἀληθές	ἀληθεῖς	ἀληθῆ
호 격	ἀληθές	(주격과 동일)	(주격과 동일)	(주격과 동일)

(1) 구조 : ἀληθής, ές는 어간이 ἀληθεσ로 중성 단수 주격에서는 어간만 사용되었고, 남성 단수 주격에서는 어미대신 -ές가 -ής로 길어진다. 다른 격에서는 어미 ς가 탈락하고 ε이 3변화 어미(ος, ι, α)를 만나 단축현상을 일으켰다.

(2) 특징 : ἀληθής, ές (진실한, 26회)처럼 모든 성에서 3 변화를 하는 형용사는 남성, 여성, 중성의 세 가지 형태를 취하지 않고, 남/여성, 중성의 두 가지 형태만을 취하고, 어간 + 제 3 변화어미의 형태로 변화한다.

2. 제 3-1-2 변화 형용사

구 분	단 수			복 수		
	남 성	여 성	중 성	남 성	여 성	중 성
주(호)격	πολύς	πολλή	πολύ	πολλοί	πολλαί	πολλά
소유격	πολλοῦ	πολλῆς	πολλοῦ	πολλῶν	πολλῶν	πολλῶν
여 격	πολλῷ	πολλῇ	πολλῷ	πολλοῖς	πολλαῖς	πολλοῖς
목적격	πολύν	πολλήν	πολύ	πολλούς	πολλάς	πολλά

(1) 구조 : πολύς (많은, 416회)는 남성 · 중성의 단수 주격과 목적격에서만 3변화를 따르고, 그 이외의 격에서는 2변화를, 여성에서는 1변화를 따른다(3-1-2 변화).

(2) 특징 : πολύς, πολλή, πολύ는 어미에 υ이외의 모음이 오면 λ가 첨가된다.

(3) 이와 비슷한 변화를 하는 형용사로는 μέγας, μεγάλη, μέγα (큰 · 위대한, 243회, 변화는 부록참조)가 있다.

3. 제 3-1-3 변화 형용사

구 분	단 수			복 수		
	남 성	여 성	중 성	남 성	여 성	중 성
주(호)격	πᾶς	πᾶσ α	πᾶν	πάντ ες	πᾶσ αι	πάντ α
소유격	παντ ός	πάσ ης	παντ ός	πάντ ων	πασ ῶν	πάντ ων
여 격	παντ ί	πάσ ῃ	παντ ί	πᾶσι(ν)	πάσ αις	πᾶσι(ν)
목적격	πάντ α	πᾶσ αν	πᾶν	πάντ ας	πάσ ας	πάντ α

(1) 구조 : πᾶς, πᾶσα, πᾶν(모든, 각 - 1,243회)은 남성 · 중성에서는 3변화, 여성에서는 1변화를 따른다.

(2) πᾶς, πᾶσα, πᾶν의 용법 : 이 형용사는 신약성경에서 자주 사용되는데, 특히 분사와 함께 많이 쓰이므로 잘 익혀두어야 한다.

1) πᾶς + 단수명사 : ~ 마다(every)

예) πᾶσα πόλις 도시마다(마 12:25)

2) πᾶς + 관사 + 명사 : 모든(all), 전체(whole)

예) πᾶσα ἡ πόλις 그 도시 전체가(마 8:34)

3) πᾶς + 관사 + 분사 : ~하는 자마다(누구든지)

예) πᾶς ὁ πιστεύων 믿는 자마다(요 3:15)

Ⅳ. 단어

동사

ἀρνέομαι		부인하다(33회)
εἰσελεύσομαι		ἔρχομαι의 미래 직설법 1인칭 단수(dep.)

명사

ἀνθρωποκτόνος, ου	ὁ	살인자(2)
Βαρναβᾶς, ᾶ	ὁ	바나바(28)
βασιλεύς, έως	ὁ	왕(115)
ἔθνος, ους	τό	이방인(162)
Ἐμμανουήλ	ὁ	임마누엘(1)
Παῦλος, ου	ὁ	바울(158)

형용사

Ἰουδαῖος, α, ον	유대인의(195)
πᾶς, πᾶσα, πᾶν	모든, ~마다(1,243)

관계대명사

ὅς, ἥ, ὅ	~한 사람/ 것(1,431)

V. 성경원문읽기

※ 다음 문장에서 동사를 분해하고, 관계대명사와 제 3 변화명사 · 형용사에 주의하여 문장 전체를 정확히 해석하십시오.

1. καὶ καλέσουσιν τὸ ὄνομα αὐτοῦ Ἐμμανουήλ, ὅ ἐστιν μεθ' ἡμῶν ὁ θεός (마 1:23).

2. καὶ ἐπίστευσαν τῇ γραφῇ καὶ τῷ λόγῳ ὃν εἶπεν ὁ Ἰησοῦς (요 2:22).

3. ὁ γινώσκων τὸν θεὸν ἀκούει ἡμῶν, ὃς οὐκ ἔστιν ἐκ τοῦ θεοῦ οὐκ ἀκούει ἡμῶν (요일 4:6).

4. ἀπεκρίθη αὐτοῖς ὁ Ἰησοῦς· ἀμὴν ἀμὴν λέγω ὑμῖν ὅτι πᾶς ὁ ποιῶν τὴν ἁμαρτίαν δοῦλός ἐστιν τῆς ἁμαρτίας (요 8:34).

5. πᾶς ὁ μισῶν τὸν ἀδελφὸν αὐτοῦ ἀνθρωποκτόνος ἐστίν, καὶ πᾶς ἀνθρωποκτόνος οὐκ ἔχει ζωὴν αἰώνιον ἐν αὐτῷ (요일 3:15).

6. ἀπεκρίθη αὐτῷ Ναθαναήλ· ῥαββί, σὺ εἶ ὁ υἱὸς τοῦ θεοῦ, σὺ βασιλεὺς εἶ τοῦ Ἰσραήλ (요 1:49).

7. λυθείσης δὲ τῆς συναγωγῆς ἠκολούθησαν πολλοὶ τῶν Ἰουδαίων τῷ Παύλῳ καὶ τῷ Βαρναβᾷ (행 13:43).

8. πᾶς ὁ ἀρνούμενος τὸν υἱὸν οὐδὲ τὸν πατέρα ἔχει, ὁ ὁμολογῶν τὸν υἱὸν καὶ τὸν πατέρα ἔχει (요일 2:23).

9. οὐ πᾶς ὁ λέγων μοι· κύριε κύριε, εἰσελεύσεται εἰς τὴν βασιλείαν τῶν οὐρανῶν, ἀλλ' ὁ ποιῶν τὸ θέλημα τοῦ πατρός μου τοῦ ἐν τοῖς οὐρανοῖς (마 7:21).

10. ἡ χάρις τοῦ κυρίου Ἰησοῦ Χριστοῦ καὶ ἡ ἀγάπη τοῦ θεοῦ καὶ ἡ κοινωνία τοῦ ἁγίου πνεύματος μετὰ πάντων ὑμῶν (고후 13:13).

제 24 과

의문대명사 · 부정대명사 · 수사

의문대명사(interrogative pronoun)는 의문문에 사용되는 대명사로서 신약성경에 550회 이상 사용되는데, 문장 마지막에 의문부호(;)가 붙어 있어 쉽게 식별할 수 있다. 그 의미는 '누구'(τίς;), '무엇'(τί;)이고, 중성 단수 목적격은 종종 '왜'(τί;)라는 의문부사로도 사용된다.

부정대명사(indefinite pronoun)는 특정한 사람이나 사물을 가리키지 않고 '어떤 사람'(τις)이나 '어떤 것'(τι)을 나타내는 대명사로 신약성경에 526회 나온다. 그 형태는 악센트가 붙지 않은 것 이외에는 의문대명사와 동일하며, 후접어이다. 또한 부정대명사는 명사를 수식하는 형용사로서 '어떤'(a certain, some)이란 의미로 사용되기도 하는데, 이런 용법은 특히 누가복음과 사도행전에 흔하게 나타난다.

수사(數詞, numerals)는 사물이나 사람의 수량을 나타내는 기수(基數, cardinals)와 순서를 나타내는 서수(序數, ordinals)로 나뉜다.

I. 의문대명사(τίς, τί)

구 분	남성/여성		중 성	
	단 수	복 수	단 수	복 수
주 격	τίς	τίν ες	τί	τίν α
소유격	τίν ος	τίν ων	τίν ος	τίν ων
여 격	τίν ι	τί σι(ν)	τίν ι	τί σι(ν)
목적격	τίν α	τίν ας	τί	τίν α

1. 구조 : 어간(τιν) + 제 3 변화 명사 어미로 구성되어 있다.

2. 특징 : 악센트는 애큐트가 항상 어간 ι에 있으며, 그 위치나 모양은 변하지 않는다.

3. 용법

(1) 의문문: 의문부호(;)와 함께 의문문에 사용된다.

예) σὺ τίς εἶ; (요 1:19) 너는 누구인가?

(2) 의문부사 : 의문대명사의 중성 단수 목적격은 종종 '왜'(why) 라는 의문부사로 사용된다.

예) τί οὖν βαπτίζεις; (요 1:25)
그런데 너는 왜 세례를 주는가?

II. 부정대명사(τις, τι)

구 분	남성 / 여성		중 성	
	단 수	복 수	단 수	복 수
주 격	τις	τιν ές	τι	τιν ά
소유격	τιν ός	τιν ῶν	τιν ός	τιν ῶν
여 격	τιν ί	τι σί (ν)	τιν ί	τι σί (ν)
목적격	τιν ά	τιν άς	τι	τιν ά

1. 특징 : 부정대명사는 악센트가 붙지 않는 것 외에는 의문대명사와 형태가 동일하다. 차이점은 의문대명사는 악센트를 갖고 있는 반면, 부정대명사는 스스로는 악센트를 갖지 못하고 다만 앞에 있는 단어에 따라 악센트가 붙을 수 있는 후접어라는 것이다.

(위의 표의 악센트는 악센트가 붙을 경우 이렇게 붙여진다는 표시인데, 두 음절 단어인 경우에 한해서 끝음절에 붙는다)

2. 용법

(1) 부정대명사로 사용

예) εἶπεν τις αὐτῷ (마 12:47).
어떤 이가 그에게 말했다.

(2) 부정형용사: 부정대명사는 명사를 수식하는 부정형용사로 사용되기도 한다.

예) ἄνθρωπός τις (눅 10:30) 어떤 사람

Ⅲ. 수사(數詞, Numerals)

1. 기수(Cardinals)

구 분	하나			셋		넷	
	남성	여성	중성	남=여	중성	남=여	중성
주 격	εἷς	μία	ἕν	τρεῖς	τρία	τέσσαρες	τέσσαρα
소유격	ἑνός	μιᾶς	ἑνός	τριῶν		τεσσάρων	
여 격	ἑνί	μιᾷ	ἑνί	τρισί (ν)		τέσσαρσι (ν)	
목적격	ἕνα	μίαν	ἕν	τρεῖς	τρία	τέσσαρας	τέσσαρα

(1) 구조 : εἷς는 단수만 있고(3-1-3변화), 그 이외의 숫자는 복수만 있다.

(2) 특징 : 기수는 신약성경에 36개 단어가 총 995회 쓰이고 있는데, 1~4까지는 변화하고(3변화와 1변화), 5~199까지는 오직 한 가지 형태만이 사용된다. 둘(δύο, two)은 여격인 δυσί(ν)을 제외하고는 변화형이 없다.

2. 서수(Ordinals)

(1) 특징 : 서수는 신약성경에 14개 단어가 총 317회 쓰이고 있는데, 모두 명사 1, 2변화를 따른다.

(2) 예 : πρῶτος, η, ον 첫 번째(first) (156회)
δεύτερος, α, ον 두 번째(second) (43)
τρίτος, η, ον 세 번째(third) (56)

3. 용법 : 수사(기수, 서수)는 형용사이므로 형용사처럼 세 가지 용법이 있으며, 시간과 공간을 표현할 때는 목적격이 쓰인다.

예) εἷς αὐτῷ λέγει· διδάσκαλε(마 19:16).
한 남자가 그에게 말한다. 선생님.

4. 부정의 의미를 표현하는 부정대명사

οὐδείς, οὐδεμία, οὐδέν과 μηδείς, μηδεμία, μηδέν은 εἷς, μία, ἕν과 같이 변화한다. 각 형태를 보면 "~도 않는(οὐδέ, μηδέ) + 하나(εἷς, μία, ἕν)"로, "하나(한 사람)도 ~않는" 또는 "아무(것)도 ~ 아닌"의 의미를 나타낸다.

예) περὶ τῆς ἡμέρας ἐκείνης ἢ τῆς ὥρας οὐδεὶς οἶδεν (막 13:32). 저 날이나 시간에 관해서는 아무도 알지 못한다

5. 그 외의 수사들 : 참고로 몇 개의 숫자들을 소개하면 다음과 같다.

πέντε (오) ἕξ (육) ἑπτά (칠)
ὀκτώ (팔) ἐννέα (구) δέκα (십)
δώδεκα (십이) τεσσεράκοντα (사십)
ἑκατόν (백)

예) τεσσεράκοντα καὶ ἓξ ἔτεσιν οἰκοδομήθη ὁ ναὸς οὗτος (요 2:20).
이 성전은 46년 동안 건축되었다.

IV. 단어

동사

οἰκοδομέω	세우다, 건축하다(40회)
παραλαμβάνω	취하다, 영접하다(49)

명사

ἔτος, ους	τό	해, 년(49)
Ζεβεδαῖος, ου	ὁ	세베대(12)
Ἠλίας, ου	ὁ	엘리야(29)
Ἰάκωβος, ου	ὁ	야고보(42)
Ἰεριχώ	ἡ	여리고(7) (불변화)

의문 · 부정대명사

μηδείς, μηδεμία, μηδέν	아무(것)도 ~ 아닌(직설법 이외의 법에서)(89)
οὐδείς, οὐδεμία, οὐδέν	아무(것)도 ~ 아닌(직설법에서)(234)
τις, τι	어떤 사람(someone), 어떤 것(something)(526)
τίς, τί	누구(who), 무엇(what), 왜(why)(550)

수사

εἷς, μία, ἕν	1, 일, 하나(344)
δύο, δυσί	2, 둘(132)
τρεῖς, τρία	3, 삼, 셋(69)
ἕξ	6, 육, 여섯(13)
τεσσεράκοντα	40, 사십(22)

접속사

εἰ μή	~외에는, ~을 제외하고는

V. 성경원문읽기

※ 다음 문장에서 동사를 분해하고, 부정 · 의문대명사와 수사에 주의하여 문장 전체를 정확히 해석하십시오.

1. ἄνθρωπός τις κατέβαινεν ἀπὸ Ἰερουσαλὴμ εἰς Ἰεριχώ (눅 10:30).

2. τίς ἐστιν, κύριε, ἵνα πιστεύσω εἰς αὐτόν; (요 9:36)

3. τί βαπτίζεις εἰ σὺ οὐκ εἶ ὁ χριστὸς οὐδὲ Ἠλίας οὐδὲ ὁ προφήτης; (요 1:25)

4. ὁ θεὸς φῶς ἐστιν καὶ σκοτία ἐν αὐτῷ οὐκ ἔστιν οὐδεμία (요일 1:5).

5. ἐγὼ καὶ ὁ πατὴρ ἕν ἐσμεν(요 10:30).

6. εἶδεν ἄλλους δύο ἀδελφούς, Ἰάκωβον τὸν τοῦ Ζεβεδαίου καὶ Ἰωάννην τὸν ἀδελφὸν αὐτοῦ(마 4:21).

7. μετὰ ἡμέρας ἓξ παραλαμβάνει ὁ Ἰησοῦς τὸν Πέτρον καὶ τὸν Ἰωάννην(막 9:2).

8. ὁ Ἰησοῦς εἶπεν αὐτῷ· τί με λέγεις ἀγαθόν; οὐδεὶς ἀγαθὸς εἰ μὴ εἷς ὁ θεός(막 10:18).

9. τί με καλεῖτε· κύριε κύριε, καὶ οὐ ποιεῖτε ἃ λέγω; (눅 6:46)

10. εἶπαν οὖν οἱ Ἰουδαῖοι· τεσσεράκοντα καὶ ἓξ ἔτεσιν οἰκοδομήθη ὁ ναὸς οὗτος, καὶ σὺ ἐν τρισὶν ἡμέραις ἐγερεῖς αὐτόν; (요 2:20)

제 25 과

현재완료 · 과거완료 직설법

헬라어의 완료시제는 동사시제 중에서 가장 마지막에 배우는데, 이는 현재나 부정과거에 비해 자주 사용되지 않고, 그 변화도 조금 복잡하기 때문이다. 신약성경에는 현재 · 과거 · 미래완료의 세 가지 형태가 나오는데, 현재완료가 가장 많고(700회), 과거완료가 약간(86회), 그리고 미래완료는 극소수만이 쓰인다.

현재완료 직설법은 완료된 동작을 표현하지만, 현재에 그 결과나 상태가 유지되고 있는 까닭에 제 1 시제에 속한다. 즉 현재완료는 과거의 행동에도 관심이 있지만, 그보다도 그 현재적 결과에 관심이 더 집중되어 있는데, 이러한 점이 완료시제가 다른 어떤 시제보다 본문 석의에 있어 중요한 시제가 되고 있는 이유이다.

현재완료의 어형변화에서 가장 두드러진 특성은 어간중복(reduplication)이 이루어지는 것이다. 현재완료 능동태는 동사의 6대 주요부분의 제 4 주요부분에서, 중간태 · 수동태는 제 5 주요부분에서 그 어간을 취한다.

과거완료는 과거의 발화시점 이전에 일어난 사건이 과거의 시점에도 그 결과가 남아 있는 경우에 사용하는데, 신약성경에 단지 28개의 단어가 총 86회만 나타나기에 간단히 기본형만 익히고, 원문강독을 하면서 나올 때마다 찾아보면 될 것이다.

I. 현재완료 능동태 직설법

구 분	단 수		복 수	
1 인칭	λέ λυ κα	내가 풀었다	λε λύ καμεν	우리가 풀었다
2 인칭	λέ λυ κας	네가 풀었다	λε λύ κατε	너희가 풀었다
3 인칭	λέ λυ κε(ν)	그가 풀었다	λέ λυ κα(σι)ν	그들이 풀었다

1. 구조 : 어간중복 + 현재완료어간 + 시상접미어 κα + 제 2시제 능동태 어미로 형성된다.

2. 해석 : 현재완료 능동태는 주로 "~ 하였다." 라는 완료적 동작으로 해석한다.

예) ἐγὼ νενίκηκα τὸν κόσμον (요 16:33).

내가 세상을 이기었다.

("그래서 세상은 지금 나의 지배아래 있다." 라는 의미로 이기신 동작은 이미 과거에 완료되었지만, 그 결과가 현재에도 계속되고 있음을 표시한다.)

3. 어간중복 규칙 : 완료시제에서는 어간중복(어간의 첫 자음 반복)이 이루어지는데, 그 방법은 다음과 같이 세 가지로 나누어진다.

(1) 동사어간이 ① 단자음 ② 폐쇄음 + λ/ρ로 시작되면 첫 자음 + ε으로 어간중복을 한다.

πιστεύω → πε πίστευ κα (믿었다, 8회)

(2) 동사어간이 기식 폐쇄음 φ, χ, θ으로 시작되면, 각각 무성 폐쇄음 π, κ, τ + ε으로 어간중복을 한다(잘 쓰이지 않음).

θεραπεύω → τε θεράπευ κα (치료하셨다)

(3) 동사어간이 ① 모음 ② 이중자음(ξ) ③ 두(세) 개의 자음으로 시작되면 접두모음 ϵ을 붙이는 것으로 어간중복을 대신한다.

ἀγαπάω → ϵ ἀγάπα κα → ἠγάπη κα (사랑했다)
ἀποστέλλω → ἀπο ϵ σταλ κα → ἀπέσταλ κα (보냈다)

4. 어간이 치음, 특히 δ로 끝나는 동사들은 시상접미어 κα앞에서 탈락하고, 어간이 모음으로 끝나는 동사는 미래, 부정과거에서와 같이 시상접미어 κα앞에서도 규칙적으로 길어진다.

ἐγγίζω (어간 ἐγγίδ) → ἤγγι κα (가까이 왔다, 14)
σώζω (어간 σωδ) → σέ σω κα (구원했다, 7)
μαρτυρέω → μϵ μαρτύρη κα (증언했다, 76)

5. 그 외에 자주 쓰이는 현재완료 능동태 직설법의 불규칙형은 다음과 같다.

ὁράω → ἑώρακα (8), 또는 ἑόρακα (14) (보았다, 22)
γινώσκω → ἔγνωκα (알았다, 18)

Ⅱ. 제 2 현재완료 능동태

제 2 현재완료 능동태는 시상접미어 κα의 κ가 나타나지 않고 α만 나타나는 불규칙 변화이다. 신약성경에 자주 나오는 제 2 현재완료 능동태는 다음과 같다.

οἶδα : 알다, 이해하다 (212회) (현재완료형이 현재같이, 과거완료형 [ᾔδϵιν]이 현재완료의 의미로 사용된다.)
γέγονα : γίνομαι의 현재완료(47)
ἀκήκοα : ἀκούω의 현재완료(9)
ἐλήλυθα : ἔρχομαι의 현재완료(17)
γέγραφα : γράφω의 현재완료(62)

Ⅲ. 현재완료 수동태 직설법

구 분	단 수		복 수	
1 인칭	λέ λυ μαι	내가 풀려 있다	λε λύ μεθα	우리가 풀려 있다
2 인칭	λέ λυ σαι	네가 풀려 있다	λέ λυ σθε	너희가 풀려 있다
3 인칭	λέ λυ ται	그가 풀려 있다	λέ λυ νται	그들이 풀려 있다

1. 구조 : 어간중복 + 현재완료 수동태 어간 + 제 1 시제 수동태 어미로 형성된다.

2. 특징 : 현재완료 중간태 · 수동태는 동일하며, 연결모음은 붙이지 않는다.

3. 중요변화 : 어간이 자음으로 끝나는 동사들의 현재완료 중간태 · 수동태형은 어간의 끝자음과 자음어미간의 자음병렬에 의해 일어나는 음성변화 때문에 매우 복잡하고, 또 자주 사용되지도 않기에 많은 예를 소개하는 것은 적절치 않아 보인다. 다만 자주 쓰이는 두 단어의 형태를 소개하면 다음과 같다. 특히 대표적 동사 γράφω의 현재완료 수동태 직설법은 신약성경에서는 3인칭 단수로만 쓰인다.

γέγραπται: γράφω의 현재완료 수동태 직설법 3인칭 단수 (67회)
γεγέννηται: γεννάω의 현재완료 수동태 직설법 3인칭 단수 (8회)

Ⅳ. 현재완료 능동태 분사

구분		남성	여성	중성
단수	주격	λε λυ κώς	λε λυ κυῖα	λε λυ κός
	소유격	λε λυ κότος	λε λυ κυίας	λε λυ κότος
	여격	λε λυ κότι	λε λυ κυίᾳ	λε λυ κότι
	목적격	λε λυ κότα	λε λυ κυῖαν	λε λυ κός
복수	주격	λε λυ κότες	λε λυ κυῖαι	λε λυ κότα
	소유격	λε λυ κότων	λε λυ κυιῶν	λε λυ κότων
	여격	λε λυ κόσι(ν)	λε λυ κυίαις	λε λυ κόσι(ν)
	목적격	λε λυ κότας	λε λυ κυίας	λε λυ κότα

1. 중요성 : 현재완료 분사는 현재완료 직설법만큼이나 자주 사용되므로(600회), 단수 주격 형태를 잘 익혀 두면 원문강독에 큰 도움이 될 것이다(3-1-3변화).

2. 특징 : 현재완료 중간태 · 수동태 분사는 연결모음만 없을 뿐 이미 배운 현재 중간태 · 수동태 분사 어미와 동일하기 때문에 쉽게 식별할 수 있다.

λε λυ μένος　　λε λυ μένη　　λε λυ μένον

V. 과거완료 능동태 직설법

구 분	단 수		복 수	
1 인칭	(ἐ)λε λύ κειν	내가 풀어 있었다	(ἐ)λε λύ κειμεν	우리가 풀어 있었다
2 인칭	(ἐ)λε λύ κεις	네가 풀어 있었다	(ἐ)λε λύ κειτε	너희가 풀어 있었다
3 인칭	(ἐ)λε λύ κει	그가 풀어 있었다	(ἐ)λε λύ κεισαν	그들이 풀어 있었다

자주 쓰이지는 않지만 참고로 과거완료 능동태 직설법의 변화를 소개하면 위의 표와 같다.

VI. 단어

동사

ἁμαρτάνω	죄를 짓다(43회)
γεννάω	낳다(97)

명사

Πιλᾶτος, ου	ὁ	빌라도(55)

동사 (성경원문읽기 해석을 위한 기출동사의 현재완료형)

γέγραφα	γράφω의 현재완료 능동태 직설법 1인칭 단수(2회)
γέγραπται	γράφω의 현재완료 수동태 직설법 3인칭 단수(67)
γεγέννημαι	γεννάω의 현재완료 수동태 직설법 1인칭 단수(8)
ἔγνωκα	γινώσκω의 현재완료 능동태 직설법 1인칭 단수(18)
ἐλήλυθα	ἔρχομαι의 현재완료 능동태 직설법 1인칭 단수(17)
ἑώρακα	ὁράω/ βλέπω의 현재완료 능동태 직설법 1인칭 단수(22)
μεμαρτύρηκα	μαρτυρέω의 현재완료 능동태 직설법 1인칭 단수(76)
σέσωκα	σώζω의 현재완료 능동태 직설법 3인칭 단수(7)

VII. 성경원문읽기

※ 다음 문장에서 동사를 분해하고, 문장 전체를 정확히 해석하십시오.

1. κύριε, ἐγὼ πεπίστευκα ὅτι σὺ εἶ ὁ χριστὸς ὁ υἱὸς τοῦ θεοῦ(요 11:27).

2. ἡ πίστις σου σέσωκέν σε. καὶ ἐσώθη ἡ γυνὴ ἀπὸ τῆς ὥρας ἐκείνης(마 9:22).

3. ὁ πέμψας με πατὴρ ἐκεῖνος μεμαρτύρηκεν περὶ ἐμοῦ (요 5:37).

4. ἐγὼ ἐλήλυθα ἐν τῷ ὀνόματι τοῦ πατρός μου, καὶ οὐ λαμβάνετέ με(요 5:43).

5. ἀπεκρίθη ὁ Πιλᾶτος· ὃ γέγραφα, γέγραφα(요 19:22).

6. κἀγὼ ἑώρακα καὶ μεμαρτύρηκα ὅτι οὗτός ἐστιν ὁ υἱὸς τοῦ θεοῦ(요 1:34).

7. πᾶς ὁ ἐν αὐτῷ μένων οὐχ ἁμαρτάνει· πᾶς ὁ ἁμαρτάνων οὐχ ἑώρακεν αὐτὸν οὐδὲ ἔγνωκεν αὐτόν(요일 3:6).

8. ὁ ἑωρακὼς ἐμὲ ἑώρακεν τὸν πατέρα(요 14:9).

9. πᾶς ὁ πιστεύων ὅτι Ἰησοῦς ἐστιν ὁ Χριστὸς, ἐκ τοῦ θεοῦ γεγέννηται(요일 5:1).

10. ταῦτα δὲ γέγραπται ἵνα πιστεύ[σ]ητε ὅτι Ἰησοῦς ἐστιν ὁ χριστὸς ὁ υἱὸς τοῦ θεοῦ, καὶ ἵνα πιστεύοντες ζωὴν ἔχητε ἐν τῷ ὀνόματι αὐτοῦ(요 20:31).

제 26 과

μι동사

헬라어 동사는 ω동사와 μι동사로 나누어진다. 신약성경에는 총 1,848개의 동사가 나오는데, 그 중 μι동사는 119개에 불과하고, 그마저도 합성동사를 제외하면 단순 μι동사는 30개 밖에 나오지 않는다.

신약성경에서 가장 대표적인 μι동사는 δίδωμι, τίθημι, ἵστημι이다. 그 중에서도 δίδωμι동사를 제외한 나머지 μι동사들은 그 사용 횟수가 매우 적으므로 δίδωμι동사를 중심으로 μι동사를 익히는 것이 효과적이다.

μι동사 변화에서 반드시 기억해야 할 점은 '동사어간' (verb stem)과 '현재어간' (present verb)이 서로 다르다는 것이다. 그러므로 μι동사 공부의 핵심은 '동사어간' 을 아는 것에서부터 시작되고, μι동사 정복의 지름길은 μι동사의 '동사 주요 6부분' 을 암기하는 것이다.

I. μι동사 어형론

신약성경에서 가장 자주 쓰이는 δίδωμι(주다)동사의 '주요 6부분'을 비교해 보면 μι동사의 특성을 잘 파악할 수 있다. 결론부터 먼저 말하자면 μι동사를 이해하고 정복하는 지름길은 μι동사의 '주요 6부분'을 암기하는 것이다.

현재능동	미래능동	부과능동	현완능동	현완수동	부과수동
δί δω μι	δώ σω	ἔ δω κα	δέ δω κα	δέ δο μαι	ἐ δό θην

1. 특징 : 위 표에서 보듯 현재시제를 제외하고는 μι동사는 ω동사와 거의 동일하게 변화한다.

2. 어간 : δίδωμι동사의 '동사어간'은 δο인데, 일반적으로 μι동사의 '동사어간'은 부정과거 수동태에서 나타난다. 그리고 현재시제에서는 완료와 같이 어간중복이 이루어져 διδο가 되었고, 미래 · 부정과거 · 완료능동태에서는 '동사어간' δο가 시상접미어 앞에서 δω로 장모음화 되었다.

3. 어미 : 현재를 제외하고 나머지 시제에서는 ω동사의 어미를 취하고 있다 (부정과거에서만 σα 대신 κα).

4. 적용 : μι동사는 주로 부정과거형이 사용되므로 '동사어간'인 δο를 기억하고, 이 어간을 기초로 가정법, 명령법, 분사의 어미에 적용하면 된다.

Ⅱ. 현재 능동태 직설법

구 분		δίδωμι (주다: 21회)	τίθημι (놓다: 12회)	ἵστημι (서다)
단수	1	δί δω μι	τί θη μι	ἵ στη μι
	2	δί δω ς	τί θη ς	ἵ στη ς
	3	δί δω σιν	τί θη σιν	ἵ στη σιν
복수	1	δί δο μεν	τί θε μεν	ἵ στα μεν
	2	δί δο τε	τί θε τε	ἵ στα τε
	3	δι δό ασιν	τι θέ ασιν	ἱ στᾶσιν

1. 구조 : 현재어간 + 제 1 시제 능동태 어미로 형성된다. 현재어미(단수: μι, ς, σι, 복수: μεν, τε, ασι)는 동일하므로 잘 기억해야 한다.

2. 특징 : 현재 능동태 단수에서만 현재어간 δο와 θε의 마지막 모음이 길어진다. 3인칭 단수와 복수의 변칙자음 ν는 신약성경에서는 언제나 붙어 나오기에 괄호로 표기하지 않았다.

Ⅲ. 현재 중간태 · 수동태 직설법

구 분		δίδωμι (주 다)	τίθημι (놓 다)	ἵστημι (서 다)
단수	1	δί δο μαι	τί θε μαι	ἵ στα μαι
	2	δί δο σαι	τί θε σαι	ἵ στα σαι
	3	δί δο ται	τί θε ται	ἵ στα ται
복수	1	δι δό μεθα	τι θέ μεθα	ἱ στά μεθα
	2	δί δο σθε	τί θε σθε	ἵ στα σθε
	3	δί δο νται	τί θε νται	ἵ στα νται

1. 구조 : 현재어간 + 제 1 시제 중간태 · 수동태 어미로 형성된다.

2. 특징 : 디포넌트 동사인 δύναμαι (~할 수 있다, 210회)도 어간모음이 α이며, 위에 예시된 ἵστημι동사와 같이 변화한다.

IV. δίδωμι 현재형

구분		직 설 법(24회)	가 정 법	명 령 법(4회)
단수	1	δί δω μι	δι δῶ	
	2	δί δω ς	δι δῷς	δί δου
	3	δί δω σιν	δι δῷ	δι δό τω
복수	1	δί δο μεν	δι δῶμεν	
	2	δί δο τε	δι δῶτε	δί δο τε
	3	δι δό ασιν	δι δῶσι(ν)	δι δό τωσαν

1. 가정법 : 현재어간 διδο + 현재 능동태 가정법 어미가 붙어 모음단축이 되었다.

2. 명령법 : 현재어간 διδο + 현재 능동태 명령법 어미로 형성되었다(4회).

3. 부정사 : 현재 능동태 부정사는 διδόναι 이다(6회).

4. 분 사 : 현재 능동태 분사는 διδούς, διδοῦσα, διδόν 이고, 단수 소유격은 διδόντος, διδούσης, διδόντος로 3-1-3변화를 따른다.

V. δίδωμι의 부정과거형

구 분		직 설 법(120회)	가 정 법(24회)	명 령 법(31회)
단수	1	ἔ δω κα	δῶ	
	2	ἔ δω κας	δῷς	δός
	3	ἔ δω κε (ν)	δῷ	δό τω
복수	1	ἐ δώ καμεν	δῶμεν	
	2	ἐ δώ κατε	δῶτε	δό τε
	3	ἔ δω καν	δῶσι (ν)	δό τωσαν

1. 특 징 : δίδωμι의 부정과거 능동태는 직설법에서는 제 1 부정과거가, 다른 법에서는 제 2 부정과거가 사용된다.

2. 직설법 : 기본구조는 ω동사와 동일하고(예: ἔλυσα), 시상접두모음도 붙는다. 대부분의 μι동사는 부정과거 능동태 직설법에서 시상접미어로 σα대신 κα가 사용되며, 어간의 단모음은 장음화된다.

3. 가정법 : 제 2 부정과거로 '동사어간' δο에 현재 능동태 가정법 어미가 붙어 모음단축이 되었다(19회).

4. 명령법 : 단수 2인칭만 예외적으로 δός가 되었고, 나머지는 '동사어간' δο에 현재 능동태 명령법 어미가 붙는다(31회).

5. 부정사와 분사 : 부정과거 능동태 부정사는 δοῦναι이고(33회), 분사는 δούς, δοῦσα, δόν인데 그 어미변화는 현재분사 διδούς와 동일하다.

VI. 기타 μι 동사

신약성경에 자주 사용되는 몇몇 μι 동사의 주요 6 부분을 소개하면 다음과 같다.

현재능동	미래능동	부과능동	현완능동	현완수동	부과수동
δί δω μι	δώ σω	ἔ δω κα	δέ δω κα	δέ δο μαι	ἐ δό θην
(주다)					
τί θη μι	θή σω	ἔ θη κα	τέ θει κα	τέ θει μαι	ἐ τέ θην
(놓다)					
ἵστη μι	στή σω	ἔστη σα	ἕ στη κα	ἕ στα μαι	ἐ στά θην
(서다)					
ἀφίη μι	ἀφή σω	ἀφῆ κα	ἀφεῖ κα	ἀφέω μαι	ἀφέ θην
(용서하다)					
δείκνυ μι	δεί ξω	ἔ δει ξα	δέ δει χα	δέ δειγ μαι	ἐ δείχ θην
(보여주다)					
ἀπόλλυ μι	ἀπολέ σω	ἀπώλε σα	ἀπολώλεκα	ἀπολώλεσμα	ἀπώλομην
(멸망시키다)					

VII. 단어

동사

ἀφίημι	용서하다, 허락하다(143회)
ἀπόλλυμι	멸망시키다(90)
δείκνυμι(또는 δεικνύω)	보이다(33)
δίδωμι	주다(415)
τίθημι	놓다(100)

명사

ἐξουσία, ας	ἡ	권세(102)
ποιμήν, ένος	ὁ	목자(18)
πρόβατον, ου	τό	양(39)
χείρ, χειρός	ἡ	손(177)

형용사

ἐπιούσιος, ον	하루의, 오늘(내일)을 위한, 생존을 위한(2)

접속사

ὥστε	~한 결과(83)

VIII. 성경원문읽기

※ 다음 문장에서 동사를 분해하고, μι동사에 주의하여 문장 전체를 정확히 해석하십시오.

1. εἰρήνην ἀφίημι ὑμῖν, εἰρήνην τὴν ἐμὴν δίδωμι ὑμῖν· οὐ καθὼς ὁ κόσμος δίδωσιν ἐγὼ δίδωμι ὑμῖν(요 14:27).

2. ἐγώ εἰμι ὁ ποιμὴν ὁ καλός. ὁ ποιμὴν ὁ καλὸς τὴν ψυχὴν αὐτοῦ τίθησιν ὑπὲρ τῶν προβάτων(요 10:11).

3. ὁ πατὴρ ἀγαπᾷ τὸν υἱὸν καὶ πάντα δέδωκεν ἐν τῇ χειρὶ αὐτοῦ(요 3:35).

4. τί σημεῖον δεικνύεις ἡμῖν ὅτι ταῦτα ποιεῖς; (요 2:18)

5. τίς οὗτός ἐστιν ὃς καὶ ἁμαρτίας ἀφίησιν;(눅 7:49)

6. κύριε, σῶσον, ἀπολλύμεθα (마 8:25).

7. τὸν ἄρτον ἡμῶν τὸν ἐπιούσιον δὸς ἡμῖν σήμερον(마 6:11).

8. προσελθὼν ὁ Ἰησοῦς ἐλάλησεν αὐτοῖς λέγων· ἐδόθη μοι πᾶσα ἐξουσία ἐν οὐρανῷ καὶ ἐπὶ τῆς γῆς(마 28:18).

9. ἐσθιόντων αὐτῶν λαβὼν ἄρτον [ὁ Ἰησοῦς] ἔδωκεν αὐτοῖς καὶ εἶπεν· λάβετε, τοῦτό ἐστιν τὸ σῶμά μου (막 14:22).

10. οὕτως γὰρ ἠγάπησεν ὁ θεὸς τὸν κόσμον, ὥστε τὸν υἱὸν ἔδωκεν, ἵνα πᾶς ὁ πιστεύων εἰς αὐτὸν ἔχῃ ζωὴν αἰώνιον (요 3:16).

부 록

Ⅰ. 중요 동사의 주요 6부분

Ⅱ. 어형변화표

Ⅲ. 구문론

Ⅳ. 성경원문읽기 풀이

Ⅴ. 단어모음

I. 중요 동사의 주요 6부분

※ ---- 표가 되어 있는 부분은 그 해당 주요부분이 규칙적으로 바뀌거나 혹은 신약성경에 나오지 않음을 표시하고, 단어 앞에 -표가 있는 것은 합성동사만 신약성경에 나오는 것을 의미한다.

현재능동	미래능동	부정과거능동	현재완료능동	현재완료수동	부과수동
ἄγω	ἄξω	ἤγαγον	----	ἦγμαι	ἤχθην
인도하다, 가져오다(67)					
αἴρω	ἀρῶ	ἦρα	ἦρκα	ἦρμαι	ἦρθην
들어 올리다, 없애다(101)					
ἀκούω	ἀκούσω	ἤκουσα	ἀκήκοα	----	ἠκούσθην
듣다(428)	(ἀκούσομαι)				
ἁμαρτάνω	ἁμαρτήσω	ἥμαρτον	ἡμάρτηκα	----	----
죄를 짓다(43)		(ἡμάρτησα)			
ἀνα-βαίνω	ἀνα-βήσομαι	ἀν-έβην	ἀνα-βέβηκα	----	----
올라가다(82)					
ἀνοίγω	ἀνοίξω	ἀνέῳξα	ἀνέῳγα	ἀνέῳγμαι	ἀνεῴχθην
열다(77)		ἤνοιξα ἠνέῳξα		ἠνέῳγμαι ἤνοιγμαι	ἠνεῴχθην ἠνοίχθην
ἀποθνῄσκω	ἀποθανοῦμαι	ἀπέθανον	----	----	----
죽다(111)					
ἀποκρίνομαι	----	ἀπεκρινάμην	----	----	ἀπεκρίθην
대답하다(231)					

현재능동	미래능동	부정과거능동	현재완료능동	현재완료수동	부과수동
ἀποκτείνω	ἀποκτενῶ	ἀπέκτεινα	----	----	ἀπεκτάνθην
죽이다(74)					
ἀπο-στέλλω	ἀπο-στελῶ	ἀπ-έστειλα	ἀπ-έσταλκα	ἀπ-έσταλμαι	ἀπ-εστάλην
보내다(132)					
ἀρνέομαι	ἀρνήσομαι	ἠρνησάμην	----	ἤρνημαι	----
부인하다(33)					
ἄρχω	ἄρξομαι	ἠρξάμην	----	----	----
다스리다, (중)시작하다(86)					
ἀφίημι	ἀφήσω	ἀφῆκα	ἀφεῖκα	ἀφέωμαι	ἀφέθην
가게하다, 용서하다(143)					
-βαίνω	-βήσομαι	-έβην	-βέβηκα	----	----
가다					
βάλλω	βαλῶ	ἔβαλον	βέβληκα	βέβλημαι	ἐβλήθην
던지다(122)		[ἔβαλα(1): 행 16:37)]			
βαπτίζω	βαπτίσω	ἐβάπτισα	----	βεβάπτισμαι	ἐβαπτίσθην
세례를 주다(77)					
γίνομαι	γενήσομαι	ἐγενόμην	γέγονα	γεγένημαι	ἐγενήθην
되다(669)					
γράφω	γράψω	ἔγραψα	γέγραφα	γέγραμμαι	ἐγράφην
쓰다(191)					
δέχομαι	δέξομαι	ἐδεξάμην	----	δέδεγμαι	ἐδέχθην
받다, 영접하다(56)					

현재능동	미래능동	부정과거능동	현재완료능동	현재완료수동	부과수동
διδάσκω	διδάξω	ἐδίδαξα	----	----	ἐδιδάχθην
가르치다(97)					
δίδωμι	δώσω	ἔδωκα	δέδωκα	δέδομαι	ἐδόθην
주다(415)					
διώκω	διώξω	ἐδίωξα	----	δεδίωγμαι	ἐδιώχθην
추구하다, 핍박하다(45)					
δύναμαι	δυνήσομαι	ἐδυνάμην	----	----	ἠδυνήθην
할 수 있다(210)		ἠδυνάμην			ἠδυνάσθην
εἰμί	ἔσομαι	ἤμην (미완료)	----	----	----
이다, 있다(2,460)					
ἐλπίζω	ἐλπιῶ	ἤλπισα	ἤλπικα	----	----
소망하다, 바라다(31)					
ἔρχομαι	ἐλεύσομαι	ἦλθον	ἐλήλυθα	----	----
가다, 오다(643)					
ἐσθίω	φάγομαι	ἔφαγον	----	----	----
먹다(158)					
εὐαγγελίζω	----	εὐηγγέλισα	----	εὐηγγέλισμαι	ὐηγγελίσθην
복음을 전하다(54)		εὐηγγελισάμην			
εὑρίσκω	εὑρήσω	εὗρον	εὕρηκα	----	εὑρέθην
발견하다(176)					
ἔχω	ἕξω	ἔσχον	ἔσχηκα	----	----
가지고 있다(708)					

현재능동	미래능동	부정과거능동	현재완료능동	현재완료수동	부과수동
ζάω	ζήσω	ἔζησα	----	----	----
살다(140)					
θέλω	θελήσω	ἠθέλησα	----	----	----
뜻하다, 원하다(208)					
ἵστημι	στήσω	ἔστησα	ἕστηκα(자)	----	ἐστάθην
세우다, 서다(154)					
καλέω	καλέσω	ἐκάλεσα	κέκληκα	κέκλημαι	ἐκλήθην
부르다, 이름을 붙이다, 소환하다(148)					
κρίνω	κρινῶ	ἔκρινα	κέκρινα	κέκριμαι	ἐκρίθην
판단하다, 결정하다, 정죄하다(114)					
λαμβάνω	λήψομαι	ἔλαβον	εἴληφα	εἴλημμαι	ελήμφθην
취하다(258)	λήμψομαι				ελήφθην
λέγω	ἐρῶ	εἶπον	εἴρηκα	εἴρημαι	ἐρρέθην
말하다(2,353)		εἶπα			ἐρρήθην
		ελεξάμην			ελέχθην
λείπω	λείψω	ἔλιπον	----	λέλειμμαι	ἐλείφθην
남다(6)					
μέλλω	μελλήσω	ἤμελλον	----	----	----
~하려고 하다(109)					
μένω	μενῶ	ἔμεινα	μεμένηκα	----	----
머무르다, 거하다(118)					

현재능동	미래능동	부정과거능동	현재완료능동	현재완료수동	부과수동
οἶδα	εἰδήσω	ᾔδειν		----	----
알다(318)					
ὁράω	ὄψομαι	εἶδον	ἑώρακα	----	ὤφθην
보다(454)		εἶδα, ὤψησα	ἑόρακα		
πάσχω	----	ἔπαθον	πέπονθα	----	----
고난받다, 죽다(42)					
πείθω	πείσω	ἔπεισα	πέποιθα	πέπεισμαι	ἐπείσθην
확신하다, (완료) 신뢰하다, (수) 순종하다(52)					
πίνω	πίομαι	ἔπιον	πέπωκα	πέπομαι	ἐπόθην
마시다(73)					
πίπτω	πεσοῦμαι	ἔπεσον	πέπτωκα	----	----
떨어지다(90)					
σπείρω	σπερῶ	ἔσπειρα	----	ἔσπαρμαι	ἐσπάρην
(씨를) 뿌리다(52)					
στέλλω	στελῶ	- έστειλα	- έσαλκα	- έσταλμαι	- εστάλην
보내다					
στρέφω	στρέψω	ἔστρεψα	----	ἔστραμμαι	ἐστράφην
돌아서다, 변하다(21)					
σώζω	σώσω	ἔσωσα	σέσωκα	σέσωμαι	ἐσώθην
구원하다(106)					
συν-άγω	συν-άξω	συν-ήγαγον	----	συν-ῆγμαι	συν-ήχθην
모으다(59)					

현재능동	미래능동	부정과거능동	현재완료능동	현재완료수동	부과수동
τελέω	τελῶ	ἐτέλεσα	τετέλεκα	τετέλεσμαι	ἐτελέσθην
끝내다, 성취하다(28)					
τίθημι	θήσω	ἔθηκα	τέθεικα	τέθειμαι	ἐτέθην
놓다, 지명하다(100)					
φαίνω	φανοῦμαι	ἔφανα	----	----	ἐφάνην
비추다, 나타나다(31)					
χαίρω	χαρήσομαι	----	----	----	ἐχάρην
기뻐하다(74)					

II. 어형변화표

I. 명사

1. 제 2 변화

구 분		남 성			중 성
어 간		ἀνθρωπ- 사람	δουλ- 종	υἱ- 아들	τέκν- 자녀
단수	주 격	ἄνθρωπ ος	δοῦλ ος	υἱ ός	τέκν ον
	소유격	ἀνθρώπ ου	δούλ ου	υἱ οῦ	τέκν ου
	여 격	ἀνθρώπ ῳ	δούλ ῳ	υἱ ῷ	τέκν ῳ
	목적격	ἄνθρωπ ον	δοῦλ ον	υἱ όν	τέκν ον
	호 격	ἄνθρωπ ε	δοῦλ ε	υἱ έ	τέκν ον
복수	주(호)격	ἄνθρωπ οι	δοῦλ οι	υἱ οί	τέκν α
	소유격	ἀνθρώπ ων	δούλ ων	υἱ ῶν	τέκν ων
	여 격	ἀνθρώπ οις	δούλ οις	υἱ οῖς	τέκν οις
	목적격	ἀνθρώπ ους	δούλ ους	υἱ ούς	τέκν α

2. 제 1 변화

구분		여성			남성
어간		ἐκκλησι- 교회	φων- 소리	δοξ- 영광	μαθητ- 제자
단수	주격	ἐκκλησί α	φων ή	δόξ α	μαθητ ής
	소유격	ἐκκλησί ας	φων ῆς	δόξ ης	μαθητ οῦ
	여격	ἐκκλησί ᾳ	φων ῇ	δόξ ῃ	μαθητ ῇ
	목적격	ἐκκλησί αν	φων ήν	δόξ αν	μαθητ ήν
	호격	(주격과 동일)	(주격과 동일)	(주격과 동일)	μαθητ ά
복수	주(호)격	ἐκκλησί αι	φων αί	δόξ αι	μαθητ αί
	소유격	ἐκκλησι ῶν	φων ῶν	δοξ ῶν	μαθητ ῶν
	여격	ἐκκλησί αις	φων αῖς	δόξ αις	μαθητ αῖς
	목적격	ἐκκλησί ας	φων άς	δόξ ας	μαθητ άς

3. 제 3 변화 (남성)

구분		남성			
어간		ἀρχοντ- 통치자	αἰων- 세대	ἱερευ- 제사장	πατερ- 아버지
단수	주격	ἄρχων	αἰών	ἱερεύς	πατήρ
	소유격	ἄρχοντ ος	αἰῶν ος	ἱερέως	πατρ ός
	여격	ἄρχοντ ι	αἰῶν ι	ἱερεῖ	πατρ ί
	목적격	ἄρχοντ α	αἰῶν α	ἱερέ α	πατέρ α
	호격	(주격과 동일)	(주격과 동일)	ἱερεῦ	πάτερ
복수	주(호)격	ἄρχοντ ες	αἰῶν ες	ἱερεῖς	πατέρ ες
	소유격	ἀρχόντ ων	αἰών ων	ἱερέ ων	πατέρ ων
	여격	ἄρχου σι(ν)	αἰῶ σι(ν)	ἱερεῦ σι(ν)	πατρά σι(ν)
	목적격	ἄρχοντ ας	αἰῶν ας	ἱερεῖς	πατέρ ας

4. 제 3 변화(여성)

구 분		여 성			
어 간		ἐλπιδ- 소망	χαριτ- 은혜	πιστι- 믿음	πολι- 도시
단수	주 격	ἐλπίς	χάρις	πίστι ς	πόλι ς
	소유격	ἐλπίδ ος	χάριτ ος	πίστεως	πόλεως
	여 격	ἐλπίδ ι	χάριτ ι	πίστε ι	πόλε ι
	목적격	ἐλπίδ α	χάρι ν	πίστι ν	πόλι ν
복수	주(호)격	ἐλπίδ ες	χάριτ ες	πίστεις	πόλεις
	소유격	ἐλπίδ ων	χαρίτ ων	πίστε ων	πόλε ων
	여 격	ἐλπί σι(ν)	χάρι σι(ν)	πίστε σι(ν)	πόλε σι(ν)
	목적격	ἐλπίδ ας	χάριτ ας	πίστεις	πόλεις

5. 제 3 변화(중성)

구 분		중 성			
어 간		ὀνοματ- 이름	πνευματ- 영	φωτ- 빛	ἔθνε- 민족
단수	주 격	ὄνομα	πνεῦμα	φῶς	ἔθν ος
	소유격	ὀνόματ ος	πνεύματ ος	φωτ ός	ἔθνους
	여 격	ὀνόματ ι	πνεύματ ι	φωτ ί	ἔθνει
	목적격	ὄνομ α	πνεῦμα	φῶς	ἔθν ος
복수	주(호)격	ὀνόματ α	πνεύματ α	φῶτ α	ἔθνη
	소유격	ὀνομάτ ων	πνευμάτ ων	φώτ ων	ἐθν ῶν
	여 격	ὀνόμα σι(ν)	πνεύμα σι(ν)	φώ σι(ν)	ἔθνε σι(ν)
	목적격	ὀνόματ α	πνεύματ α	φῶτ α	ἔθνη

Ⅱ. 관사

구 분	단 수			복 수		
	남성	여성	중성	남성	여성	중성
주 격	ὁ	ἡ	τό	οἱ	αἱ	τά
소유격	τοῦ	τῆς	τοῦ	τῶν	τῶν	τῶν
여 격	τῷ	τῇ	τῷ	τοῖς	ταῖς	τοῖς
목적격	τόν	τήν	τό	τούς	τάς	τά

Ⅲ. 형용사

1. 2-1-2 변화

구 분		자음어간 '선한'			모음어간(ρ포함) '의로운'		
		남 성	여 성	중 성	남 성	여 성	중 성
단수	주 격	ἀγαθός	ἀγαθή	ἀγαθόν	δίκαιος	δικαία	δίκαιον
	소 유 격	ἀγαθοῦ	ἀγαθῆς	ἀγαθοῦ	δικαίου	δικαίας	δικαίου
	여 격	ἀγαθῷ	ἀγαθῇ	ἀγαθῷ	δικαίῳ	δικαίᾳ	δικαίῳ
	목 적 격	ἀγαθόν	ἀγαθήν	ἀγαθόν	δίκαιον	δικαίαν	δίκαιον
	호 격	ἀγαθέ	(주격과 동일)	(주격과 동일)	δίκαιε	(주격과 동일)	(주격과 동일)
복수	주(호)격	ἀγαθοί	ἀγαθαί	ἀγαθά	δίκαιοι	δίκαιαι	δίκαια
	소 유 격	ἀγαθῶν	ἀγαθῶν	ἀγαθῶν	δικαίων	δικαίων	δικαίων
	여 격	ἀγαθοῖς	ἀγαθαῖς	ἀγαθοῖς	δικαίοις	δικαίαις	δικαίοις
	목 적 격	ἀγαθούς	ἀγαθάς	ἀγαθά	δικαίους	δικαίας	δίκαια

2. 어간이 λ로 끝나는 형용사 변화

구 분		남 성	여 성	중 성	남 성	여 성	중 성
단수	주 격	πολύς	πολλή	πολύ	μέγας	μεγάλη	μέγα
	소 유 격	πολλοῦ	πολλῆς	πολλοῦ	μεγάλου	μεγάλης	μεγάλου
	여 격	πολλῷ	πολλῇ	πολλῷ	μεγάλῳ	μεγάλῃ	μεγάλῳ
	목 적 격	πολύν	πολλήν	πολύ	μέγαν	μεγάλην	μέγα
	호 격	(주격과 동일)			μεγάλε	μεγάλη	μέγα
복수	주(호)격	πολλοί	πολλαί	πολλά	μεγάλοι	μεγάλαι	μεγάλα
	소 유 격	πολλῶν	πολλῶν	πολλῶν	μεγάλων	μεγάλων	μεγάλων
	여 격	πολλοῖς	πολλαῖς	πολλοῖς	μεγάλοις	μεγάλαις	μεγάλοις
	목 적 격	πολλούς	πολλάς	πολλά	μεγάλους	μεγάλας	μεγάλα

3. 3-1-3변화

구 분	단 수			복 수		
	남 성	여 성	중 성	남 성	여 성	중 성
주 격	πᾶς	πᾶσα	πᾶν	πάντες	πᾶσαι	πάντα
소유격	παντός	πάσης	παντός	πάτων	πασῶν	πάντων
여 격	παντί	πάσῃ	παντί	πᾶσι(ν)	πάσαις	πᾶσι(ν)
목적격	πάντα	πᾶσαν	πᾶν	πάντας	πάσας	πάντα

4. 3변화 형용사

격	단 수		격	복 수	
	남 = 여	중 성		남 = 여	중 성
주 격	ἀληθής	ἀληθές	주 격	ἀληθεῖς	ἀληθῆ
소유격	ἀληθοῦς		소유격	ἀληθῶν	
여 격	ἀληθεῖ		여 격	ἀληθέσι(ν)	
목적격	ἀληθῆ	ἀληθές	목적격	ἀληθεῖς	ἀληθῆ
호 격	ἀληθές	(주격과 동일)	호 격	(주격과 동일)	

5. 형용사의 비교급

구 분	단 수		복 수	
	남 = 여	중성	남 = 여	중성
주 격	μείζων	μεῖζον	μείζοντες (μείζους)	μείζονα (μείζω)
소유격	μείζονος		μειζόνων	
여 격	μείζονι		μείζοσι(ν)	
목적격	μείζονα (μείζω)	μεῖζον	μείζονας (μείζους)	μείζονα (μείζω)

Ⅳ. 대명사

1. 인칭대명사

구 분		1인칭	2인칭	3 인 칭		
				남 성	여 성	중 성
단수	주 격	ἐγώ	σύ	αὐτός	αὐτή	αὐτό
	소유격	μου (ἐμοῦ)	σου (σοῦ)	αὐτοῦ	αὐτῆς	αὐτοῦ
	여 격	μοι (ἐμοί)	σοι (σοί)	αὐτῷ	αὐτῇ	αὐτῷ
	목적격	με (ἐμέ)	σε (σέ)	αὐτόν	αὐτήν	αὐτό
복수	주 격	ἡμεῖς	ὑμεῖς	αὐτοί	αὐταί	αὐτά
	소유격	ἡμῶν	ὑμῶν	αὐτῶν	αὐτῶν	αὐτῶν
	여 격	ἡμῖν	ὑμῖν	αὐτοῖς	αὐταῖς	αὐτοῖς
	목적격	ἡμᾶς	ὑμᾶς	αὐτούς	αὐτάς	αὐτά

2. 지시대명사

구 분		근칭 (이 남자, 이 여자, 이 것)			원칭 (저 남자, 저 여자, 저 것)		
		남 성	여 성	중 성	남 성	여 성	중 성
단수	주 격	οὗτος	αὕτη	τοῦτο	ἐκεῖνος	ἐκείνη	ἐκεῖνο
	소유격	τούτου	ταύτης	τούτου	ἐκείνου	ἐκείνης	ἐκείνου
	여 격	τούτῳ	ταύτῃ	τούτῳ	ἐκείνῳ	ἐκείνῃ	ἐκείνῳ
	목적격	τοῦτον	ταύτην	τοῦτο	ἐκεῖνον	ἐκείνην	ἐκεῖνο
복수	주 격	οὗτοι	αὗται	ταῦτα	ἐκεῖνοι	ἐκεῖναι	ἐκεῖνα
	소유격	τούτων	τούτων	τούτων	ἐκείνων	ἐκείνων	ἐκείνων
	여 격	τούτοις	ταύταις	τούτοις	ἐκείνοις	ἐκείναις	ἐκείνοις
	목적격	τούτους	ταύτας	ταῦτα	ἐκείνους	ἐκείνας	ἐκεῖνα

3. 관계대명사

구 분	단 수			복 수		
	남성	여성	중성	남성	여성	중성
주 격	ὅς	ἥ	ὅ	οἵ	αἵ	ἅ
소유격	οὗ	ἧς	οὗ	ὧν	ὧν	ὧν
여 격	ᾧ	ᾗ	ᾧ	οἷς	αἷς	οἷς
목적격	ὅν	ἥν	ὅ	οὕς	ἅς	ἅ

4. 의문대명사와 부정대명사

구 분		의문대명사		부정대명사	
		남성=여성	중 성	남성=여성	중 성
단수	주 격	τίς	τί	τις	τι
	소유격	τίνος		τινός	
	여 격	τίνι		τινί	
	목적격	τίνα	τί	τινά	τι
복수	주 격	τίνες	τίνα	τινές	τινά
	소유격	τίνων		τινῶν	
	여 격	τίσι(ν)		τισί(ν)	
	목적격	τίνας	τίνα	τινάς	τινά

5. 재귀대명사

구 분		남성			여성			중성
		1인칭	2인칭	3인칭	1인칭	2인칭	3인칭	3인칭
단수	소유격	ἐμαυτοῦ	σεαυτοῦ	ἑαυτοῦ	ἐμαυτῆς	σεαυτῆς	ἑαυτῆς	ἑαυτοῦ
	여 격	ἐμαυτῷ	σεαυτῷ	ἑαυτῷ	ἐμαυτῇ	σεαυτῇ	ἑαυτῇ	ἑαυτῷ
	목적격	ἐμαυτόν	σεαυτόν	ἑαυτόν	ἐμαυτήν	σεαυτήν	ἑαυτήν	ἑαυτό
복수	소유격	ἑαυτῶν			ἑαυτῶν			ἑαυτῶν
	여 격	ἑαυτοῖς			ἑαυταῖς			ἑαυτοῖς
	목적격	ἑαυτούς			ἑαυτάς			ἑαυτά

VI. 분사

1. 현재분사

구 분		능동태(3-1-3)			중간 · 수동태(2-1-2)		
		남 성	여 성	중 성	남 성	여 성	중 성
단수	주(호)격	λύ ων	λύ ουσα	λῦ ον	λυ όμενος	λυ ομένη	λυ όμενον
	소유격	λύ οντος	λυ ούσης	λύ οντος	λυ ομένου	λυ ομένης	λυ ομένου
	여 격	λύ οντι	λυ ούσῃ	λύ οντι	λυ ομένῳ	λυ ομένῃ	λυ ομένῳ
	목적격	λύ οντα	λύ ουσαν	λῦ ον	λυ όμενον	λυ ομένην	λυ όμενον
복수	주(호)격	λύ οντες	λύ ουσαι	λύ οντα	λυ όμενοι	λυ όμεναι	λυ όμενα
	소유격	λυ όντων	λυ ουσῶν	λυ όντων	λυ ομένων	λυ ομένων	λυ ομένων
	여 격	λύ ουσι(ν)	λυ ούσαις	λύ ουσι(ν)	λυ ομένοις	λυ ομέναις	λυ ομένοις
	목적격	λύ οντας	λυ ούσας	λύ οντα	λυ ομένους	λυ ομένας	λυ όμενα

2. 부정과거 분사

구 분		능동태(3-1-3)			중간 · 수동태(3-1-3)		
		남성	여성	중성	남성	여성	중성
단수	주(호)격	λύ σας	λύ σασα	λῦ σαν	λυσάμενος	λυσαμένη	λυσάμενον
	소유격	λύ σαντος	λυ σάσης	λύ σαντος	λυσαμένου	λυσαμένης	λυσαμένου
	여 격	λύ σαντι	λυ σάσῃ	λύ σαντι	λυσαμένῳ	λυσαμένῃ	λυσαμένῳ
	목적격	λύ σαντα	λύ σασαν	λῦ σαν	λυσάμενον	λυσαμένην	λυσάμενον
복수	주(호)격	λύ σαντες	λύ σασαι	λύ σαντα	λυσάμενοι	λυσάμεναι	λυσάμενα
	소유격	λυ σάντων	λυ σασῶν	λυ σάντων		λυσαμένων	
	여 격	λύ σασι(ν)	λυ σάσαις	λύ σασι(ν)	λυσαμένοις	λυσαμέναις	λυσαμένοις
	목적격	λύ σαντας	λύ σασας	λύ σαντα	λυσαμένους	λυσάμενας	λυσάμενα

3. 부정과거 수동태 분사와 완료 능동태 분사(3-1-3변화)

구 분		부정과거 수동태			완료 능동태		
		남성	여성	중성	남성	여성	중성
단수	주(호)격	λυθείς	λυθεῖσα	λυθέν	λελυκώς	λελυκυῖα	λελυκός
	소유격	λυθέντος	λυθείσης	λυθέντος	λελυκότος	λελυκυίας	λελυκότος
	여 격	λυθέντι	λυθείσῃ	λυθέντι	λελυκότι	λελυκυίᾳ	λελυκότι
	목적격	λυθέντα	λυθεῖσαν	λυθέν	λελυκότα	λελυκυῖαν	λελυκός
복수	주(호)격	λυθέντες	λυθεῖσαι	λυθέντα	λελυκότες	λελυκυῖαι	λελυκότα
	소유격	λυθέντων	λυθεισῶν	λυθέντων	λελυκότων	λελυκυιῶν	λελυκότων
	여 격	λυθεῖσι(ν)	λυθείσαις	λυθεῖσι(ν)	λελυκόσι(ν)	λελυκυίαις	λελυκόσι(ν)
	목적격	λυθέντας	λυθείσας	λυθέντα	λελυκότας	λελυκυίας	λελυκότα

4. 디포넌트 동사의 분사

구 분		남 성	여 성	중 성
현 재		πορευ όμενος	πορευ ομένη	πορευ όμενος
과거	능동태	πορευ σάμενος	πορευ σαμένη	πορευ σάμενον
	수동태	πορευ θείς	πορευ θεῖσα	πορευ θέν

5. εἰμί의 현재 분사

구 분	단 수			복 수		
	남 성	여 성	중 성	남 성	여 성	중 성
주 격	ὤν	οὖσα	ὄν	ὄντες	οὖσαι	ὄντα
소유격	ὄντος	οὔσης	ὄντος	ὄντων	ουσῶν	ὄντων
여 격	ὄντι	οὔσῃ	ὄντι	οὖσι(ν)	οὔσαις	οὖσι(ν)
목적격	ὄντα	οὖσαν	ὄν	ὄντας	οὔσας	ὄντα

VII. 수사

구 분	하 나			셋		넷	
	남 성	여 성	중 성	남=여	중 성	남=여	중 성
주 격	εἷς	μία	ἕν	τρεῖς	τρία	τέσσαρες	τέσσαρα
소유격	ἑνός	μιᾶς	ἑνός	τριῶν		τεσσάρων	
여 격	ἑνί	μιᾷ	ἑνί	τρισί(ν)		τέσσαρσι(ν)	
목적격	ἕνα	μίαν	ἕν	τρεῖς	τρία	τέσσαρας	τέσσαρα

VIII. 동사변화

1. 규칙동사 λύω(풀다)의 변화

구분		λύω				λύσω	
		현재 능동태	현재 중·수	미완료 능동태	미완료 중·수	미래 능동태	미래 중간태
직설법	단 1	λύω	λύομαι	ἔλυον	ἐλυόμην	λύσω	λύσομαι
	2	λύεις	λύῃ	ἔλυες	ἐλύου	λύσεις	λύσῃ
	3	λύει	λύεται	ἔλυε(ν)	ἐλύετο	λύσει	λύσεται
	복 1	λύομεν	λυόμεθα	ἐλύομεν	ἐλυόμεθα	λύσομεν	λυσόμεθα
	2	λύετε	λύεσθε	ἐλύετε	ἐλύεσθε	λύσετε	λύσεσθε
	3	λύουσι(ν)	λύονται	ἔλυον	ἐλύοντο	λύσουσι(ν)	λύσονται
가정법	단 1	λύω	λύωμαι				
	2	λύῃς	λύῃ				
	3	λύῃ	λύηται				
	복 1	λύωμεν	λυώμεθα				
	2	λύητε	λύησθε				
	3	λύωσι(ν)	λύωνται				
명령법	단 2	λῦε	λύου				
	3	λυέτω	λυέσθω				
	복 2	λύετε	λύεσθε				
	3	λυέτωσαν	λυέσθωσαν				
부정사		λύειν	λύεσθαι				
분사		λύων λύουσα λῦον	λυόμενος λυομένη λυόμενον				

ἔλυσα		λέλυκα	λέλυμαι	ἐλύθην	
부정과거 능동태	부정과거 중간태	완료 능동태	완료 중·수	부정과거 수동태	미래 수동태
ἔλυσα	ἐλυσάμην	λέλυκα	λέλυμαι	ἐλύθην	λυθήσομαι
ἔλυσας	ἐλύσω	λέλυκας	λέλυσαι	ἐλύθης	λυθήσῃ
ἔλυσε(ν)	ἐλύσατο	λέλυκε(ν)	λέλυται	ἐλύθη	λυθήσεται
ἐλύσαμεν	ἐλυσάμεθα	λελύκαμεν	λελύμεθα	ἐλύθημεν	λυθησόμεθα
ἐλύσατε	ἐλύσασθε	λελύκατε	λέλυσθε	ἐλύθητε	λυθήσεσθε
ἐλυσαν	ἐλύσαντο	λελύκασιν	λέλυνται	ἐλύθησαν	λυθήσονται
		(λέλυκαν)			
λύσω	λύσωμαι			λυθῶ	
λύσῃς	λύσῃ			λυθῇς	
λύσῃ	λύσηται			λυθῇ	
λύσωμεν	λυσώμεθα			λυθῶμεν	
λύσητε	λύσησθε			λυθῆτε	
λύσωσι(ν)	λύσωνται			λυθῶσι(ν)	
λῦσον	λῦσαι			λύθητι	
λυσάτω	λυσάσθω			λυθήτω	
λύσατε	λύσασθε			λύθητε	
λυσάτωσαν	λυσάσθωσαν			λυθήτωσαν	
λῦσαι	λύσασθαι	λελυκέναι	λελύσθαι	λυθῆναι	
λύσας	λυσάμενος	λελυκώς	λελυμένος	λυθείς	
λύσασα	λυσαμένη	λελυκυῖα	λελυμένη	λυθεῖσα	
λῦσαν	λυσάμενον	λελυκός	λελυμένον	λυθέν	

2. 제2 부정과거 변화

구 분		능동태	중간태
직설법	단 1	ἔλαβ ον	ἐγεν όμην
	2	ἔλαβ ες	ἐγέν ου
	3	ἔλαβ ε(ν)	ἐγέν ετο
	복 1	ἐλάβ ομεν	ἐγεν όμεθα
	2	ἐλάβ ετε	ἐγέν εσθε
	3	ἔλαβ ον	ἐγέν οντο
가정법	단 1	λάβ ω	γέν ωμαι
	2	λάβ ῃς	γέν ῃ
	3	λάβ ῃ	γέν ηται
	복 1	λάβ ωμεν	γεν ώμεθα
	2	λάβ ητε	γέν ησθε
	3	λάβ ωσι(ν)	γέν ωνται
명령법	단 2	λάβ ε	γεν οῦ
	3	λαβ έτω	γεν έσθω
	복 2	λάβ ετε	γέν εσθε
	3	λαβ έτωσαν	γεν έσθωσαν
부정사		λαβ εῖν	γεν έσθαι
분사		λαβ ών λαβ οῦσα λαβ όν	γεν όμενος γεν ομένη γεν όμενον

3. 유음동사 κρίνω(심판하다)의 변화

구 분			능동태	중간태
미래	직설법	단 1	κρινῶ	κρινοῦμαι
		2	κρινεῖς	κρινῇ
		3	κρινεῖ	κρινεῖται
		복 1	κρινοῦμεν	κρινούμεθα
		2	κρινεῖτε	κρινεῖσθε
		3	κρινοῦσι(ν)	κρινοῦται
제1부정과거	직설법	단 1	ἔκρινα	ἐκρινάμην
		2	ἔκρινας	ἐκρίνω
		3	ἔκρινε(ν)	ἐκρίνατο
		복 1	ἐκρίναμεν	ἐκριναμεθα
		2	ἐκρίνατε	ἐκρίνασθε
		3	ἔκριναν	ἐκρίνατο
	가정법	단 1	κρίνω	κρίνωμαι
		2	κρίνῃς	κρίνῃ
		3	κρίνῃ	κρίνηται
		복 1	κρίνωμεν	κρινώμεθα
		2	κρίνητε	κρίνησθε
		3	κρίνωσι(ν)	κρίνωνται
	명령법	단 2	κρῖνον	κρῖναι
		3	κρινάτω	κρινάσθω
		복 2	κρίνατε	κρίνασθε
		3	κρινάτωσαν	κρινάσθωσαν
	부정사		κρῖναι	κρίνασθαι
	분사		κρίνας κρίνασα κρῖναν	κρινάμενος κριναμένη κρινάμενον

4. 직설법 어미(Endings) 정리표

<table>
<tr><th rowspan="2">구 분</th><th colspan="3">제 1 시제</th><th colspan="3">제 2 시제</th></tr>
<tr><th>현재</th><th>미래</th><th>현재완료</th><th>미완료</th><th>단순과거</th><th>과거완료</th></tr>
<tr><td>능동태</td><td>ω</td><td>σω</td><td>κα</td><td>ον</td><td>σα</td><td>κειν</td></tr>
<tr><td>수동태</td><td rowspan="2">ομαι</td><td>θησομαι</td><td rowspan="2">μαι</td><td rowspan="2">ομην</td><td>θην</td><td rowspan="2">μην</td></tr>
<tr><td>중간태</td><td>σομαι</td><td>σαμην</td></tr>
</table>

III. 구 문 론

* 직설법의 용법

* 명사의 격의 용법

* 정관사의 용법

* 중간태의 용법

직설법의 용법

I. 현재 직설법의 용법

헬라어 현재 직설법은 동작의 시간(현재)과 종류(진행과 반복)를 모두 나타내는데, 가장 일반적인 특징은 현재 진행 중인 동작을 나타내며, 그 해석은 "~하고 있다" "~이다" "~되다" 등이다. 그 외에도 다양한 용법들이 있는데, 그 대표적인 용법들은 다음과 같다.

1. 서술적 현재(Descriptive Present)

현재 시제는 직설법에서 보통 말하는 순간에 일어나는 행동의 진행적인 성격을 나타낸다. 영어의 현재 진행형과 같은데 진행적 현재(Progressive Present)라고 부르기도 한다.

(1) κύριε, σῶσον, ἀπολλύμεθα (마 8:25).
주님, 구하소서(건지소서). 우리가 멸망하고 있습니다.

(2) τὸ παιδίον οὐκ ἀπέθανεν ἀλλὰ καθεύδει (막 5:39).
그 아이는 죽지 않았고, 다만 자고 있다(자는 중이다).

(3) ἰδοὺ γὰρ προσεύχεται (행 9:11)
보아라! 그가 기도하고 있다(기도하는 중이다).

2. 지속적 현재(Durative Present)

현재 직설법은 어떤 동작이 과거에 시작되어 현재까지 지속되고 있는 것을 표현할 때 사용되는데, 이런 지속적 용법은 일반적으로 시간을 나타내는 부사나 구와 함께 쓰인다.

(1) ὁ δὲ ἀποκριθεὶς εἶπεν τῷ πατρὶ αὐτοῦ· ἰδοὺ τοσαῦτα ἔτη δουλεύω σοι(눅 15:29).
그러자 그가 아버지께 대답하여 말했다. "보소서, 저는 여러 해 동안 당신을 (지속적으로) 섬겨 오고 있습니다."

(2) Ἀμὴν ἀμὴν λέγω ὑμῖν, ὁ πιστεύων εἰς ἐμὲ τὰ ἔργα ἃ ἐγὼ ποιῶ κἀκεῖνος ποιήσει(요 14:12).
내가 진실로 진실로 너희에게 말하니, 나를 믿는 자는 내가 (계속) 행해 오고 있는 일들을 그도 행할 것이다.

3. 반복적 현재(Iterative Present)

현재 직설법은 일정 기간동안 약간의 간격을 두고 계속적으로 일어나는 관습이나 습관 같은 반복적인 행동을 표현할 때 사용된다. 이러한 경우 '보통' '습관적으로' 등의 시간의 부사를 사용하여 해석하면 그 의미가 잘 드러난다.

(1) καθ' ἡμέραν ἀποθνῄσκω (고전 15:31).
나는 날마다 (반복해서) 죽는다.

(2) πᾶς ὁ ἐν αὐτῷ μένων οὐχ ἁμαρτάνει (요일 3:6).
그 분 안에 거하는 자마다 (반복해서) 죄를 짓지 않는다.

(3) Πᾶς ὁ γεγεννημένος ἐκ τοῦ θεοῦ ἁμαρτίαν οὐ ποιεῖ, ὅτι σπέρμα αὐτοῦ ἐν αὐτῷ μένει (요일 3:9).
하나님께로부터 태어난 자마다 (반복적으로) 죄를 짓지 않는데, 이는 그분의 씨가 그 안에 거하고 있기 때문이다.

4. 습관적 현재(Customary Present)

현재 직설법은 반복적 현재보다 더 오랜 기간동안 이어져온 습관과 같은 행동을 나타낼 때 사용되는데, '습관적으로' '규칙적으로' '항상' 등의 어휘를 사용하여 해석하면 그 의미가 잘 드러난다. 일부 학자들은 반복적 현재와 동일한 용법으로 분류하기도 한다.

(1) οἱ μαθηταὶ Ἰωάννου καὶ οἱ μαθηταὶ τῶν Φαρισαίων νηστεύουσιν (막 2:18).
요한의 제자들과 바리새인의 제자들은 (습관적으로, 규칙적으로) 금식을 한다.

(2) Τί δέ με καλεῖτε· κύριε κύριε, καὶ οὐ ποιεῖτε ἃ λέγω; (눅 6:46)

너희는 나를 '주님, 주님'이라고 부르면서 내가 말한 것들을 왜 (규칙적으로, 항상) 행하지 않는가?

(3) νηστεύω δὶς τοῦ σαββάτου, ἀποδεκατῶ πάντα ὅσα κτῶμαι (눅 18:12).
나는 일주일에 (규칙적으로) 두 번 금식하고, 내가 버는 모든 것들(소득)의 십일조를(항상) 드린다.

5. 격언적 현재(Gnomic Present)

시간과 상관없이 항상 일어날 수 있는 보편적인 사실, 속담, 격언, 일반적인 진리들을 표현할 때 사용되는 현재의 용법이다. 이러한 경우 '언제나' '항상' '늘' 또는 '결코' 등의 부사를 사용하여 해석하면 그 의미를 더 확실히 표현할 수 있는데, 일반적 현재(General Present)라 부르기도 한다.

(1) οὕτως πᾶν δένδρον ἀγαθὸν καρποὺς καλοὺς ποιεῖ, τὸ δὲ σαπρὸν δένδρον καρποὺς πονηροὺς ποιεῖ (마 7:17).
이와 같이 좋은 나무마다 항상 좋은 열매를 맺고, 나쁜 나무는 항상 나쁜 열매를 맺는다.

(2) μήτι δύναται τυφλὸς τυφλὸν ὁδηγεῖν;(눅 6:39)
눈 먼 자(시각장애인)가 눈 먼 자를 인도할 수 있는가?

(3) ὅτι ἀπ' ἀρχῆς ὁ διάβολος ἁμαρτάνει (요일 3:8).
왜냐하면 마귀는 처음부터 죄를 짓고 있기 때문이다.

6. 역사적 현재(Historical Present)

과거에 있어났던 사건을 독자들에게 현재의 일처럼 생생하게 표현하기 위하여 마치 지금 보고 있는 것처럼 수사학적으로 표현하는 용법을 말하는데, 마가복음과 요한복음에 특별히 많이 사용되었다(요 1:29-51; 2:1-10; 4:1-38).

(1) Τῇ ἐπαύριον βλέπει τὸν Ἰησοῦν ἐρχόμενον πρὸς αὐτὸν καὶ λέγει (요 1:29).

이튿날 요한이 예수께서 자기에게 오시는 것을 보고 말한다(실제의미: 말했다).

(2) εὑρίσκει Φίλιππος τὸν Ναθαναὴλ καὶ λέγει αὐτῷ (요 1:45).
빌립이 나다나엘을 발견하고, 그에게 말한다 (실제의미: 말했다).

(3) Ἔρχεται γυνὴ ἐκ τῆς Σαμαρείας ἀντλῆσαι ὕδωρ (요 4:7).
한 사마리아 여인이 물을 긷기 위하여 나온다(실제의미: 나왔다).

7. 수행적 현재(Perfomative Present)

수행적 현재란 화자(話者)가 말을 시작하는 발화(發話) 시점에 이미 그 동작이 완성되는 것을 표현할 때 사용된다. 즉 단순히 말하는 동작을 통해 어떤 것을 성취하는 현재 직설법으로 부정과거적 현재 (Aoristic Present)라고도 부른다.

(1) τέκνον, ἀφίενταί σου αἱ ἁμαρτίαι(막 2:5).
자녀여, 네 죄들이 용서함을 받는다(실제의미: 받았다).

(2) ἀμὴν λέγω ὑμῖν, ἀπέχουσιν τὸν μισθὸν αὐτῶν (마 6:2).
진정으로 내가 너희에게 말하니, 그들은 자신들의 삯을 받는다 (실제의미: 받았다).

8. 미래적 현재(Futuristic Present)

미래적 현재란 시제는 현재이지만, 그 의미는 미래에 일어날 것이 확실한 사건을 표현하는데 사용하는 용법이다.

(1) μισθὸν οὐκ ἔχετε παρὰ τῷ πατρὶ ὑμῶν τῷ ἐν τοῖς οὐρανοῖς (마 6:1).
너희는 하늘에 계신 너희 아버지로부터 삯을 가지지 못한다(실제의미: 못할 것이다).

(2) πάλιν ἔρχομαι καὶ παραλήμψομαι ὑμᾶς πρὸς ἐμαυτόν (요 14:3).
내가 다시 와서(실제의미: 올 것이다) 너희를 나에게로 영접할 것이다.

Ⅱ. 미래 직설법의 용법

미래 직설법은 미래에 일어날 것으로 기대되는 사건이나 동작을 표현할 때 사용되는 것으로 동작의 종류보다는 동작이 일어날 시간이 더 중요한 시제이다. 몇몇 학자들은 미래 시제를 단지 미래 사건만을 표현하는 절대시제로 간주하기도 하기도 하지만, 미래가 단지 앞으로 일어날 사건만을 기술하는 것은 아니다, 신약성경에서 미래시제는 주로 직설법에서 사용되고 다른 법에서는 드물게 쓰이는데, 미래 직설법의 대표적 용법은 다음과 같다.

1. 예견적 미래(Predictive Future)

미래 직설법의 가장 일반적인 용법으로, 미래에 일어날 것으로 예견되는 사건을 표현하는데 사용된다.

(1) ἐγὼ ἐβάπτισα ὑμᾶς ὕδατι, αὐτὸς δὲ βαπτίσει ὑμᾶς ἐν πνεύματι ἁγίῳ (막 1:8).
나는 너희에게 물로 세례를 주었지만, 그 분은 너희에게 성령으로 세례를 주실 것이다.

(2) ὄψονται τὸν υἱὸν τοῦ ἀνθρώπου ἐρχόμενον (마 24:30).
그들이 인자가 오는 것을 볼 것이다.

(3) ἐκεῖνος ὑμᾶς διδάξει πάντα καὶ ὑπομνήσει ὑμᾶς πάντα ἃ εἶπον ὑμῖν [ἐγώ] (요 14:26).
저(그)분께서 너희에게 모든 것을 가르치실 것이고, 또 내가 너희에게 말한 모든 것을 생각나게 하실 것이다.

2. 진행적 미래(Progressive Future)

미래 직설법은 종종 동사, 혹은 문맥에 의해서 예상되는 사건이 계속 진행적임을 나타내기도 한다.

(1) καὶ ἐν τούτῳ χαίρω. Ἀλλὰ καὶ χαρήσομαι (빌 1:18).
나는 이 일로(이것 때문에) 기뻐한다. 그러나 또한 (계속) 기뻐할 것이다.

(2) ὃς δ' ἂν πίῃ ἐκ τοῦ ὕδατος οὗ ἐγὼ δώσω αὐτῷ, οὐ μὴ διψήσει εἰς τὸν αἰῶνα (요 4:14).
그러나 누구든지 바로 내가 그에게 주게 될 물을 마시는 자는 결코 영원히 목마르지 않을 것이다.

(3) ποιεῖτε καὶ ποιήσετε (살후 3:4).
너희가 행하고 있고, 또한 (계속) 행할 것이다.

3. 토의적 질문의 미래(Deliberative Future)

미래 직설법은 가정법(토의적 질문 용법)과 더불어 의문문에도 사용되는데(주로 1인칭 단수 복수) 앞으로 진행될 상황에 대한 불확실성을 표현한다.

(1) κύριε, ποσάκις ἁμαρτήσει εἰς ἐμὲ ὁ ἀδελφός μου καὶ ἀφήσω αὐτῷ (마 18:21).
주님, 내 형제가 내게 죄를 지으면 몇 번이나 그를 용서해 주어야 합니까?

(2) κύριε, εἰ πατάξομεν ἐν μαχαίρῃ; (눅 22:49)
주님, 우리가 칼로 칠까요?

4. 명령적 미래(Imperatival Future)

미래 직설법은 명령법을 대신하여 종종 명령을 할 때 사용된다.

(1) τέξεται δὲ υἱόν, καὶ καλέσεις τὸ ὄνομα αὐτοῦ Ἰησοῦν (마 1:21).
그녀가 아들을 낳을 것이니, 그의 이름을 예수라고 부를 것이다(실제의미: 불러라).

(2) ἔσεσθε οὖν ὑμεῖς τέλειοι ὡς ὁ πατὴρ ὑμῶν ὁ οὐράνιος τέλειός ἐστιν (마 5:48).
그러므로 너희 하늘 아버지께서 완전하신 것처럼 너희도 완전하게 될 것이다 (실제의미: 되어라).

(3) ἀγαπήσεις τὸν πλησίον σου ὡς σεαυτόν (갈 5:14; 약 2:8).
네 이웃을 네 몸과 같이 사랑할 것이다 (실제의미: 사랑하여라).

5. 격언적 미래(Gnomic Future)

미래 직설법은 시간에 매이지 않는 보편적인 사실이나 진리, 격언 등을 나타낼 때 사용된다.

(1) οὐκ ἐπ' ἄρτῳ μόνῳ ζήσεται ὁ ἄνθρωπος (마 4:4).
사람이 빵으로만 살지는 못할 것이다(없을 것이다).

(2) ἀπὸ τῶν καρπῶν αὐτῶν ἐπιγνώσεσθε αὐτούς (마 7:16).
그들의 열매들로 그들을 정확히(확실히) 알게 될 것이다.

(3) ἕκαστος γὰρ τὸ ἴδιον φορτίον βαστάσει (갈 6:5).
그러므로 각자가 자신의 짐을 져야 할 것이다.

Ⅲ. 부정과거 직설법의 용법

부정과거는 신약성경에서 가장 많이 사용되는 시상이다. 부정과거는 미완료과거가 진행과 반복의 선적(線的)인 동작을 표현하는 것과 대조적으로 점적(點的)인 단회적 동작을 표현하며, 시간적 개념은 직설법에서만 나타난다. 한다. 비록 부정과거가 과거의 동작을 표현하는 것은 사실이지만, 단순히 과거사실만을 의미하는 것은 아니며 여러 다양한 용법들이 존재한다.

1. 역사적 부정과거(Historical Aorist)

부정과거는 과거에 발생했던 하나의 사건이나 사실을 표현할 때 사용되는 가장 일반적인 용법으로 단순과거(Constative Aorist)라고 불리기도 한다.

(1) ταῦτα ἐν Βηθανίᾳ ἐγένετο πέραν τοῦ Ἰορδάνου, ὅπου ἦν ὁ Ἰωάννης βαπτίζων (요 1:28).
이 일들은 요한이 세례를 주던 요단 강 건너편 베다니에서 일어났다(일어났던 일이었다).

(2) εἰς τὰ ἴδια ἦλθεν, καὶ οἱ ἴδιοι αὐτὸν οὐ παρέλαβον (요 1:11).
그분께서 자기 땅에 오셨으나, 자기 백성들이 그분을 영접하지 않았다.

(3) τεσσεράκοντα καὶ ἓξ ἔτεσιν οἰκοδομήθη ὁ ναὸς οὗτος (요 2:20). 이 성전은 46년 동안 지어졌다(건축되었다).

(4) θέλω, καθαρίσθητι· καὶ εὐθέως ἐκαθαρίσθη αὐτοῦ ἡ λέπρα (요 1:39).
내가 원하니 깨끗해져라. 그리고 즉시 그의 한센병이 깨끗해졌다.

(5) παρ' αὐτῷ ἔμειναν τὴν ἡμέραν ἐκείνην (요 1:39).
그들이 그분과 함께 그 날을 머물렀다.

2. 진입적 부정과거(Ingressive Aorist)

진입적 부정과거란 행동의 시작이나 어떤 상태로의 진입을 표현하는 용법으로"시작했다" 또는 "되었다" 등으로 해석한다. 주로 현재와 미완료과거에서 상태의 시작이나 계속을 나타내는 동사들이 이 용법에 사용되는데, 기동적 부정과거(Inceptive Aorist)라 부르기도 한다.

(1) ἐδάκρυσεν ὁ Ἰησοῦς (요 11:35).
예수께서 눈물을 흘리기 시작하셨다.

(2) Τότε Ἡρῴδης ἰδὼν ὅτι ἐνεπαίχθη ὑπὸ τῶν μάγων ἐθυμώθη λίαν (마 2:16).
그 후 헤롯이 현자들에게 속을 줄을 알고 심히 분노했다(분노하게 되었다 또는 분노하기 시작했다).

(3) Καὶ ὁ λόγος σὰρξ ἐγένετο (요 1:14).
그리고 그 말씀이 육신이 되셨다.

3. 완료적 부정과거(Culminative Aorist)

이것은 과거시점에 완료된 동작이 일단의 과정을 거쳐서 그 일의 목적에 도달한 경우를 표현할 때 사용된다. 즉 어떤 행동의 완성에 초점을 맞추는 부정과거의 형태로 영어의 현재완료와 유사하다.

(1) ἡ σκοτία ἐτύφλωσεν τοὺς ὀφθαλμοὺς αὐτοῦ (요일 2:11).
어두움이 그의 눈들을 멀게 하였다.

(2) κατὰ ἀποκάλυψιν ἐγνωρίσθη μοι τὸ μυστήριον (엡 3:3).
그 비밀이 계시를 따라 내게 알려졌다.

4. 격언적 부정과거(Gnomic Aorist)

시간과는 별 상관없는 일반적 진리, 격언, 속담과 같은 보편적인 사실들을 표현할 때 사용되는 부정과거 용법이다. 이러한 경우 영어에서는 보통 현재시제를 사용하지만, 헬라어에서는 두 시제가 모두 사용된다.

(1) ἐξηράνθη ὁ χόρτος καὶ τὸ ἄνθος ἐξέπεσεν·
τὸ δὲ ῥῆμα κυρίου μένει εἰς τὸν αἰῶνα (벧전 1:24-25).
풀은 마르고 꽃은 떨어지나, 주님의 말씀은 영원히 남는다.

(2) ἀνέτειλεν γὰρ ὁ ἥλιος σὺν τῷ καύσωνι καὶ ἐξήρανεν τὸν χόρτον καὶ τὸ ἄνθος αὐτοῦ ἐξέπεσεν καὶ ἡ εὐπρέπεια τοῦ προσώπου αὐτοῦ ἀπώλετο (약 1:11).
그래서 해가 뜨거운 열과 함께 뜨면(해가 떠서 뜨거운 열을 뿜으면) 풀은 마르고, 그의 꽃은 떨어져서 그것의 아름다운 모습이 사라진다.

5. 서신적 부정과거(Epistolary Aorist)

서신적 부정과거란 편지의 발신자가 편지를 쓸 때 원칙적으로는 현재시제를 사용해야 하지만, 후에 그 편지를 읽게 될 수신자의 시간에 맞추기 위해 사용하는 부정과거를 말한다. 즉 발신자에게는 편지를 쓰는 동작이 현재이지만, 수신자들이 서신을 읽을 때에는 이미 과거가 되었을 사건을 묘사하는 용법이다.

(1) ἐγὼ Παῦλος ἔγραψα τῇ ἐμῇ χειρί (몬 1:19).
나 바울은 내 손으로(친필로) 썼다(쓰고 있다).

(2) οὐκ ἔγραψα ὑμῖν ὅτι οὐκ οἴδατε τὴν ἀλήθειαν (요일 2:21).
너희가 진리를 알지 못하기 때문에 내가 너희에게 쓰는 것이 아니다(부정과거이나 현재로 해석해야).

(3) ὃν ἀνέπεμψά σοι, αὐτόν, τοῦτ' ἔστιν τὰ ἐμὰ σπλάγχνα (몬 1:12). 내가 그를 너에게 돌려보내니, 그는 나의 마음(심장, 심복)이다.

6. 극적 부정과거(Dramatic Aorist)

극적인 부정과거란 방금 일어난 과거의 동작을 수사학적으로 표현할 때 사용하는 용법이다. 해석은 '방금' 이나 '막' 같은 부사를 사용하여 번역하면 그 의미가 잘 드러나는데, 이렇게 표현함으로 현재시제보다 더욱 생생한 장면을 묘사할 수 있다.

(1) ἡ θυγάτηρ σου ἀπέθανεν (막 5:35).
당신의 딸이 (방금) 죽었습니다.

(2) μὴ ἐκθαμβεῖσθε· ἠγέρθη, οὐκ ἔστιν ὧδε (막 16:6).
놀라지 마라. 그분이 살아나셨고, 여기에 계시지 않는다.

7. 미래적 부정과거(Futuristic Aorist)

미래적 부정과거란 시제는 과거이지만, 의미는 미래인 사건을 표현하는데 사용되는 용법이다.

(1) ἐάν σου ἀκούσῃ, ἐκέρδησας τὸν ἀδελφόν σου (마 18:15).
그가 네 말을 들으면, 네가 네 형제를 얻을 것이다.

(2) νῦν ἐδοξάσθη ὁ υἱὸς τοῦ ἀνθρώπου καὶ ὁ θεὸς ἐδοξάσθη ἐν αὐτῷ (요 13:31).
지금(이제) 인자가 영광을 받았고, 하나님께서도 그로 말미암아 영광을 받으셨다(받으실 것이다).

Ⅳ. 현재완료 직설법의 용법

현재완료 직설법(Perfect Indacative)은 어떤 동작이나 행동이 이미 과거에 완료되었지만, 그 결과나 상태가 현재까지 지속되고 있는 상태를 묘사할 때 사용된다. 즉 과거시상의 단회적 동작과 현재시상의 지속되는 동작을 결합한 시제라 할 수 있다.

1. 완성적 현재완료(Consummative Perfect)

이 용법은 기본적으로 동작의 완료와 그 결과의 지속을 의미하지만, 그 강조점이 현재보다는 과거의 동작의 완료에 더 집중되어 있음을 나타낸다.

(1) σὺ τετήρηκας τὸν καλὸν οἶνον ἕως ἄρτι(요 2:10).
너는 지금까지 좋은 포도주를 간직하였다.

(2) ὅτε οὖν ἔλαβεν τὸ ὄξος [ὁ] Ἰησοῦς εἶπεν· τετέλεσται (요 19:30).
그러자 예수님께서 신포도주를 받으신 후 말씀하셨다. "다 이루어졌다."

(3) τὸν καλὸν ἀγῶνα ἠγώνισμαι, τὸν δρόμον τετέλεκα, τὴν πίστιν τετήρηκα (딤전 4:7).
내가 선한 싸움을 다 싸우고, 달려갈 길을 다 마치고, 믿음을 지켜왔다.

2. 강의적 현재완료(Intensive Perfect)

이 용법은 동작의 완료와 그 결과의 지속 등 완료의 기본적인 개념을 나타내지만, 그 강조점이 과거의 완료보다는 현재의 지속적 결과에 더 맞추어져 있다.

(1) καὶ εἶπεν αὐτοῖς ὅτι οὕτως γέγραπται (눅 24:46).
그리고 그들에게 말씀하시기를, 이렇게 기록되어 있다.

(2) πέποιθα δὲ ἐν κυρίῳ ὅτι καὶ αὐτὸς ταχέως ἐλεύσομαι (빌 2:24). 나 자신도 속히 가게 되리라는 것을 주님 안에서 확신한다.

3. 반복적 현재완료(Iterative Perfect)

이 용법도 동작의 완료와 그 결과의 지속 등 완료의 개념을 다 가지고 있지만, 완성적 현재완료와 같이 동작의 완료를 더 강조한다. 단지 차이점은 완성된 동작이 과거에 반복적으로 일어났던 것을 강조하고 있다.

(1) Θεὸν οὐδεὶς ἑώρακεν πώποτε (요 1:18).
아무도 언제라도(지금까지) 하나님을 보지 못했다.

(2) ὁ πέμψας με πατὴρ ἐκεῖνος μεμαρτύρηκεν περὶ ἐμοῦ (요일 5:37).
나를 보내신 아버지, 그분께서 나에 대하여 (거듭) 증언해 주셨다.

(3) Ὃ ἦν ἀπ' ἀρχῆς, ὃ ἀκηκόαμεν, ὃ ἑωράκαμεν τοῖς ὀφθαλμοῖς ἡμῶν (요일 1:1).
태초부터 있어 왔던 것, 우리가 (반복하여) 들어왔던 것, 우리의 눈들로 (반복하여) 보아왔던 것.

4. 극적 현재완료(Dramatic Perfect)

과거의 일을 생생하게 묘사하기 위하여 사용되는 현재완료를 말한다. 역사적 현재나 극적인 부정과거와 유사하다.

(1) εὑρήκαμεν τὸν Μεσσίαν(요 1:41).
우리가 (방금) 메시야를 만났다.

(2) Ἰωάννης μαρτυρεῖ περὶ αὐτοῦ καὶ κέκραγεν λέγων (요 1:15).
요한이 그분에 대하여 증거하며 외쳐 말한다.

5. 격언적 현재완료(Gnomic Perfect)

시간에 매이지 않는 보편적 진리나 격언을 말할 때도 현재나 과거와 더불어 현재완료도 사용된다.

(1) ὃς δ' ἂν τηρῇ αὐτοῦ τὸν λόγον, ἀληθῶς ἐν τούτῳ ἡ ἀγάπη τοῦ θεοῦ τετελείωται(요일 2:5).
그러나 누구든지 그분의 말씀을 지키는 자는 진실로 이 사람 안에서(이로 인하여) 하나님의 사랑이 완성된 것이다.

(2) ὁ δὲ διακρινόμενος ἐὰν φάγῃ κατακέκριται(롬 14:23).
그러나 의심하는 자는 그가 먹을지라도 정죄된 것이다.

6. 현재상태의 현재완료(Perfect of Present State)

문맥이나 동사의 개념상으로 이전행동이 없는 현재상태를 묘사할 때 현재완료가 사용된다.

(예) ὅτι ἑώρακάς με πεπίστευκας; μακάριοι οἱ μὴ ἰδόντες καὶ πιστεύσαντες(요 20:29).
네가 나를 보았기 때문에 믿느냐? 보지 못하고 믿는 자들은 복되다.

명사의 격의 용법

명사의 격변화와 그 기본적 용법에 대해서는 3과에서 간략히 살펴보았는데, 이제 더 자세한 용법을 살펴보려고 한다. 용법을 설명함에 있어 명사의 격의 용법뿐 아니라, 명사로 사용될 수 있는 다른 형태(실명사)의 격의 용법도 다룰 것이다.

I. 주격(The Nominative Case)

주격의 주된 기능은 동사의 주어나 술어로 사용되는 것이다. 이와 더불어 아래의 예들처럼 이름이나 호칭으로, 그리고 관사와 함께 호격으로도 사용된다.

1. 주어적 주격(Subjective Nominative)

문장에서의 주어는 주로 주격 명사가 사용되지만, 형용사나 분사 등 여러 다른 구조가 주어로 사용될 수 있다.

(1) 관사(혹은 무관사) + 명사:
ὁ δοῦλος οὐ μένει ἐν τῇ οἰκίᾳ (요 8:35).
종은 그 집 안에 머물지 않는다.

(2) 관사(혹은 무관사) + 형용사:
οἱ νεκροὶ ἀκούουσιν τῆς φωνῆς (요 5:25).
그 죽은 자들이 음성을 듣는다.

(3) 관사(혹은 무관사) + 분사:
ὁ πιστεύων εἰς τὸν υἱὸν ἔχει ζωὴν αἰώνιον (요 3:36).
아들을 믿는 자는 영원한 생명을 소유하고 있다.

(4) 관사 + δέ:
ὁ δὲ ἀποκριθεὶς εἶπεν τῷ πατρὶ αὐτοῦ (눅 15:29).
그러자 그가 자신의 아버지께 대답하여 말했다.

(5) 관사+전치사구:
οἱ ἐν τῇ Ἰουδαίᾳ φευγέτωσαν εἰς τὰ ὄρη(마 24:16).
유대에 있는 자들은 산으로 도망하게 하라.

(6) 조건적관계절:
ὃς δ' ἂν τηρῇ αὐτοῦ τὸν λόγον, ἀληθῶς ἐν τούτῳ ἡ ἀγάπη τοῦ θεοῦ τετελείωται(요일 2:5).
그러나 누구든지 그분의 말씀을 지키는 자는 진실로 이 사람 안에서(이로 인하여) 하나님의 사랑이 완성된 것이다.

이와 더불어 주어적 명사구로서 '관사 + 부정사구문'(롬 7:18), ἵνα절(마 10:25), 그리고 ὅτι절(막 4:38) 등이 사용되고 있다.

2. 서술적 주격(Predicate Nominative)

서술적 주격은 주어가 동사 εἰμί나 γίνομαι의 보어로 사용되면서 주어의 정체성 혹은 성질을 나타낼 때 사용된다. 아래의 예들을 보면 하나의 문장에 주격이 둘이 있는 것을 볼 수 있는데, 이 중 하나는 주어적 주격이고 다른 하나는 서술적 주격이다. 서술적 주격은 명사 이외의 다른 형태(예를 들면 분사)를 취할 수도 있다.

(1) ὑμεῖς ἐστε τὸ φῶς τοῦ κόσμου(마 5:14).
너희가 바로 세상의 빛이다.

(2) ὑμεῖς ἐστε ἡ δόξα ἡμῶν καὶ ἡ χαρά (살전 2:20).
너희가 바로 우리의 영광이요 기쁨이다.

(3) ὁ λόγος σὰρξ ἐγένετο(요 1:14). 말씀이 육신이 되었다.

(4) οὗτός ἐστιν ὁ τὸν λόγον ἀκούων (마 13:20).
이 남자는 그 말씀을 듣는 자이다(분사).

3. 연설의 주격(Nominative of Address)

신약성경에서는 사람을 부를 때는 주로 호격이 사용되었는데, 예외적으로 약 60회 정도는 호격이 아닌 주격이 사용되었다. 이를 가리켜 연설의 주격이라 부르는데, 이런 경우에는 보통 관사가 사용된다(비교: 마 15:22; 요 12:15). 어떤 명사는 호격과 형태가 같고 또한 호격처럼 사용되지만 그럼에도 호격은 아닌데, 이는 호격에서는 관사를 사용할 수 없기 때문이다

(1) ἡ παῖς, ἔγειρε(눅 8:54). 아이야, 일어나라.

(2) Οἱ ἄνδρες, ἀγαπᾶτε τὰς γυναῖκας (엡 5:25).
남편들아, 아내들을 사랑하라.

4. 호칭의 주격(Nominative of Appellation)

고유명사 혹은 지위를 언급할 때, 해당되는 구조에서 기대되는 격(목적격, καλέσεις τὸ ὄνομα αὐτοῦ Ἰησοῦν 마 1:21)이 아니라 주격을 사용할 때가 있는데 이를 호칭의 주격이라 부른다. 호칭의 주격은 καλέω, λέγω, φωνέω 등의 동사와 함께 자주 쓰인다.

(1) ἐκλήθη τὸ ὄνομα αὐτοῦ Ἰησοῦς (눅 2:21).
그의 이름은 예수라 불렸다.

(2) ὑμεῖς φωνεῖτέ με· ὁ διδάσκαλος, καί· ὁ κύριος (요 13:13).
너희는 나를 선생과 주(主)로 부른다.

(3) ἐλέησον ἡμᾶς, [κύριε] υἱὸς Δαυίδ[29](마 20:30).
다윗의 자손 [주님], 우리를 불쌍히 여기소서.

5. 삽입구적 주격(Parenthetical Nominative)

가끔 주격은 화자가 언급하는 인물이나 사건에 대해 추가 설명의 의미로 삽입구적 기능을 한다.

(1) Ἐγένετο ἄνθρωπος, ἀπεσταλμένος παρὰ θεοῦ, ὄνομα αὐτῷ Ἰωάννης (요 1:6).

---

29) κύριε, υἱὸς Δαυίδ에서 요구되는 격은 주격(υἱὸς Δαυίδ)이 아니라 호격(υἱὲ Δαυίδ) 이어야 일치의 법칙에 맞다. 그러나 신약성경에서는 종종 주격이 호격처럼 쓰이고 있다.

하나님께로부터 보내심을 받은 사람이 있었으니 그에게(그에 대한) 이름은 요한이었다.

(2) Καὶ ἔρχεται εἷς τῶν ἀρχισυναγώγων, ὀνόματι Ἰάϊρος, καὶ ἰδὼν αὐτὸν πίπτει(막 5:22).
회당장들 중의 하나, 곧 이름이 야이로인 자가, 그분을 본 후 엎드린다.
(이름이 야이로라는 한 회당장이 그분을 본 후 엎드린다).

6. 동격의 주격(Nominative of Apposition)

동격이란 한 명사(류)뒤에 다른 명사(류)가 나오면서 전자에 대한 구체적인 정보를 제공하는 후자를 두고 말한다. 이때 두 명사(류)는 같은 격으로 사용된다.

(1) Παῦλος δοῦλος Χριστοῦ Ἰησοῦ(롬 1:1). 바울, 그리스도 예수의 종

(2) καὶ γὰρ τὸ πάσχα ἡμῶν ἐτύθη Χριστός(고전 5:7).
왜냐하면 우리의 유월절양, 곧 그리스도께서 희생되셨기 때문이다.

7. 감탄적 주격(Exclamatory Nominative)

문장 속에서 주격이 동사 없이 인물이나 사상에 대하여 감탄적 강조를 위해 사용되는 용법을 말한다. 보통 불변사 ἴδε(예: 막 3:34; 요 19:27)나 감탄사 ὦ(예: 막 9:19; 롬 11:33)와 함께 사용된다.

(1) ἴδε ὁ ἀμνὸς τοῦ θεοῦ ὁ αἴρων τὴν ἁμαρτίαν τοῦ κόσμου(요 1:29). 보아라, 세상의 죄를 없애버리시는 하나님의 어린 양.

(2) ἴδε ἡ μήτηρ μου καὶ οἱ ἀδελφοί μου (막 3:34).
보아라, 나의 어머니요 나의 형제들.

8. 독립 주격(Independent Nominative)

독립 주격이란 주격이 문장 속에서 다른 요소들과 아무런 문법적 관련이 없는 구조를 말한다. 이를 절대 주격(independent absolute)이라고도 부르는데, 이 독립 주격은 다음과 같은 여러 상황에서 나타난다.

(1) 서신의 인사말

바울 서신의 거의 모든 인사들이 이에 해당하며, 일반적으로 문장의 주어(~은, ~는, ~이, ~가)로 해석한다.

1) Παῦλος ἀπόστολος Χριστοῦ Ἰησοῦ διὰ θελήματος θεοῦ τοῖς ἁγίοις τοῖς οὖσιν [ἐν Ἐφέσῳ] καὶ πιστοῖς ἐν Χριστῷ Ἰησοῦ[30] (엡 1:1).
하나님의 뜻으로 말미암아 그리스도 예수의 사도가 된 바울은 [에베소에 있는] 성도들과 그리스도 예수님 안에 있는 성도들에게 편지를 쓴다.

2) χάρις ὑμῖν καὶ εἰρήνη ἀπὸ θεοῦ πατρὸς ἡμῶν καὶ κυρίου Ἰησοῦ Χριστοῦ (엡 1:2).[31]
우리 아버지 하나님과 주 예수 그리스도로 부터 은혜와 평강이 너희에게 있을지어다.

(2) 책 제목: 독립주격은 책의 제목을 언급할 때 사용된다.

1) Ἀρχὴ τοῦ εὐαγγελίου Ἰησοῦ Χριστοῦ [υἱοῦ θεοῦ] (막 1:1). 예수 그리스도, [하나님의 아들의] 복음의 시작(마가복음 전체의 제목)

2) Ἀποκάλυψις Ἰησοῦ Χριστοῦ (계 1:1). 예수 그리스도의 계시.

---

30) 대부분의 바울 서신의 서두부분(Letter-Opening)에서 발신자인 바울(Παῦλος)이라는 주어 다음에는 '쓴다'(γράφω) 혹은 '썼다'(ἔγραψα)라는 동사가 있어야 하지만 생략되어 있다. 그러므로 편지 서두의 발신자와 수신자 부분을 해석할 때는 생략되어 있는 부분을 살려서 "바울은 ~에게 편지를 씁니다."라고 해석하는 것이 당시 헬라 편지 관행을 따른 바른 해석이라 할 수 있다.

31) 인사부분(Greeting)에서도 '은혜와 평강'(χάρις καὶ εἰρήνη)이라는 단어 앞에는 기원법의 동사가 있다거나, 혹은 이 단어들이 목적어로 사용되어야 하지만 역시 생략되어 있다. 따라서 인사부분도 "은혜와 평강이 너희에게 있기를 기원한다, 혹은 있을지어다."라고 기원문처럼 해석하는 것이 바른 해석이라 할 수 있다.

Ⅱ. 소유격 (The Genitive Case)

헬라어 소유격은 일반적으로 두 가지의 기능, 곧 서술(description)과 분리(separation)를 표현하는데 사용된다. 하지만 의미론적인 입장에서는 소유격의 형태가 이 두 가지 범주에서만은 논의될 수 없는데, 이는 소유격의 용법이 매우 다양하기 때문이다.

1. 형용사적으로 사용되는 소유격

명사의 소유격은 어떤 것을 정의하고, 제한하며, 확인하고, 명확히 하는 역할을 한다.

(1) 수식적(서술적) 소유격(Descriptive Genitive)

소유격의 가장 기본적인 용법으로 다른 명사를 묘사하거나 수식하는 역할을 한다.

1) μὴ ποιεῖτε τὸν οἶκον τοῦ πατρός μου οἶκον ἐμπορίου (요 2:16). 내 아버지의 집을 장사하는 집으로 만들지 마라.

2) ἐγώ εἰμι ἡ θύρα τῶν προβάτων (요 10:7).
내가 바로 양들의 문이다.

(2) 소유의 소유격(Genitive of Possession)

가장 많이 사용되는 용법으로, 수식하는 명사의 소유자를 말해준다. 이 용법은 명사보다는 인칭대명사와 함께 더 많이 사용된다.

1) τὰ Καίσαρος ἀπόδοτε Καίσαρι καὶ τὰ τοῦ θεοῦ τῷ θεῷ (막 12:17).
카이사의 것들은 카이사에게, 하나님의 것들은 하나님께 바치라.

2) Παῦλος δοῦλος Χριστοῦ Ἰησοῦ (롬 1:1)
그리스도 예수님의 종 바울

3) οἱ τοῦ Χριστοῦ (갈 5:24) 그리스도의 사람들

위의 2), 3)의 두 구절은 소유의 소유격이나 또는 관계의 소유격으로 해석할 수 있지만, 소유의 소유격으로 보는 것이 더 적절해 보인다.

(3) 관계의 소유격(Genitive of Relationship)

한 사람과 다른 사람과의 친밀한 관계를 표현하는 용법으로 친족 관계나 사회적인 관계를 말해준다.

1) Ἰάκωβον τὸν τοῦ Ζεβεδαίου καὶ Ἰωάννην τὸν ἀδελφὸν τοῦ Ἰακώβου (막 3:17).
세베대의 아들 야고보와 야고보의 형제 요한을(친족관계).

2) εὗρον Δαυὶδ τὸν τοῦ Ἰεσσαί, ἄνδρα κατὰ τὴν καρδίαν μου (행 13:22).
내가 이새의 아들 다윗을 만났는데, 내 마음에 드는 남자이다(친족관계).

3) ἐγὼ μέν εἰμι Παύλου, ἐγὼ δὲ Ἀπολλῶ, ἐγὼ δὲ Κηφᾶ, ἐγὼ δὲ Χριστοῦ (고전 1:12).
나는 바울의(에게), 나는 아볼로의(에게) 나는 게바의(에게), 나는 그리스도의(께) 속했다(사회적인 관계)

4) εὐχαριστῶ τῷ θεῷ μου(롬 1:8).
내 하나님께 감사한다(바울과 하나님과의 개인적인 관계를 표현하고 있다.)

(4) 내용의 소유격(genitive of content)

내용의 소유격은 연결된 명사의 내용을 표시해 준다. 여기에는 공간적인 내용과 전달내용 등이 있다.

1) κηρυχθήσεται τοῦτο τὸ εὐαγγέλιον τῆς βασιλείας(마24:14).
왕국(에 관한)의 이 복음이 선포될 것이다.

2) Ὁ λόγος ὁ τοῦ σταυροῦ(고전 1:18). 십자가(에 대한)의 말씀

3) Ἀρχὴ τοῦ εὐαγγελίου Ἰησοῦ Χριστοῦ (막 1:1).
예수 그리스도의(에 관한) 복음의 시작[32]

---

32) 참고적으로 막 1:1의 Ἀρχὴ τοῦ εὐαγγελίου Ἰησοῦ Χριστοῦ에서 Ἰησοῦ Χριστοῦ를

2. 동작의 명사와 함께 사용되는 소유격(Genitive Used with Nouns of Action)

명사가 행위자(-της, -τηρ, -τωρ, -ευς)나 행동(-σις, -μος)을 지칭하는 어미로 끝나거나, 동사어간(ἀγάπη, ἀποκάλυψις, ἐλπίς, ὀργή)에서 만들어지면 보통은 동사적 명사(verbal noun)이다. 소유격이 이러한 동사적 명사와 연결되어 있으면, 그 명사는 거의 대부분 동사의 역할을 한다. 이러한 용례 중 가장 대표적인 것은 주어적 소유격과 목적어적 소유격 용법으로 본문 석의에 결정적 영향을 미칠 수 있기에 잘 익혀 두어야 한다.

(1) 주어적 소유격(Subjective Genitive)

소유격 명사가 동작의 행위자가 되거나 행동하는 명사에 의하여 함축된 동작을 만들어 내는 용법을 의미한다.

1) κατὰ τὸ εὐαγγέλιόν μου(롬 16:25).
나의 복음을 따라 → 내가 전파하는 복음을 따라

2) ἡ γὰρ ἀγάπη τοῦ Χριστοῦ συνέχει ἡμᾶς(고후 5:14).
왜냐하면 그리스도의 사랑이 우리를 강권하시기 때문이다.
→ 왜냐하면 그리스도께서 우리를 사랑하시는 그 사랑이 우리를 강권하시기 때문이다.

3) κλητοὶ Ἰησοῦ Χριστοῦ (롬 1:6).
예수 그리스도의 부르신 자들 → 예수 그리스도께서 부르신 자들

4) φανερὰ δέ ἐστιν τὰ ἔργα τῆς σαρκός (갈 5:19).
그러나 육체의 일들은 명확하다.
→ 그러나 육체가 만들어 내는 일들은 명확하다.

5) ὁ δὲ καρπὸς τοῦ πνεύματός ἐστιν ἀγάπη χαρά(갈 5:22).

보통 목적어적 소유격으로 본다. 하지만 주어적 소유격으로 볼 경우, 마가가 예수님의 사역의 전반을 다루면서 가르치신 것보다는 행하신 것에 더 초점을 맞추고 있기 때문에 문제가 발생할 수 있다. 그러나 εὐαγγελίου를 동사적 명사로 취급하면 초점이 메시지에서 메시지의 선포 쪽으로 옮겨지게 된다. 그러므로 여기서 'Ἰησοῦ Χριστοῦ를 '내용의 소유격' 으로 분류하고 해석하는 것이 본문의 의미를 드러내는데 더 낫다고 할 수 있다.

그러나 성령의 열매는 사랑과 기쁨이다.

→ 그러나 성령께서 맺어 주시는 열매는 사랑과 기쁨이다.

(2) 목적어적 소유격(Objective Genitive)

목적어적 소유격에서 소유격은 문장 속에서 목적어 역할을 하고, 연결된 동사적 명사는 동사의 역할을 한다.

1) ἔχετε πίστιν θεοῦ(막 11:22).
하나님의 믿음을 가지라 → 하나님을 믿어라.

2) ἡ δὲ τοῦ πνεύματος βλασφημία οὐκ ἀφεθήσεται(마 12:31).
그러나 성령의 훼방 죄는 사함을 받지 못할 것이다.
→ 그러나 성령을 훼방하는 죄는 사함을 받지 못할 것이다

3) ἐάν τις ἀγαπᾷ τὸν κόσμον, οὐκ ἔστιν ἡ ἀγάπη τοῦ πατρὸς[33] ἐν αὐτῷ(요일 2:15).
만일 누가 세상을 사랑하면, 아버지의 사랑이 그 안에 있지 않다.
→ 만일 누가 세상을 사랑하면, 아버지를 사랑하는 것이 그 안에 있지 않다.

4) οὐ δικαιοῦται ἄνθρωπος ἐξ ἔργων νόμου ἐὰν μὴ διὰ πίστεως Ἰησοῦ Χριστοῦ[34](갈 2:16).
사람은 율법의 행위들을 통해서가 아니라, '예수 그리스도의 믿음' 을 통하여 의롭게 된다.
→ '예수 그리스도를 믿는 것' 을 통해서 의롭게 된다.

---

33) 요일 2:15의 본문인 ἐὰν τις ἀγαπᾷ τὸν κόσμον, οὐκ ἔστιν ἡ ἀγάπη τοῦ πατρὸς ἐν αὐτῷ에서 ἡ ἀγάπη τοῦ πατρὸς는 주어적 소유격으로 해석하여 '아버지의 사랑' 으로 번역할 수도 있고, 또는 목적어적 소유격으로 해석하여 '아버지를 사랑하는 것' 으로도 해석이 가능하다. 하지만 상반절의 '세상을 사랑하는 것' (ἐὰν τις ἀγαπᾷ τὸν κόσμον)과 평행구절로 이해하면 '아버지를 사랑하는 것' 이라는 목적어적 소유격이 문맥에 더 맞기에 본문은 "만일 누가 세상을 아버지를 사랑하면, 아버지를 사랑하는 것이 그 안에 없다." 라고 해석하는 것이 더 적합한 해석으로 보인다.

34) 일부 학자들은 갈 2:16의 διὰ πίστεως Ἰησοῦ Χριστοῦ를 '예수 그리스도의 믿음을 통해서' 라 해석해야 한다고 주장하고, 이 해석에 기초하여 자신들의 신학을 전개하고 있다. 그러나 이 구절은 목적어적 소유격으로 '예수 그리스도를 믿는 것을 통하여' 라고 해석하는 것이 옳다.

3. 명사적으로 사용되는 소유격

(1) 동격의 소유격(Genitive of Apposition)[35)]

동격의 소유격은 앞에 나온 명사를 설명하거나 확인하는 역할을 한다. 앞에 나오는 단어가 소유격이 아닐 수도 있다.

1) ἔλεγεν περὶ τοῦ ναοῦ τοῦ σώματος αὐτοῦ(요 2:21).
그는 성전, 즉 자신의 몸에 관하여 말하고 있었다.

2) λήμψεσθε τὴν δωρεὰν τοῦ ἁγίου πνεύματος(행 2:38).
너희가 선물, 곧 성령을 받을 것이다.

(2) 직접목적어의 소유격(Genitive Direct Object)

헬라어 일부 동사들은 소유격을 (직접)목적어로 취하는데, 이를 '소유격 지배동사'라 부르기도 한다. 여기에 속하는 대표적인 동사들로는, ① 지각동사: ἀκούω(소유격지배: 행 9:7; 목적격지배: 행 22:9), ἅπτω(만지다), γεύομαι(맛보다) ② 기억과 상실을 나타내는 동사: μνημονεύω(기억하다) ③ 다스림을 나타내는 동사: ἄρχω(지배하다), κυριεύω(주관하다), βασιλεύω(다스리다) 등이 있다.

1) Ἀρχέλαος βασιλεύει τῆς Ἰουδαίας ἀντὶ τοῦ πατρὸς αὐτοῦ Ἡρῴδου(마 2:22).
아켈라오가 자신의 아버지 헤롯을 대신하여 유다를 다스리고 있다.

2) οἱ βασιλεῖς τῶν ἐθνῶν κυριεύουσιν αὐτῶν(눅 22:25).
이방인의 왕들은 그들을 지배한다(그들 위에 주인 노릇한다).

---

35) 많은 논란이 되고 있는 엡 2:20(τῷ θεμελίῳ τῶν ἀποστόλων καὶ προφητῶν[사도들과 선지자들의 터 위에])과 엡 4:9(τὰ κατώτερα [μέρη] τῆς γῆς [땅의 아래 부분])도 모두 동격으로 해석하면 문제가 풀릴 수 있다.

Ⅲ. 여격(The Dative Case)

여격은 전통적으로 수단, 관심(이해관계), 장소, 이 세 가지 기능을 하는 것으로 알려져 있다. 그래서 8격 체계에서는 이를 각각 여격(dative), 처격(locative), 구격(instrumental)으로 구분하기도 하는데, 구문론 및 의미론적인 기능에 따라서 여격은 다음과 같이 셋으로 나눌 수 있다.

1. 명사적으로 사용되는 여격: 여격이 목적어, 주어 등의 역할을 한다.

(1) 간접목적어의 여격(Dative of Indirect Object)

간접목적어는 동사의 행동에 의해 어떤 동작이 누구에게 일어났는지를 나타낸다. 대개 동사의 간접 목적어는 같은 동사의 직접목적어(보통 목적격)와 함께 사용된다. 예를 들면 '말한다' 또는 '주다' 라는 의미가 있는 동사에서 말한 내용은 직접목적어가 되고, 말하는 상대는 간접목적어가 된다.

1) λέγει αὐτῷ ὁ Ἰησοῦς(요 1:43). 예수께서 그에게 말씀하신다.

2) Μὴ δῶτε τὸ ἅγιον τοῖς κυσὶν(마 7:6).
거룩한 것을 개들에게 주지 말라.

3) Τεκνία μου, ταῦτα γράφω ὑμῖν ἵνα μὴ ἁμάρτητε (요일 2:1).
나의 자녀들아! 내가 이것들을 너희에게 쓰니, 이는 너희가 죄를 범치 않게 하려는 것이다.

(2) 직접목적어의 여격(Dative of Direct Object)

대부분의 타동사들은 직접목적어로 목적격을 취하는데, 몇몇 특별한 동사들은 여격을 직접목적어로 취하기도 한다. 이러한 동사를 '여격지배 동사' 라고도한다. 다음과 같은 동사들이 있다.

προσκυνέω(경배하다, 마 2:2; 4:9) λατρεύω(섬기다, 마 4:10)
διακονέω(수종들다, 마 4:11) δουλεύω(종노릇하다, 눅 15:29)
εὐχαριστέω(감사하다, 골 1:3) ἀπειθέω(불순종하다, 요 3:36)

ἀπιστέω(믿지 않다, 눅 24:11)
ἐπιτιμάω(책망하다, 막 1:25)
ἀρέσκω(기뻐하다,롬 8:8)
ὑπαντάω(만나다, 막 5:2)
πιστεύω[36] (믿다, 갈 3:6),
βοηθέω(돕다, 막 9:24),
ἀκολουθέω(따라가다, 막 1:18)
ἀπαντάω(만나다, 막 14:13)

1) ἀκολούθει μοι(요 1:43). 나를 따라오너라.

2) ὁ δὲ ἀπειθῶν τῷ υἱῷ οὐκ ὄψεται ζωήν(요 3:36).
그러나 아들을 순종치 않는 자는 생명을 보지 못할 것이다.

3) δουλεύω νόμῳ θεοῦ (롬 7:25). 나는 하나님의 법을 섬긴다.

(3) 유익의 여격(Dative of Advatage): 누구에게 이익, 혹을 불이익을 주는 경우에 여격이 쓰인다.

예) συμφέρει ὑμῖν ἵνα ἐγὼ ἀπέλθω(요 16:7).
내가 가는 것이 너희를 위하여 좋다(비교. 마 6:19; 막 10:51; 롬 14:7-8).

(4) 주어적 여격(Dative Subject): 여격이 분사구문에서 여격 분사의 주어의 역할을 한다.

예) ἐμβάντι αὐτῷ εἰς τὸ πλοῖον ἠκολούθησαν αὐτῷ οἱ μαθηταὶ αὐτοῦ(마 8:23).
그가 배에 오르시자, 그분의 제자들이 그분을 따라갔다.

2. 부사적으로 사용되는 여격

여격이 부사처럼 동사를 다음과 같은 방식으로 수식한다.

(1) 참조의 여격(Dative of Reference): 여격이 동사 또는 형용사를 한정하면서 부사처럼 수식하는 경우를 말하는데, '~에 관하여' 로 해석한다.

---

36) πιστεύω동사는 일반적으로 여격을 지배할 때는 '지적인 동의' 를, 그리고 πιστεύω+εἰς+목적격의 형태는 적극적인 믿음의 표현 즉 신뢰, 헌신, 충성을 의미한다. 이러한 두 용례의 차이점에 대한 논란이 없진 않으나, 그 반대 근거도 그리 명확치 않다.

1) ἀπεθάνομεν τῇ ἁμαρτίᾳ (롬 6:2).
우리는 죄에 대하여 죽었다(동사를 한정).

2) Μακάριοι οἱ πτωχοὶ τῷ πνεύματι(마 5:3).
복되다 심령이 가난한 자들은(형용사를 한정).

(2) 장소의 여격(Dative of Place): 동사의 행동이 일어나는 장소를 표시한다.

1) ἐπέθηκαν αὐτοῦ τῇ κεφαλῇ (요 19:2).
그들이 (그것을) 그의 머리에 얹었다.

2) προσηλώσας αὐτὸ τῷ σταυρῷ (골 2:14).
그것을 십자가에 못 박았다.

(3) 시간의 여격(dative of time): 어떤 동작이 일어나는 실제적 시점을 지적한다.

1) αὐτῇ τῇ ὥρᾳ (눅 2:38). 바로 그 때에

2) τῇ τρίτῃ ἡμέρᾳ ἐγερθήσεται(마 17:23).
제 삼일에 그는 일으켜 질 것이다.

3) Τῇ ἐπαύριον βλέπει τὸν Ἰησοῦν (요 1:29).
이튿날 요한이 예수님을 보고 있다.

4) τεσσεράκοντα καὶ ἓξ ἔτεσιν οἰκοδομήθη ὁ ναὸς οὗτος(요 2:20). 이 성전은 46년 동안 지어졌다.

(4) 수단의 여격(Dative of Means): 수단의 여격은 동사의 동작이 성취되는 수단, 또는 도구를 명시한다.

1) τῷ σῷ ὀνόματι δαιμόνια ἐξεβάλομεν(마 7:22).
당신의 이름으로 우리가 귀신들을(악령들을) 내어 쫓았습니다.

2) ἐγὼ ἐβάπτισα ὑμᾶς ὕδατι, αὐτὸς δὲ βαπτίσει ὑμᾶς ἐν πνεύματι ἁγίῳ (막 1:8).
나는 너희에게 물로 세례를 주었지만, 그분은 너희에게 성령으로 세례를 주실 것이다.

3) χάριτί ἐστε σεσῳσμένοι(엡 2:8). 너희가 은혜로 구원을 얻은 것이다.

(5) 대리자의 여격(Dative of Agency): 대리자의 여격은 동사의 행동을 수행하는 대리인을 가리키는데, 수동태에서는 보통 ὑπό + 소유격으로 표시한다.

1) ὅσοι γὰρ πνεύματι θεοῦ ἄγονται(롬 8:14).
하나님의 성령에 의하여 인도함을 받는 자마다

2) ὤφθη ἀγγέλοις(딤전 3:16).
그는 천사들에 의하여 보여졌다.

3. 형용사적으로 사용되는 여격

여격이 형용사처럼 명사나 대명사를 다음과 같은 방식으로 수식한다.

(1) 관계의 여격(Dative of Relation): 동사의 동작에 관계된 사람을 지적하면서 다른 명사를 수식한다.

1) ἐμοὶ μαθηταί ἐστε(요 13:35). 너희들은 나의 제자들이다.

2) ἦσαν κοινωνοὶ τῷ Σίμωνι(눅 5:10).
그들은 시몬의 동업자들이었다.

(2) 정체성의 여격(Dative of Identification): 명사 다음에 오는 여격은 종종 소유의 의미를 지니는데, 실제로는 그 이름을 밝혀주는 역할을 한다.

1) εἷς τῶν ἀρχισυναγώγων, ὀνόματι 'Ιάϊρος(막 5:22).
이름이 야이로라는 회당장 중의 한 사람

2) Εγένετο ἄνθρωπος, ἀπεσταλμένος παρὰ θεοῦ, ὄνομα αὐτῷ 'Ιωάννης(요 1:6).
하나님께로부터 보내심을 받은 한 사람이 있었으니, 그의 이름은 요한이었다.

3) 'Ιουδαῖος δέ τις 'Απολλῶς ὀνόματι(행 18:24).
그런데 이름이 아볼로라 하는 어떤 유대인 한 사람.

Ⅳ. 목적격(The Accusative Case)

목적격은 헬라어의 격들 중에서 가장 많이 사용되고 있는데, 근본적으로 동사 동작의 범위, 방향, 목적을 지시해 준다.

1. 직접 목적어의 목적격(Accusative of Direct Object)

신약성경에 사용된 목적격 중에서 가장 많이 사용된 용법으로 타동사(분사,부정사)의 행동의 지배를 받는 사람이나 사물을 지시한다.

(1) Καὶ ὁ λόγος σὰρξ ἐγένετο καὶ ἐσκήνωσεν ἐν ἡμῖν, καὶ ἐθεασάμεθα τὴν δόξαν αὐτοῦ(요 1:14).
그 말씀이 육신이 되어 우리 가운데 거주하셔서, 우리가 그의 영광을 보았다.

(2) τὰ πρόβατα τὰ ἐμὰ τῆς φωνῆς μου ἀκούουσιν, κἀγὼ γινώσκω αὐτὰ καὶ ἀκολουθοῦσίν μοι(요 10:27).
나의 양들은 나의 음성을 듣고, 나도 그들을 알며, 그들은 나를 따른다.
(특이하게도 이 문장에 나오는 세 개의 동사는 각각 다른 격[소유격, 목적격, 여격])의 직접 목적어를 취하고 있다).

2. 이중 목적격(Double Accusative)

어떤 동사들은 그 의미를 분명이 하기 위하여 목적어로 둘, 또는 그 이상의 목적격을 취하는 경우가 있다. 예를 들면, 이러한 동사들은 다음과 같다:

διδάσκω(요 14:26) 가르치다	ἔχω(행 13:5) ~을 ~로 데리고 있다.
ἐρωτάω(막 4:10) 요구하다	αἰτέω(막 6:22) 묻다
ἀναμιμνῄσκω(고전 4:17) 기억하다, 되새기다	ἐνδύω(마 27:31) 입히다
περιβάλλω(요 19:2) 내던지다	ὀνομάζω(눅 6:14) 이름짓다
καλέω(마 22:43) 부르다	λέγω(막 10:18) 말하다
ποτίζω(고전 3:2) 젖먹이다	φορτίζω(눅 11:46) 짐지우다
ἡγέομαι(빌 3:7) 여기다	ἀποστέλλω(요일 4:14) 보내다
παρίστημι(행 1:3) 드러내다	ποιέω(마 4:19) 행하다
καθίστημι(행 7:10) ~을 ~로 세우다	τίθημι(히 1:2) 세우다

이러한 동사들이 취하는 이중 목적격을 다음과 같은 범주로 분류할 수 있다.

(1) 사람 및 사물의 목적어

1) ἤρξατο διδάσκειν αὐτοὺς πολλά (막 6:34).
그는 그들에게 많은 것을 가르치기 시작하였다.

2) ἐκεῖνος ὑμᾶς διδάξει πάντα καὶ ὑπομνήσει ὑμᾶς πάντα ἃ εἶπον ὑμῖν [ἐγώ] (요 14:26).
그분은 너희에게 모든 것들을 가르치시고, [내가] 너희에게 말한 모든 것들을 생각나게 하실 것이다.

(2) 직접 목적어 및 서술 목적어

1) καλέσεις τὸ ὄνομα αὐτοῦ Ἰησοῦν (마 1:21).
너는 그의 이름을 예수라고 불러라.
(여기서 두 번째 목적격 Ἰησοῦν은 서술적 목적격이다)

2) αὐτὸς Δαυὶδ λέγει αὐτὸν κύριον (막 12:37).
다윗 자신이 그분을 주님이라고 말한다.
(여기서 두 번째 목적격 κύριον은 서술적 목적격이다)

3. 부정사의 주어로서의 목적격(Accusative Subject of Infinitive)

의미론적으로 부정사의 주어가 되는 명사나 대명사의 목적격은 보통 일반적 관심의 목적격이라 불리는데, 의미론적으로 이것이 부정사의 주어이다.

(1) Μετὰ δὲ τὸ παραδοθῆναι τὸν Ἰωάννην (막 1:14)
요한이 체포된 후에

(2) πρὸ τοῦ σε Φίλιππον φωνῆσαι ὄντα ὑπὸ τὴν συκῆν εἶδόν σε (요1:48).
빌립이 너를 부르기 전 네가 무화과나무 아래 있었을 때 내가 너를 보았다.

4. 부사적 목적격(Adverbial Accusative):

목적격은 종종 동사의 의미를 완성하기 위하여 부사처럼 사용되기도 한다.

(1) 척도(measure)의 부사적 목적격: 거리나 시간 등을 표현한다.

1) ἦλθον ἡμέρας ὁδὸν (눅 2:44). [그들은] 하루 길을 갔다.

2) ἦν ἐν τῇ ἐρήμῳ τεσσεράκοντα ἡμέρας πειραζόμενος (막 1:13). 그는 광야에서 40일 동안을 시험 받으셨다.

3) Ἦν δὲ τὰς ἡμέρας ἐν τῷ ἱερῷ διδάσκων, τὰς δὲ νύκτας ἐξερχόμενος ηὐλίζετο εἰς τὸ ὄρος (눅 21:37). (주님은) 낮에는 성전에서 가르치시고, 밤에는 산으로 나가셔서 밤을 지내셨다

(2) 관심과 언급의 부사적 목적격

1) πᾶς δὲ ὁ ἀγωνιζόμενος πάντα ἐγκρατεύεται(고전 9:25). 경기하는 자마다 모든 일에 대하여 계속 절제한다.

2) Βούλομαι οὖν προσεύχεσθαι τοὺς ἄνδρας ἐν παντὶ τόπῳ (딤전 2:8). 그러므로 나는 남자들이 어디서나 기도하기를 원한다.

5. 동격의 목적격(Accusative of Apposition)

(예) παράκλητον ἔχομεν πρὸς τὸν πατέρα Ἰησοῦν Χριστὸν δίκαιον(요일 2:1).
우리는 아버지 앞에서 보혜사를 모시고 있으니, 곧 예수 그리스도, 의로우신 분이다.

이외에도 목적격은 다양한 전치사와 함께 사용되어 결과, 목적, 소유, 비교, 관계 등을 나타내는 목적격으로 사용된다.

V. 호격(The Vocative Case)

호격의 유일한 기능은 사람이나 사물을 그 이름, 지위, 명칭, 혹은 묘사하는 말 등으로 부르는 것이다.

1. Θεέ μου θεέ μου, ἱνατί με ἐγκατέλιπες;[37](마 27:46)
   나의 하나님, 나의 하나님 어찌하여 나를 버리셨나이까?

2. κύριε, ποῦ ὑπάγεις;(요 13:36)
   주님, 어디로 가시나이까?

※ 신약성경에는 감정을 더욱 강조하기위하여 호격이 감탄사 ὦ와 함께 사용되기도 한다(17회).

3. ὦ, ἄνθρωπε θεοῦ(딤전 6:11). 오, 하나님의 사람아.

4. Ὦ Τιμόθεε(딤전 6:20). 오, 디모데야.

---

37) 마가복음에는 이 구절이 연설의 주격으로 기록되어 있다: ὁ θεός μου ὁ θεός μου, εἰς τί ἐγκατέλιπές με;(막 15:34)

관사의 용법

헬라어의 관사에는 엄밀히 말하면 정관사와 부정관사가 있다고 할 수 있다. 헬라어의 부정관사는 영어와는 달리 특정 단어(α, 또는 αν)가 없는데, 이는 단수 단어 안에 이미 영어의 부정관사 a의 의미를 포함하고 있기 때문이다. 그러나 부정관사는 추상명사(예, 골 3:5)나 목록(예, 롬 8:35), 대표단수(예, 막 10:2)를 표현할 때를 제외하곤 거의 쓰이지 않기에 기초문법에서는 무시해도 될 것이다. 신약성경에서는 일반적으로 정관사가 사용되는데(19,893회), 정관사는 주로 명사, 형용사, 분사, 부정사 등을 한정하는 데 사용되며 그 용법은 영어의 정관사(the)와 유사하다.

I. 명사를 한정

관사는 마치 수식하는 명사 앞에 위치하며, 사람이나 사물을 가리키고 구별하는 역할을 한다.

1. ὁ θεός, ἱλάσθητί μοι τῷ ἁμαρτωλῷ (눅 18:13).
   하나님이여, 이 죄인을 불쌍히 여기소서(죄인인 나를).

2. ὁ κλέπτης οὐκ ἔρχεται εἰ μὴ ἵνα κλέψῃ (요10:10).
   도둑은 훔치기 위한 목적이 아니고서는 들어오지 않는다.
   (다른 종류의 사람들과 구별되는 도둑의 부류를 의미한다).

II. 이미 언급된 명사를 언급

1. 관사는 문장 중에 앞에 이미 나왔던 명사를 가리키고 주목하게 하는 역할을 한다.

   (1) Τῇ γὰρ χάριτί ἐστε σεσῳσμένοι(엡 2:8).
   그러므로 그 은혜(앞서 언급했던 은혜)로 너희가 구원을 얻게 된 것이다.

(2) Ὁρκίζω ὑμᾶς τὸν Ἰησοῦν ὃν Παῦλος κηρύσσει(행 19:13).
나는 바울이 선포하는 그 예수를 너희에게 명한다.

(3) μὴ δύναται ἡ πίστις σῶσαι αὐτόν;(약 2:14)
그 믿음(앞서 언급했던 믿음)이 그를 구원할 수 있겠는가?

2. 이미 알고 있는 사람이나 사물을 언급할 때도 관사가 사용된다.

(1) ἔλαβεν τοὺς ἄρτους ὁ Ἰησοῦς(요 6:11).
예수께서 그 빵들을(한 아이가 가져왔던) 취하셨다.

Ⅲ. 고유명사에 사용

관사는 고유명사와 함께 사용된다.

1. Ὁ οὖν Ἰησοῦς οὐκέτι παρρησίᾳ περιεπάτει ἐν τοῖς Ἰουδαίοις(요 11:54).
그러므로 예수께서 유대인들 가운데 더 이상 드러나게 다니지 않으신다.

2. λέγει πρὸς αὐτὸν [ὁ] Νικόδημος (요 3:4).
니고데모가 그분께 말한다.

Ⅳ. 단일명사에 사용

관사는 하나밖에 없는 명사(단일명사), 예를 들면 γῆ, ἥλιος, οὐρανός, σελήνη 등과 같이 쓰이는데, 단일명사는 실제로는 하나 밖에 없기에 굳이 관사가 붙지 않아도 됨에도 붙는다. 신약성경에는 단일명사의 약 80%가 관사가 붙어서 사용되고 있다.

V. 관사가 대명사로 사용

1. 인칭대명사: 앞에 나온 사람(들)을 단순히 관사로만 표기한다. 즉 관사가 독립적으로 인칭대명사처럼 사용된다.

(1) ὁ δὲ ἀποκριθεὶς εἶπεν(마 4:4).
그러자 그가[예수님] 대답하여 말씀하셨다.

(2) οἱ δὲ εὐθέως ἀφέντες τὰ δίκτυα ἠκολούθησαν αὐτῷ(마 4:20).
그러자 그들이 즉시 그물을 버려두고 그분을 좇았다.

2. 소유대명사: 관사가 마치 소유대명사처럼 사용되기도 한다.

(1) Οἱ ἄνδρες, ἀγαπᾶτε τὰς γυναῖκας(엡 5:25).
남편들아 그(너희의) 아내들을 사랑하라.

(2) οὐ γὰρ ἀπέστειλεν ὁ θεὸς τὸν υἱὸν εἰς τὸν κόσμον ἵνα κρίνῃ τὸν κόσμον(요 3:17).
하나님은 세상을 심판하기 위하여 그 아들을 보내신 것이 아니다.

VI. 주격이 호격으로 사용될 때 관사가 사용

1. ναὶ ὁ πατήρ, ὅτι οὕτως εὐδοκία ἐγένετο ἔμπροσθέν σου(마 11:26).
옳습니다. 아버지, 당신 앞에서 기쁘신 뜻이 이렇게 이루어졌습니다.

2. ἀπεκρίθη Θωμᾶς καὶ εἶπεν αὐτῷ· ὁ κύριός μου καὶ ὁ θεός μου(요 20:28).
도마가 대답하여 말했다. "나의 주님이시며, 나의 하나님이십니다."
또는 "나의 주님이시며, 나의 하나님이시여"(호격).

VII. 관사가 명사구를 형성

1. 전치사구 앞에서

(1) οἱ σὺν ἐμοὶ πάντες ἀδελφοὶ ταῖς ἐκκλησίαις τῆς Γαλατίας (갈 1:2).
나와 함께 있는 모든 형제가 갈라디아에 있는 교회들에게 편지를 쓴다.

(2) τὰ ἐν τῷ κόσμῳ (요일 2:15). 세상 안에 있는 것들

2. 관사가 형용사, 분사, 부정사 앞에 붙어서 명사구를 만들기도 한다.

(1) τοῖς ἁγίοις τοῖς οὖσιν [ἐν Ἐφέσῳ] καὶ πιστοῖς ἐν Χριστῷ Ἰησοῦ (엡 1:1).
에베소에 있는 성도들과 그리스도 예수님 안에 있는 신실한 자들에게 편지를 쓴다.

(2) πᾶς γὰρ ὁ αἰτῶν λαμβάνει καὶ ὁ ζητῶν εὑρίσκει καὶ τῷ κρούοντι ἀνοιγήσεται(마 7:8).
왜냐하면 구하는 이마다 얻을 것이고, 찾는 이가 발견할 것이고, 두드리는 이에게 열려질 것이다.

(3) θεὸς γάρ ἐστιν ὁ ἐνεργῶν ἐν ὑμῖν καὶ τὸ θέλειν καὶ τὸ ἐνεργεῖν ὑπὲρ τῆς εὐδοκίας(빌 2:13).
왜냐하면 너희들 안에서 행하시는 이는 하나님이시니 기쁘신 뜻을 위하여 소원을 두고 행하게 하신다.

3. 부사 앞에서

(1) τῇ ἐπαύριον (막 11:12). 그 다음(날)에, 이튿날(on the next day)

(2) ἀπὸ τοῦ νῦν(눅 5:10). 지금부터

(3) τοῖς ἐκεῖ (마 26:71). 거기에 있는 자들에게

4. 소유격 앞에서

(1) οἱ τοῦ Χριστοῦ(갈 5:24). 그리스도께 속한 자들(그리스도의 사람들)
(2) Ὁ λόγος ὁ τοῦ σταυροῦ(고전 1:18). 십자가의(에 관한) 그 말씀

VII. 연계문(copulative sentence)에서 사용

1. 흔히 연계문(εἰμί나 γίνομαι가 동사인 문장)에서는 관사가 붙어 있는 주격이 주어이고, 관사가 없는 주격은 서술적 주격, 즉 주격보어가 된다.

(1) θεὸς ἦν ὁ λόγος(요 1:1). 그 말씀은 하나님이셨다.

(2) ὁ θεὸς ἀγάπη ἐστίν(요일 4:8). 하나님은 사랑이시다.

※ 하지만, 이러한 일반적 규칙이 적용되지 않는 경우가 많이 있는데, 그런 경우 보통 다음 원칙들이 사용된다.

2. 서술적 주격에 관사가 붙어 있어도, 지시대명사나 인칭대명사가 있으면 그것이 주어가 된다.

(1) οὗτός ἐστιν ὁ υἱός μου(마 3:17). 이(남)자는 내 아들이다.

(2) ὑμεῖς ἐστε τὸ ἅλας τῆς γῆς(마 5:13). 너희는 땅의 소금이다.

(3) αὐτός ἐστιν ὁ χριστός(마 16:20). 그분은 그리스도시다.

3. 두 요소에 모두 관사가 붙어 있는 경우, 혹은 모두 관사가 없는 경우에는 처음에 나오는 요소가 대개는 주어가 된다.

(1) ἡ ζωὴ ἦν τὸ φῶς τῶν ἀνθρώπων(요 1:4).
그 생명은 사람들의 빛이었다.

(2) ἀνήρ ἐστιν κεφαλὴ τῆς γυναικός(엡 5:23).
남편은 아내의 머리이다.

VIII. 무관사 구문(Anarthrous)

영어에서는 정관사, 부정관사, 무관사 구문으로 분류하지만, 헬라어에서는 부정관사와 무관사 모두 관사를 사용하지 않으므로 특별히 구분하지는 않는다. 헬라어에서는 정관사가 붙지 않는 것은 보통 부정관사로 보면 되지만, 다음과 같은 경우도 무관사 구문으로 관사를 붙이지 않는다.

1. 추상명사: 추상명사는 내재적으로 성질이 확인된 것이기 때문에 관사를 붙이지 않는다.

(1) Νυνὶ δὲ μένει πίστις, ἐλπίς, ἀγάπη(고전 13:13).
그러나 이제 믿음, 소망, 사랑은 항상 있다.

(2) Νεκρώσατε οὖν τὰ μέλη τὰ ἐπὶ τῆς γῆς, πορνείαν ἀκαθαρσίαν πάθος ἐπιθυμίαν κακήν, καὶ τὴν πλεονεξίαν, ἥτις ἐστὶν εἰδωλολατρία(골 3:5).
그러므로 땅 위에 있는 너희 지체를 죽여라. 곧 음행과 부정과 사욕과 악한 색욕과 탐심이니 탐심은 우상 숭배니라.

2. 단일명사와 고유명사: 그 자체가 한정적인 명사들은 관사가 필요치 않다.

3. 소유격구문의 명사: 소유격은 수식하는 명사를 한정하지만, 소유격 자체에는 관사가 붙지 않는 경향이 있다.

(예) δύναμις θεοῦ, δικαιοσύνη θεοῦ, ὀργὴ θεοῦ(롬 1:16,17,18).
하나님의 능력, 하나님의 의, 하나님의 진노

4. 전치사의 목적어: 주로 지리나 시간을 나타내는 단어가 전치사와 함께 사용될 때는 관사를 붙이지 않는다.

(예) ἐν οἴκῳ(막 2:1). 집에
ἀπ᾽ ἀγροῦ(막 15:21). 들로부터
ἀπ᾽ οὐρανοῦ(눅 17:29). 하늘로부터
Ἐν ἀρχῇ(요 1:1). 처음에, 태초에

중간태의 용법

중간태(Middle Voice)란 주어가 행동을 하고, 주어 자신도 그 동작에 참여하는 것을 표현한다. 즉 주어의 행위가 목적어에만 미치는 것이 아니라, 그 행동의 결과가 주어 자신에게도 미치는 특별한 동사의 형태를 가리킨다. 일반적으로 중간태는 다음과 같이 분류할 수 있다.

I. 직접 중간태

주어의 행동이 주어 자신에게 직접적으로 돌아오는 형태로서, 주어 자신을 가리키는 재귀대명사를 첨가하여 해석하면 그 의미가 잘 드러난다. 예를 들면 λούω는 "내가 씻는다."는 의미이고 그 중간태인 λούομαι는 "내가 나 자신을 씻는다."(벧후 2:22), 즉 "목욕하다."라는 의미로 결과적으로 λούω ἐμαυτόν(나 자신을 씻다)과 동일한 의미이다.

II. 간접 중간태

주어가 자기 자신을 위하여 행동하는 경우로, 주어의 행동이 주어 자신에게 간접적으로 돌아오는 형태로서 재귀대명사와 '위하여'를 첨가하여 해석한다. 예를 들면 ἐκλέγει는 "그는 선택한다."이고, 그 중간태인 ἐκλέγεται ἡμᾶς는 "그가 그 자신을 위하여 우리를 선택한다."(엡 1:4; 요 15:16)는 의미로 해석된다.

III. 중간태의 용법

재귀적 용법과 유익적 용법이 있는데, 직접 중간태는 주로 재귀적으로, 간접중간태는 유익적 용법으로 사용된다.

1. 재귀적 용법

(1) ὁρᾶτε καὶ φυλάσσεσθε ἀπὸ πάσης πλεονεξίας (눅 12:15).
주의하고 모든 탐심으로부터 (너 자신을) 지켜라.

(2) Ὁ νικῶν οὕτως περιβαλεῖται ἐν ἱματίοις λευκοῖς (계 3:5).
이기는 자는 이와 같이 흰 옷을 입을 것이다(흰옷으로 그 자신을 입힐 것이다).

2. 유익적 용법

(1) οὐχ ὑμεῖς με ἐξελέξασθε, ἀλλ' ἐγὼ ἐξελεξάμην ὑμᾶς καὶ ἔθηκα ὑμᾶς ἵνα ὑμεῖς ὑπάγητε καὶ καρπὸν φέρητε.
너희가 나를 선택한 것이 아니라, 내가 너희를 선택하여 세운 것이니, 이는 너희가 가서 열매를 맺게 하려는 것이다(요 15:16).

(2) καθὼς ἐξελέξατο ἡμᾶς ἐν αὐτῷ πρὸ καταβολῆς κόσμου εἶναι ἡμᾶς ἁγίους καὶ ἀμώμους κατενώπιον αὐτοῦ ἐν ἀγάπῃ.
하나님께서는 우리를 사랑하셔서 그분 앞에서 거룩하고 흠이 없게 하시려고 창세 전에 우리를 그리스도 안에서 선택하여 주셨다(엡 1:4).

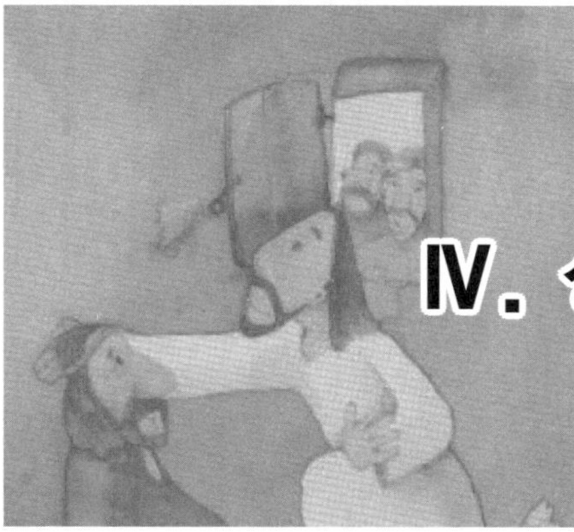

Ⅳ. 성경원문읽기 풀이

성경원문읽기(연습문제)는 학생들의 수준이 어디에 이르렀든지 성경예문만으로 구성하여 성경 문장으로 헬라어를 익히도록 하였다. 이는 모든 헬라어 공부의 최종 목표는 성경원문을 읽어내는 것이기 때문이다.

성경원문읽기 1과 풀이

▶ 다음 헬라어 단어에 억양부호를 찍으십시오.

6. 동사 λαμβάνομεν
7. 동사 βλέπεται
8. 명사 ἀνθρώπους
9. 명사 ἀπόστολοι
10. 명사 δούλων

성경원문읽기 2과 풀이

1. γινώσκετε: γινώσκω의 현재 능동태 직설법 2인칭 복수
   너희가 알고 있다.

2. λαμβάνει: λαμβάνω의 현재 능동태 직설법 3인칭 단수
   그가 취하고 있다.

3. ἀκούουσιν: ἀκούω의 현재 능동태 직설법 3인칭 복수
   그들이 듣고 있다.

4. πιστεύετε: πιστεύω의 현재 능동태 직설법 2인칭 복수
   너희가 믿지 않는다(않고 있다).

5. ἀκούετε : ἀκούω의 현재 능동태 직설법 2인칭 복수
   βλέπετε : βλέπω의 현재 능동태 직설법 2인칭 복수
   너희가 듣고 있고, 그리고 보고 있다.

6. λέγω : λέγω의 현재 능동태 직설법 1인칭 단수
   진실로 진실로 내가 말한다.

7. μένεις : μένω의 현재 능동태 직설법 2인칭 단수
   당신은 어디에 머물고 계십니까?

8. βαπτίζεις : βαπτίζω의 현재 능동태 직설법 2인칭 단수
   네가 세례를 주고 있는가?

9. εὑρίσκει: εὑρίσκω의 현재 능동태 직설법 3인칭 단수
   빌립이 발견한다(만난다).

10. πιστεύω: πιστεύω의 현재 능동태 직설법 1인칭 단수
    주님! 제가 믿습니다.

성경원문읽기 3과 풀이

1. ἀποστέλλει: ἀποστέλλω의 현재 능동태 직설법 3인칭 단수
   사람의 그 아들(인자)[38]이 천사들을 보낸다(보내고 있다).

2. λέγουσιν: λέγω의 현재 능동태 직설법 3인칭 복수
   종들이 주께 말한다.

3. ἔχω: ἔχω의 현재 능동태 직설법 1인칭 단수
   주님, 제가 사람을 가지고 있지 않습니다.

4. διδάσκεις: διδάσκω의 현재 능동태 직설법 2인칭 단수
   네가 하나님의 길을 가르친다.

5. ὑπάγει: ὑπάγω의 현재 능동태 직설법 3인칭 단수
   사람의 그 아들이 떠나(지나)간다.

6. γινώσκει: γινώσκω의 현재 능동태 직설법 3인칭 단수
   그가 하나님을 안다.

7. ὑπάγεις: ὑπάγω의 현재 능동태 직설법 2인칭 단수
   주님, 당신은 어디로 가십니까?

8. ἀκούει: ἀκούω의 현재 능동태 직설법 3인칭 단수
   하나님께서는 듣지 않으신다.

9. εὑρίσκω: εὑρίσκω의 현재 능동태 직설법 1인칭 단수
   내가 율법을 발견한다(깨닫는다).

10. 오, 하나님의 사람아.

---

38) ὁ υἱὸς ἀνθρώπου는 직역하면 '사람의 그 아들' 인데, 성경에서는 '인자' (人子)로 번역되었다.

성경원문읽기 4과 풀이

1. ἔχετε: ἔχω의 현재 능동태 직설법 2인칭 복수
   너희가 생명을 소유하고 있다.

2. λέγει: λέγω의 현재 능동태 직설법 3인칭 단수
   그가 그 제자에게 말씀하신다.

3. ἔχει: ἔχω의 현재 능동태 직설법 3인칭 단수
   그 사람의 그 아들[39](인자)이 권세를 가지고 있다.

4. γινώσκει: γινώσκω의 현재 능동태 직설법 3인칭 단수
   하나님께서 그 마음들을 아신다.

5. λαμβάνω: λαμβάνω의 현재 능동태 직설법 1인칭 단수
   나는 사람들의 영광을 취하지 않는다.

6. ἐστίν: εἰμί의 현재 직설법 3인칭 단수
   하나님은 사랑이시다.

7. ἔχετε: ἔχω의 현재 능동태 직설법 2인칭 복수
   하나님의 사랑을 너희는 소유하고 있지 않다(못한다).

8. ἐστιν: εἰμί의 현재 직설법 3인칭 단수
   인자는 그 안식일의 주인이다.

9. πιστεύεις: πιστεύω의 현재 능동태 직설법 2인칭 단수
   아그립바여, 당신이 그 선지자들을 믿습니까?

10. 하나님의 아들, 예수 그리스도의 복음의 시작.

---

39) 이 단어의 해석 – 그 사람의 그 아들 – 처럼 관사가 있는 경우 '그'를 붙여 해석하는 것이 정확한 직역일 수 있다. 하지만 헬라어 실명사의 경우 대부분 관사가 붙기 때문에(19,863회) 오히려 '사람의 아들'이라고 해석을 하고, 관사가 없을 때 '한' 또는 '어떤'을 첨가하여 부정관사처럼 해석하는 것이 더 정확한 해석이 될 것이다. 그러나 성경원문읽기 풀이에서는 정확한 해석 연습을 위해 앞으로 두 세과 정도는 일일이 '그'를 붙여 해석함으로 정확한 직역을 돕고자 한다. 관사의 여러 특별한 용법에 대하여는 부록의 구문론 중 "관사의 용법"을 참조하라.

성경원문읽기 5과 풀이

1. ἐκβάλλει: ἐκβάλλω의 현재 능동태 직설법 3인칭 단수
   그 선한 사람은 선한 것들을 내어놓고, 그 악한 사람은 악한 것들을 내어놓는다.
2. βλέπω: βλέπω의 현재 능동태 직설법 1인칭 단수
   나는 다른 (율)법을 본다.
3. ἀκούουσιν: ἀκούω의 현재 능동태 직설법 3인칭 복수
   그 죽은 자들이 하나님의 아들의 음성을 듣는다.
4. κρίνεις: κρίνω의 현재 능동태 직설법 2인칭 단수
   네가 다른 자를 판단한다(하고 있다).
5. 그 율법은 거룩하고, 그리고 그 계명은 거룩하다.
6. ἐγείρει: ἐγείρω의 현재 능동태 직설법 3인칭 단수
   하나님께서 죽은 자들을 일으키신다.
7. ἐστιν: εἰμί의 현재 직설법 3인칭 단수
   하나님의 그 성전은 거룩하다.
8. 나는 알파와 오메가이고, 처음 사람이고 마지막 사람이다.
9. ἔστιν: εἰμί의 현재 직설법 3인칭 단수
   다른 계명은 있지 않다(없다).
10. 그 가난한 자들은 복되다.

성경원문읽기 6과 풀이

1. εἶ: εἰμί의 현재 직설법 2인칭 단수
   당신은 바로[40] 그리스도, 곧 하나님의 아들이십니다.

2. εἰμί: εἰμί의 현재 직설법 1인칭 단수
   내가 바로(곧) 생명의 그 빵이다.

3. ἔχομεν: ἔχω의 현재 능동태 직설법 1인칭 복수
   우리는 (율)법을 가지고 있다.

4. ἐστε: εἰμί의 현재 직설법 2인칭 복수
   너희가 바로 우리의 영광이고 기쁨이다.

5. εἶ: εἰμί의 현재 직설법 2인칭 단수
   당신은 바로(당신이야말로) 하나님의 아들이시고, 당신은 바로 이스라엘의 왕이십니다.

6. εἰμί: εἰμί의 현재 직설법 1인칭 단수
   내가 바로 아브라함의 하나님, 이삭의 하나님, 야곱의 하나님이다.

7. εἰμί: εἰμί의 현재 직설법 1인칭 단수
   나 자신은 (나 역시) 사람이다.

8. λέγει: λέγω의 현재 능동태 직설법 3인칭 단수
   다윗 자신이 그분을 주님이라고 말한다.

9. ἐστέ: εἰμί의 현재 직설법 2인칭 복수
   너희가 바로 세상의 그 빛이다.

10. λέγει: λέγω의 현재 능동태 직설법 3인칭 단수
    εἰμί: εἰμί의 현재 직설법 1인칭 단수
    예수께서 그에게 말씀하신다. "내가 바로 그 길이고, 그 진리이고, 그 생명이다."

---

40) 인칭대명사(예: ἐγώ, σύ, ἡμεῖς, ὑμεῖς 등)가 붙은 경우 강조의 의미가 있는데, 이때는 '바로' 혹은 '곧'을 붙여 해석하면 그 의미를 잘 드러낼 수 있다.

성경원문읽기 7과 풀이

1. μένει: μένω의 현재 능동태 직설법 3인칭 단수
   그 종은 그 집에 머물지 않고(않는데), 그 아들은 머물고 있다.

2. ἔστιν: εἰμί의 현재 직설법 3인칭 단수
   사랑은 하나님께로부터 나온다(하나님께 속한 것이다).

3. εἶ: εἰμί의 현재 직설법 2인칭 단수
   네가 그와 함께 그 길에 있다.

4. ὑπάγει: ὑπάγω의 현재 능동태 직설법 3인칭 단수
   그가 하나님께로 간다.

5. ἀναβαίνομεν: ἀναβαίνω의 현재 능동태 직설법 1인칭 복수
   우리는 예루살렘 (안)으로 올라간다.

6. καταβαίνει: καταβαίνω의 현재 능동태 직설법 3인칭 단수
   그가 하늘로부터(에서, 밖으로) 그 사람들 위로 내려간다.

7. λέγει: λέγω의 현재 능동태 직설법 3인칭 단수
   율법은 율법 안에 있는 자들에게 말한다.

8. ἔστιν: εἰμί의 현재 직설법 3인칭 단수
   이것은 하나님의 사랑[41])이다.

9. εἶ :εἰμί의 현재 직설법 2인칭 단수
   γινώσκεις : γινώσκω의 현재 능동태 직설법 2인칭 단수
   네가 이스라엘의 선생이면서, 이것들을 알지 못하느냐?

10. ἀποστέλλω: ἀποστέλλω의 현재 능동태 직설법 1인칭 단수
    내가 너의 얼굴 앞에(네게) 나의 사자를 보낸다.

---

41) 요일 5:3의 ἡ ἀγάπη τοῦ θεοῦ는 직역하면 '하나님의 사랑' 이지만, 소유격이 목적격처럼 사용되어 '하나님을 사랑하는 것' 으로 번역되기도 한다. 소유격의 이런 용법을 '목적어적 소유격' (objective genitive)이라 하는데, 더 자세한 용법은 부록의 구문론 중 '명사의 격의 용법' 을 참조하라.

성경원문읽기 8과 풀이

1. ἁγιάζεται: ἁγιάζω의 현재 수동태 직설법 3인칭 단수
   그것은 하나님의 말씀을 통하여 거룩해진다.

2. ἐγείρονται: ἐγείρω의 현재 수동태 직설법 3인칭 복수
   어떻게 그 죽은 자들이 일으켜지는가(살아나게 되는가)?

3. πορεύεται: πορεύομαι의 현재 직설법 3인칭 단수(dep.)
   인자가 간다.

4. ἔρχεται: ἔρχομαι의 현재 직설법 3인칭 단수(dep.)
   예수께서 예루살렘(안)으로 오신다(가신다).

5. ἐγείρεται: ἐγείρω의 현재 수동태 직설법 3인칭 단수
   갈릴리에서는 선지자가 일으켜지지 못한다(나지 못한다).

6. παράγεται: παράγω의 현재 수동태 직설법 3인칭 단수
   세상은 지나가(지)고 있고, 그의 욕망도 지나가(지)고 있다.
   * 수동형이지만 능동의 의미로 해석되기도 한다.

7. εἰσπορεύονται: εἰσπορεύομαι의 현재 직설법 3인칭 복수(dep.)
   그들이 가버나움 안으로 들어간다.

8. κρίνομαι: κρίνω의 현재 수동태 직설법 1인칭 단수
   내가 오늘 너희 앞에서[42] 판단을 받는다.

9. καθαρίζονται: καθαρίζω의 현재 수동태 직설법 3인칭 복수
   ἐγείρονται: ἐγείρω의 현재 수동태 직설법 3인칭 복수
   나병(한센병) 환자들이 깨끗해지고, 그리고 죽은 자들이 일으켜진다.

10. ὑποτάσσεται: ὑποτάσσω의 현재 수동태 직설법 3인칭 단수
    주님, 귀신(악령)들 조차도 당신의 이름으로 우리에게 복종케 됩니다.

---

42) 전치사 ἐπί의 주요 의미는 '~ 위에'이지만 '~ 앞에서'라는 뜻도 있다.

성경원문읽기 9과 풀이

1. ἐδίδασκεν: διδάσκω의 미완료과거 능동태 직설법 3인칭 단수
   ἔλεγεν: λέγω의 미완료과거 능동태 직설법 3인칭 단수
   그가 그의 제자들을 가르치고 계셨고, 그리고 그들에게 말씀하고 계셨다.

2. ἤκουον: ἀκούω의 미완료과거 능동태 직설법 3인칭 복수
   그의 제자들이 듣고 있었다.

3. ἐγίνωσκεν: γινώσκω의 미완료과거 능동태 직설법 3인칭 단수
   그가 그녀를 알고 있지 않았다(동침하지 않고 있었다).

4. ἔλεγεν: λέγω의 미완료과거 능동태 직설법 3인칭 단수
   그리고 그가 말씀하고 계셨다: "하나님의 나라는 이와 같다."

5. ἔχαιρον: χαίρω의 미완료과거 능동태 직설법 3인칭 복수
   ἐδόξαζον: δοξάζω의 미완료과거 능동태 직설법 3인칭 복수
   사람들이 기뻐하고 있었고, 주님의 말씀을 찬양하고(영화롭게 하고) 있었다.

6. εἶχεν: ἔχω의 미완료과거 능동태 직설법 3인칭 단수(불규칙변화)
   한(어떤) 사람이 두 자녀를 가지고 있었다.

7. ἐδίδασκεν: διδάσκω의 미완료과거 능동태 직설법 3인칭 단수
   그가 그들의 회당 안에서 그들을 가르치고 있었다.

8. ἀνέβαινον: ἀναβαίνω의 미완료과거 능동태 직설법 3인칭 복수
   베드로와 요한이 기도 시간에 성전으로 올라가고 있었다.

9. ἐβάπτιζεν: βαπτίζω의 미완료과거 능동태 직설법 3인칭 단수
   예수님 자신은 세례를 주고 있지 않았고, 그분의 제자들이 세례를 주고 있었다.

10. ἐδίδασκεν: διδάσκω의 미완료과거 능동태 직설법 3인칭 단수
    ἔλεγεν: λέγω의 미완료과거 능동태 직설법 3인칭 단수
    그가 비유들로 그들을 가르치고 계셨고, 또한 그의 교훈으로 그들에게 말씀하고 계셨다.

성경원문읽기 10과 풀이

1. ἐβαπτίζοντο: βαπτίζω의 미완료과거 수동태 직설법 3인칭 복수
   그들이 그에 의해 요단 강(안)에서 세례를 받고 있었다.

2. ἐγίνετο: γίνομαι의 미완료과거 직설법 3인칭 단수 (dep.)
   표적들이 사도들을 통하여 (발생)되고 있었다(나타나고 있었다).

3. ἐπορεύετο: πορεύομαι의 미완료과거 직설법 3인칭 단수 (dep.)
   그러나(그리고) 예수께서 그들과 함께 가고 계셨다.

4. ἤγετο: ἄγω의 미완료과거 수동태 직설법 3인칭 단수
   예수께서 광야에서 인도되고 계셨다.

5. ἐπίστευον: πιστεύω의 미완료과거 능동태 직설법 3인칭 복수
   ἐβαπτίζοντο: βαπτίζω의 미완료과거 수동태 직설법 3인칭 복수
   [이들이] 믿고 있었고, 그리고 세례를 받고 있었다.

6. ἐπορευόμην: πορεύομαι의 미완료과거 직설법 1인칭 단수 (dep.)
   나는 그 형제들을 향하여 다메섹으로 가고 있었다.

7. ἦν: εἰμί의 미완료과거 직설법 3인칭 단수
   그 안에 생명이 있었고, 그리고 그 생명은 사람들의 빛이었다.

8. ἐξήρχετο: ἐξέρχομαι의 미완료과거 직설법 3인칭 단수 (dep.)
   그리고 귀신들(악령들)조차도(καί) 나가고 있었다.

9. ἐπίστευον: πιστεύω의 미완료과거 능동태 직설법 3인칭 복수
   그의 형제들(조차)도 그를 믿지 않고 있었다.

10. ἦν: εἰμί의 미완료과거 직설법 3인칭 단수
    태초에 말씀이 계셨는데, 그 말씀이 하나님을 향하여(함께) 계셨고, 그리고 그 말씀은 하나님이셨다.

성경원문읽기 11과 풀이

1. βαπτίσει: βαπτίζω의 미래 능동태 직설법 3인칭 단수
그분 자신이 너희를(에게) 세례 주실 것이다.

2. κυριεύσει: κυριεύω의 미래 능동태 직설법 3인칭 단수 (소유격지배 동사)
죄가 너희를 지배하지 못할 것이다.

3. λέγει: λέγω의 현재 능동태 직설법 3인칭 단수
προφητεύσουσιν: προφητεύω의 미래 능동태 직설법 3인칭 복수
하나님께서 "그 마지막 날들에 너희 아들들이 예언할 것이다."라고 말씀하신다.

4. σώσει: σώζω의 미래 능동태 직설법 3인칭 단수
그분 자신이 그의 백성을 그들의 죄들로부터 구원하실 것이다.

5. λήμψεται: λαμβάνω의 미래 직설법 3인칭 단수 (dep.)
그가 생명의 그 면류관을 받을(취할) 것이다.

6. γνώσεσθε: γινώσκω의 미래 직설법 2인칭 복수 (dep.)
저 날에는 너희가 알(게 될) 것이다.

7. ἔσται: εἰμί의 미래 직설법 3인칭 단수
인자의 임함(재림)도 이와 같을 것이다.

8. ὄψονται: βλέπω(ὁράω)의 미래 직설법 3인칭 복수 (dep.)
마음이 청결한 자들은 복되니, 이는 그들 자신이 하나님을 볼 것이기 때문이다.

9. ῥύσεται: ῥύομαι의 미래 직설법 3인칭 단수 (dep.)
σώσει: σώζω의 미래 능동태 직설법 3인칭 단수
주께서 나를 악한 일에서 구해(건져)내시고, 그리고 그분의 나라 안으로 구원하실 것이다.

10. ἔσται: εἰμί의 미래 직설법 3인칭 단수
사랑과 평강의 하나님께서 너희와 함께 계실 것이다.

성경원문읽기 12과 풀이

1. ἐθεράπευσεν: θεραπεύω의 부정과거 능동태 직설법 3인칭 단수
   예수께서 안식일에(시간의 여격: 부록 참조) 고치셨다.
2. ἐπίστευσαν: πιστεύω의 부정과거 능동태 직설법 3인칭 복수
   그의 제자들이 그분을 믿었다.
3. εἶπεν: λέγω의 부정과거 능동태 직설법 3인칭 단수
   베드로가 예수께 말했다.
4. εἶδον: βλέπω의 부정과거 능동태 직설법 3인칭 복수
   나의 눈들(두 눈)이 당신의 구원을 보았습니다.
5. ἐδίωξαν: διώκω의 부정과거 능동태 직설법 3인칭 복수
   왜냐하면 그들이 너희 전에(너희보다 먼저) 있던 선지자들을 이와 같이 핍박했기 때문이다.
6. ἐγένετο: γίνομαι의 부정과거 직설법 3인칭 단수 (dep.)
   εἶ: εἰμί의 현재 직설법 2인칭 단수
   그리고 한 음성이 하늘로부터 있었다. "너는 내 아들이다."
7. ἔλεγεν: λέγω의 미완료과거 능동태 직설법 3인칭 단수
   ἐγένετο: γίνομαι의 부정과거 직설법 3인칭 단수 (dep.)
   그분께서 그들에게 말씀하고 계셨다. "안식일이 사람 때문에(위하여) 생겼다."
8. ἤκουσαν: ἀκούω의 부정과거 능동태 직설법 3인칭 복수
   ἐδέξαντο: δέχομαι의 부정과거 직설법 3인칭 복수 (dep.)
   그들이 하나님의 말씀을 영접했다는 것을 그 사도들과 형제들이 들었다.
9. ἦλθεν: ἔρχομαι의 부정과거 능동태 직설법 3인칭 단수
   ἐπιστεύσατε: πιστεύω의 부정과거 능동태 직설법 2인칭 복수
   요한이 의의 길 안에서(길로) 너희에게 왔으나, 너희가 그를 믿지 않았다.
10. ἀπέθανεν: ἀποθνῄσκω의 부정과거 능동태 직설법 3인칭 단수
    그리스도께서 성경대로(따라서) 우리의 죄들을 위하여 죽으셨다.

성경원문읽기 13과 풀이

1. ἐδοξάσθη: δοξάζω의 부정과거 수동태 직설법 3인칭 단수
   δοξάσει: δοξάζω의 미래 능동태 직설법 3인칭 단수
   하나님께서 영광을 받으셨고, 또 하나님께서 그를 영화롭게 하실 것이다.

2. ἐσώθη: σώζω의 부정과거 수동태 직설법 3인칭 단수
   그 여인이 저(그) 시간부터 구원을 받았다.

3. ὤφθη: ὁράω(βλέπω)의 부정과거 수동태 직설법 3인칭 단수
   주님의 사자가 그에게 보여졌다(나타났다).

4. ἀπεκρίθη : ἀποκρίνομαι의 부정과거 직설법 3인칭 단수(dep.)
   베드로가 그녀에게 대답했다.

5. σωθησόμεθα: σώζω의 미래 수동태 직설법 1인칭 복수
   우리가 그 분에 의해서(말미암아) 진노에서 구원을 받을 것이다.

6. ἐβαπτίσθη: βαπτίζω의 부정과거 수동태 직설법 3인칭 단수
   예수께서 요단강에서 요한에 의해 세례를 받으셨다.

7. κηρυχθήσεται: κηρύσσω의 미래 수동태 직설법 3인칭 단수
   그 나라의 이 복음이 선포될 것이다.

8. λυθήσεται: λύω의 미래 수동태 직설법 3인칭 단수
   사탄이 그의 감옥에서 풀려날 것이다.

9. ἀπεκρίθη: ἀποκρίνομαι의 부정과거 직설법 3인칭 단수(dep.)
   도마가 그에게(그분께) 대답하여 말했다. "나의 주님이시고, 나의 하나님이십니다."

10. κληθήσῃ: καλέω의 미래 수동태 직설법 2인칭 단수
    너는 요한의 아들 시몬이니, 네가 게바라고 불릴 것이다.

성경원문읽기 14과 풀이

1. ἐστε: εἰμί의 현재 직설법 2인칭 복수
   그러나 너희가 바로 그리스도의 몸이다.
2. ἔστιν: εἰμί의 현재 직설법 3인칭 단수
   그러나 율법은 믿음으로부터 나지 않는다.
3. ἐθαύμαζον: θαυμάζω의 미완료과거 능동태 직설법 3인칭 복수
   [사람들이] 은혜의 말씀들에 놀라고 있었다.
4. ἐξῆλθον: ἐξέρχομαι의 부정과거 능동태 직설법 3인칭 복수
   ἦλθον: ἔρχομαι의 부정과거 능동태 직설법 3인칭 복수
   ἡτοίμασαν: ἑτοιμάζω의 부정과거 능동태 직설법 3인칭 복수
   제자들이 나가서 그 성(도시)으로 들어갔고, 유월절을 준비했다.
5. ἐστε: εἰμί의 현재 직설법 2인칭 복수
   너희가 바로 빛의 아들들이고, 그리고 낮(날)의 아들들이다.
6. μένει: μένω의 현재 능동태 직설법 3인칭 단수
   주님의 말씀은 영원토록 머문다(거한다).
7. ἐστε: εἰμί의 현재 직설법 2인칭 복수
   그러나 너희는 육신 안에 있지 않고, 대신에(오히려) 영 안에 있다.
8. ἔστιν: εἰμί의 현재 직설법 3인칭 단수
   영으로(영이) 가난한 자들은 복이 있으니, 왜냐하면 하늘들의 나라가 그들의 것이기 때문이다.
9. κυριεύσει: κυριεύω의 미래 능동태 직설법 3인칭 단수(소유격 지배)
   ἐστε: εἰμί의 현재 직설법 2인칭 복수
   죄가 너희를 주관하지 못할 것이니, 이는 너희가 율법 아래 있지 않고 은혜 아래 있기 때문이다.
10. 주 예수 그리스도의 은혜와 하나님의 사랑과 성령의 교제(교통하심)가 너희와 함께 있을지어다, 또는 있기를 기원한다.

성경원문읽기 15과 풀이

1. πιστεύων: πιστεύω의 현재 능동태 분사 남성 단수 주격 (독립적 용법)
   κρίνεται: κρίνω의 현재 수동태 직설법 3인칭 단수

   그를 믿는 자는 심판을 받지 않는다.

2. ἀκούων: ἀκούω의 현재 능동태 분사 남성 단수 주격 (독립적 용법)
   ἐστιν: εἰμί의 현재 직설법 3인칭 단수

   이 (남)자는 그 말씀을 듣는 자이다.

3. πιστεύων: πιστεύω의 현재 능동태 분사 남성 단수 주격 (독립적 용법)
   ἔχει: ἔχω의 현재 능동태 직설법 3인칭 단수

   아들을 믿는 자는 영원한 생명(영생)을 소유하고 있다.

4. ἐστιν: εἰμί의 현재 직설법 3인칭 단수
   καταβαίνων: καταβαίνω의 현재 능동태 분사 남성 단수 주격(관형적 용법)

   이것은 하늘로부터 내려오는 빵이다.

5. δεχόμενος: δέχομαι의 현재 분사 남성 단수 주격 (dep.) (독립적 용법)
   δέχεται: δέχομαι의 현재 직설법 3인칭 단수(dep)

   너희를 영접하는 자는 나를 영접한다.

6. ἐστιν: εἰμί의 현재 직설법 3인칭 단수
   βαπτίζων: βαπτίζω의 현재 능동태 분사 남성 단수 주격(독립적 용법)

   이 분은 거룩한 영(성령)으로 세례를 주시는 분이다.

7. βλέπει: βλέπω의 현재 능동태 직설법 3인칭 단수
   ἐρχόμενον: ἔρχομαι의 현재 분사 남성 단수 목적격(dep.) (서술적 용법)
   λέγει: λέγω의 현재 능동태 직설법 3인칭 단수

   이튿 날 예수께서 그에게로 오고 계실 때, 그가 예수님을 보고 말한다.
   (이튿 날 그가 예수께서 자기에게 오시는 것을 보고 말한다.)

8. αἴρων: αἴρω의 현재 능동태 분사 남성 단수 주격 (관형적 용법)
   보라! 세상의 죄를 없애 버리시고 있는 하나님의 어린 양이시다

9. δεχόμενος: δέχομαι의 현재 분사 남성 단수 주격(dep.) (독립적 용법)
   λήμψεται: λαμβάνω의 미래 직설법 3인칭 단수 (dep.)

   선지자의 이름으로 선지자를 영접하는 자는 선지자의 상(상)을 받을 것이다.

10. ἐστίν: εἰμί의 현재 직설법 3인칭 단수
   μένων: μένω의 현재 능동태 분사 남성 단수 주격 (독립적 용법)
   μένει: μένω의 현재 능동태 직설법 3인칭 단수

   하나님은 사랑이시고(사랑이시기에), 그 사랑 안에 거하는 자는 하나님 안에 거하고, 하나님도 그 (사람) 안에 거하신다.

성경원문읽기 16과 풀이

1. πιστεύσας: πιστεύω의 부정과거 능동태 분사 남성 단수 주격 (독립적 용법)
   σωθήσεται: σώζω의 미래 수동태 직설법 3인칭 단수
   믿은 자는 구원을 받을 것이다.

2. ἰδόντες: βλέπω의 부정과거 능동태 분사 남성 복수 주격 (독립적 용법)
   πιστεύσαντες: πιστεύω의 부정과거 능동태 분사 남성 복수 주격 (독립적 용법)
   보지 않고도 믿은 자들은 복되다.

3. ἔστιν: εἰμί의 현재 직설법 3인칭 단수
   πέμψαντός: πέμπω의 부정과거 능동태 분사 남성 단수 소유격 (독립적 용법)
   이것은 나를 보내신 분의 뜻이다(나를 보내신 분의 뜻은 이것이다).

4. ἐλθόντες: ἔρχομαι의 부정과거 능동태 분사 남성 복수 주격 (서술적 용법)
   εἶδον: βλέπω의 부정과거 능동태 직설법 3인칭 복수
   그들이 그 집으로 들어간 후, 그 아이를 보았다.

5. ἀκούσαντες: ἀκούω의 부정과거 능동태 분사 남성 복수 주격(독립적 용법)
   ἐδόξαζον: δοξάζω의 미완료과거 능동태 직설법 3인칭 복수
   εἶπον : λέγω의 부정과거 능동태 직설법 3인칭 복수
   들은 자들이 하나님을 영화롭게 하고 있었고, 그리고 그에게 말했다.

6. ἀκούσαντες: ἀκούω의 부정과거 능동태 분사 남성 복수 주격(서술적 용법)
   κατέχουσιν: κατέχω의 현재 능동태 직설법 3인칭 복수
   그들이 선하고 좋은 마음으로 그 말씀을 들은 후, 굳게 붙잡는다(든든히 지킨다).

7. ἀνοίξας: ἀνοίγω의 부정과거 능동태 분사 남성 단수 주격 (서술적 용법)
   ἐδίδασκεν: διδάσκω의 미완료과거 능동태 직설법 3인칭 단수
   그가 그의 입을 여신 후, 그들을 가르치고 계셨다(가르치기 시작하셨다).

8. λέγω: λέγω의 현재 능동태 직설법 1인칭 단수
ἀκούων: ἀκούω의 현재 능동태 분사 남성 단수 주격 (독립적 용법)
πιστεύων: πιστεύω의 현재 능동태 분사 남성 단수 주격 (독립적 용법)
πέμψαντι: πέμπω의 부정과거 능동태 분사 남성 단수 여격 (독립적 용법)
ἔχει: ἔχω의 현재 능동태 직설법 3인칭 단수

진실로 진실로 내가 너희에게 말하니(말하는데), 나의 말을 듣고 나를 보내신 분을 믿는 자는 영원한 생명(영생)을 소유하고 있다.

9. ἐλθόντι: ἔρχομαι의 부정과거 능동태 분사 남성 단수 여격 (서술적 용법)
προσῆλθον: προσέρχομαι의 부정과거 능동태 직설법 3인칭 복수
λέγει: λέγω의 현재 능동태 직설법 3인칭 단수

그러나 그가 그 집으로 들어간 후 시각장애인들이 그에게 다가왔고, 예수께서 그들에게 말씀하신다.

10. ἀπεκρίθη: ἀποκρίνομαι의 부정과거 직설법 3인칭 단수 (dep.)
εἶπεν: λέγω의 부정과거 능동태 직설법 3인칭 단수
ἔστιν: εἰμί의 현재 직설법 3인칭 단수
πέμψαντος: πέμπω의 부정과거 능동태 분사 남성 단수 소유격(독립적 용법)

그러므로 예수께서 그들에게 대답하여 말씀하셨다. "나의 가르침은 나의 것이 아니라 나를 보내신 분의 것이다."

성경원문읽기 17과 풀이

1. πιστεύσας: πιστεύω의 부정과거 능동태 분사 남성 단수 주격 (독립적 용법)
   βαπτισθείς: βαπτίζω의 부정과거 수동태 분사 남성 단수 주격 (독립적 용법)
   σωθήσεται: σώζω의 미래 수동태 직설법 3인칭 단수

   믿고 세례를 받은 자는 구원을 받을 것이다.

2. σπαρείς: σπείρω의 부정과거 수동태 분사 남성 단수 주격 (독립적 용법)
   ἔστιν: εἰμί의 현재 직설법 3인칭 단수
   이 자(사람)는 그 길 가에 뿌려진 자이다.

3. ἀποκριθείς[43]: ἀποκρίνομαι의 부정과거 분사 남성 단수 주격 (dep.) (서술적 용법)
   εἶπεν: λέγω의 부정과거 능동태 직설법 3인칭 단수
   εἶ: εἰμί의 현재 직설법 2인칭 단수

   예수께서 그에게 대답하여 말씀하셨다. "바요나 시몬아, 네가 복이 있다."

4. ἐγερθείς: ἐγείρω의 부정과거 수동태 분사 남성 단수 주격 (서술적 용법)
   ἀποθνῄσκει: ἀποθνῄσκω의 현재 능동태 직설법 3인칭 단수
   κυριεύει: κυριεύω의 현재 능동태 직설법 3인칭 단수

   그리스도께서는 죽은 자들 가운데서 일으켜지신 후 더 이상 죽지 않으시고, 죽음이 더 이상 그분을 지배하지 못한다.

5. βαπτισθεὶς: βαπτίζω의 부정과거 수동태 분사 남성 단수 주격 (서술적 용법)
   ἀνέβη: ἀναβαίνω의 부정과거 능동태 직설법 3인칭 단수
   그리고 예수께서 세례를 받으신 후 곧(즉시) 물에서 올라오셨다.

---

43) 부정과거 분사는 일반적으로 주동사보다 앞선 동작을 나타내지만, 때때로 주동사와 동시동작을 표현하는데 사용되기도 한다. 가장 대표적인 예가 바로 "ἀποκριθεὶς ὁ Ἰησοῦς εἶπεν."인데 그 해석은 "예수께서 대답하신 후 말씀하셨다."가 아니라 "예수께서 대답으로 말씀하셨다."이다. 즉 "예수께서 대답하여 가라사대" 구문으로, 여기서 ἀποκριθεὶς εἶπεν은 '대답하는 것'과 '말하는 것'이 동일한 동작임을 나타내며, 이 경우 분사는 εἶπεν에 의해 표현되는 동작을 세밀히 정의한 것뿐이다.

6. εἰσιν: εἰμί의 현재 직설법 3인칭 복수
σπαρέντες: σπείρω의 부정과거 수동태 분사 남성 복수 주격 (독립적 용법)

저 (남)자들은 좋은 땅 위에 뿌려진 자들이다.

7. ὤν: εἰμί의 현재 분사 남성 단수 주격 (독립적 용법)
ἐστιν: εἰμί의 현재 직설법 3인칭 단수

나와 함께 있지 않는 자는 나를 반대(대항)하는 자이다.

8. εἰπόντος: λέγω의 부정과거 능동태 분사 남성 단수 소유격 (독립소유격)
ἐγένετο: γίνομαι의 부정과거 직설법 3인칭 단수 (dep.)

그리고 그가 이것을 말한 후(말하자) 바리새인들과 사두개인들의 분쟁(다툼)이 있었다.

9. καθίσαντος: καθίζω의 부정과거 능동태 분사 남성 단수 소유격 (독립소유격)
προσῆλθαν: προσέρχομαι의 부정과거 능동태 직설법 3인칭 복수

그리고 그가 앉은 후(앉자) 그의 제자들이 그에게 다가왔다.

10. ὤν: εἰμί의 현재 분사 남성 단수 주격
ἦν: εἰμί의 미완료과거 직설법 3인칭 단수
ἔρχομενος: ἔρχομαι의 현재 분사 남성 단수 주격 (dep.) (독립적 용법)

지금도 계시고,[44] 이전에도 계셨고, 이제 오실 분으로부터 은혜와 평강이 너희에게 있을지어다, 또는 있기를 기원한다.

---

44) 계 1:4에 사용된 주격은 학자들 사이에 많은 논란이 되어 왔다. 이 문장에서는 전치사 다음에 주격(ἀπὸ ὁ ὢν καὶ ὁ ἦν καὶ ὁ ἐρχόμενος)이 나오고 있는데, 성경 헬라어에는 전치사 다음에 주격이 나온 예가 없기에 요한이 문법 법칙을 어겼다는 주장이 제기되었다. 그러나 성경의 무오성을 변호하는 학자들은 문법적 오류가 아니라 요한이 신성한 이름의 불변성과 절대성을 부각시키려고 의도적으로 전치사와 주격을 사용했다고 주장한다. 이 문제를 해결할 수 있는 것이 바로 '호칭의 주격' 이다. 즉 계 1:4의 χάρις ὑμῖν καὶ εἰρήνη ἀπὸ ὁ ὢν καὶ ὁ ἦν καὶ ὁ ἐρχόμενος(지금도 계시고, 이전에 계셨고, 이제 오실 이로부터 은혜와 평강이 너희에게)를 '호칭의 주격' 으로 이해하면 큰 어려움 없이 본문을 해석할 수 있을 것이다.

성경원문읽기 18과 풀이

1. ἔλεγεν: λέγω의 미완료과거 능동태 직설법 3인칭 단수
   ἔξεστιν: 비인칭 동사
   ἔχειν: ἔχω의 현재 능동태 부정사

   이는 요한이 그에게 "네가 그녀를 소유(취)하는 것은 합당치 않다." 라고 말하고 있었기 때문이다.

2. ἐστιν: εἰμί의 현재 직설법 3인칭 단수
   λαβεῖν: λαμβάνω의 부정과거 능동태 부정사
   βαλεῖν: βάλλω의 부정과거 능동태 부정사

   자녀들의 빵을 취하여 던져 버리는 것은 좋지(옳지) 않다.

3. μέλλει: μέλλω의 현재 능동태 직설법 3인칭 단수
   ἔρχεσθαι: ἔρχομαι의 현재 부정사 (dep.)

   인자가 영광 가운데 그의 천사들과 함께 올 것이다.

4. πορεύομαι: πορεύομαι의 현재 직설법 1인칭 단수 (dep.)
   ἑτοιμάσαι: ἑτοιμάζω의 부정과거 능동태 부정사

   내가 너희에게(너희를 위하여) 한 장소를 예비하러 간다.

5. λέγουσιν: λέγω의 현재 능동태 직설법 3인칭 복수
   εἶναι: εἰμί의 현재 부정사

   사두개인들은 부활이 없다고 말한다.

6. πέμψας: πέμπω의 부정과거 능동태 분사 남성 단수 주격(독립적 용법)
   βαπτίζειν: βαπτίζω의 현재 능동태 부정사
   εἶπεν: λέγω의 부정과거 능동태 직설법 3인칭 단수
   물로 세례를 주도록 나를 보내신 분, 저 분께서 나에게 말씀하셨다.

7. ἔστιν: εἰμί의 현재 직설법 3인칭 단수
εἶναι: εἰμί의 현재 부정사

주님, 저희가 여기에 있는 것이 좋습니다.

8. δεῖ: 비인칭 동사
γενέσθαι: γίνομαι의 부정과거 부정사(dep.)

왜냐하면 이것들이 먼저 일어나야 하지만, 그러나 그것이 끝이 아니기 때문이다.

9. ἤρξατο: ἄρχομαι의 부정과거 직설법 3인칭 단수(dep)
διδάσκειν: διδάσκω의 현재 능동태 부정사

그리고 그가 호숫가에서 다시 가르치기 시작하셨다.

10. ἐγερθῆναι: ἐγείρω의 부정과거 수동태 부정사
προάξω: προάγω의 미래 능동태 직설법 1인칭 단수

내가 일으켜 진 후, 너희보다 먼저 갈릴리로 갈 것이다.

성경원문읽기 19과 풀이

1. ἀγαπῶ: ἀγαπάω의 현재 능동태 직설법 1인칭 단수
   내가 진리 안에서(진실로) 사랑하고 있다(사랑한다).

2. καλέσεις: καλέω의 미래 능동태 직설법 2인칭 단수
   네가 그의 이름을 예수라고 부를 것이다.

3. ἐλάλει: λαλέω의 미완료과거 능동태 직설법 3인칭 단수
   그가 그들에게 하나님의 나라에 대하여 말하고 있었다.

4. ὡμολόγησεν: ὁμολογέω의 부정과거 능동태 직설법 3인칭 단수
   그는 "나는 그리스도가 아니다."라고 고백했다.

5. ποιῶν: ποιέω의 현재 능동태 분사 남성 단수 주격(독립적 용법)
   μένει: μένω의 현재 능동태 직설법 3인칭 단수
   하나님의 뜻을 행하는 자는 영원히 머문다(남는다).

6. δικαιοῦται: δικαιόω의 현재 수동태 직설법 3인칭 단수
   사람은 율법의 행위들로 의롭게 되지 않는다.

7. ἠγάπησεν: ἀγαπάω의 부정과거 능동태 직설법 3인칭 단수
   ἠγάπησα: ἀγαπάω의 부정과거 능동태 직설법 1인칭 단수
   아버지께서 나를 사랑하신 것 같이 나도 너희를 사랑했다.

8. μισῶν: μισέω의 현재 능동태 분사 남성 단수 주격(독립적 용법)
   ἐστὶν: εἰμί의 현재 직설법 3인칭 단수
   περιπατεῖ: περιπατέω의 현재 능동태 직설법 3인칭 단수
   그의 형제를 미워하는 자는 어두움 안에 있고, 어두움 안에서 걷고 있다(생활한다).

9. λέγει: λέγω의 현재 능동태 직설법 3인칭 단수
ἀγαπᾷς: ἀγαπάω의 현재 능동태 직설법 2인칭 단수
φιλῶ: φιλέω의 현재 능동태 직설법 1인칭 단수

예수께서 시몬 베드로에게 말씀하시기를 "요한의 아들 시몬아, 네가 나를 사랑하느냐?" 그가 그분께 말하기를 "주님, 제가 당신을 사랑합니다."

10. λέγων: λέγω의 현재 능동태 분사 남성 단수 주격(독립적 용법)
μένειν: μένω의 현재 능동태 부정사
περιεπάτησεν: περιπατέω의 부정과거 능동태 직설법 3인칭 단수
περιπατεῖν: περιπατέω의 현재 능동태 부정사
ὀφείλει: ὀφείλω의 현재 능동태 직설법 3인칭 단수

그분 안에 거한다고 말하는 자는 저(그)가 걸으셨던 것처럼 그 자신도 이와 같이 걸어야만 한다.

성경원문읽기 20과 풀이

1. ἐγερεῖ: ἐγείρω의 미래 능동태 직설법 3인칭 단수
   주께서 그를 일으키실 것이다.

2. κρινοῦσιν: κρίνω의 미래 능동태 직설법 3인칭 복수
   성도들이 세상을 심판할 것이다.

3. ἠγέρθη: ἐγείρω의 부정과거 수동태 직설법 3인칭 단수
   사울이 땅에서 일으켜졌다.

4. κρινῶ: κρίνω의 미래 능동태 직설법 1인칭 단수
   그가 그에게 말씀하신다: "악한 종아, 너의 입에서 나오는 말로 내가 너를 심판할 것이다."

5. ἐκβαλοῦσιν: ἐκβάλλω의 미래 능동태 직설법 3인칭 복수
   λαλήσουσιν: λαλέω의 미래 능동태 직설법 3인칭 복수
   그들이 나의 이름으로 귀신(악령)들을 쫓아낼 것이고, 새 언어(방언)들로 말할 것이다.

6. ἐγείρας: ἐγείρω의 부정과거 능동태 분사 남성 단수 주격 (독립적 용법)
   ἐγερεῖ: ἐγείρω의 미래 능동태 직설법 3인칭 단수
   주 예수를 살리신 분께서 예수님과 함께 우리까지도 살리실 것이다.

7. λαβόντες: λαμβάνω의 부정과거 능동태 분사 남성 복수 주격 (서술적 용법)
   ἀπέκτειναν: ἀποκτείνω의 부정과거 능동태 직설법 3인칭 복수
   ἐξέβαλον: ἐκβάλλω의 부정과거 능동태 직설법 3인칭 복수
   그들이 잡은 후에 그를 죽였고, 포도원 밖에 그를 내던졌다.

8. ἀπέστειλαν: ἀποστέλλω의 부정과거 능동태 직설법 3인칭 복수
   예루살렘에 있는 사도들이 그들에게 베드로와 요한을 보냈다.

9. ἔσπειρας: σπείρω의 부정과거 능동태 직설법 2인칭 단수
   주님, 당신께서 좋은 씨를 뿌리지 않으셨습니까?

10. ἦλθαν: ἔρχομαι의 부정과거 능동태 직설법 3인칭 복수
εἶδαν: βλέπω의 부정과거 능동태 직설법 3인칭 복수
μένει: μένω의 현재 능동태 직설법 3인칭 단수
ἔμειναν: μένω의 부정과거 능동태 직설법 3인칭 복수

그러자 그들이 와서 그가 어디에 머무시는지 보았고, 그분과 함께 저(그) 날을 머물렀다.

성경원문읽기 21과 풀이

1. εἴπωμεν: λέγω의 부정과거 능동태 가정법 1인칭 복수
   ἔχομεν: ἔχω의 현재 능동태 직설법 1인칭 복수
   ἔστιν: εἰμί의 현재 직설법 3인칭 단수

   만일 우리가 죄를 가지고 있지 않다고(죄가 없다고) 말한다면, 진리가 우리 안에 있지 않다.

2. ἀγαπῶμεν: ἀγαπάω의 현재 능동태 가정법 1인칭 복수
   ἐστιν: εἰμί의 현재 직설법 3인칭 단수

   사랑하는 자들아, 우리가 서로 사랑하자. 왜냐하면 사랑은 하나님께 속한 것이기 때문이다.

3. ἔστιν: εἰμί의 현재 직설법 3인칭 단수

   만일 죽은 자들의 부활이 없다면, 너희의 믿음도 헛되다.

4. λέγει: λέγω의 현재 능동태 직설법 3인칭 단수
   εἶπον: λέγω의 부정과거 능동태 직설법 1인칭 단수
   πιστεύσῃς: πιστεύω의 부정과거 능동태 가정법 2인칭 단수
   ὄψῃ: βλέπω (ὁράω)의 미래 직설법 2인칭 단수 (dep.)

   예수께서 그녀에게 말씀하신다. "네가 믿으면, 하나님의 영광을 볼 것이라고 내가 네게 말하지 않았느냐?"

5. εἰσέλθητε: εἰσέρχομαι의 부정과거 능동태 가정법 2인칭 복수

   너희는 하늘들의 나라에 결코 들어가지 못할 것이다.

6. περιπατῶμεν: περιπατέω의 현재 능동태 가정법 1인칭 복수
   ἔχομεν: ἔχω의 현재 능동태 직설법 1인칭 복수
   καθαρίζει: καθαρίζω의 현재 능동태 직설법 3인칭 단수

   만일 우리가 빛 가운데 걸어가면(생활하면), 우리가 서로 교제를 가지고 있고(사귐이 있고), 그분의 아들 예수님의 피가 우리를 죄로부터 깨끗하게 하신다.

7. ἀπέστειλεν: ἀποστέλλω의 부정과거 능동태 직설법 3인칭 단수
κρίνῃ: κρίνω의 현재 능동태 가정법 3인칭 단수
σωθῇ: σῴζω의 부정과거 수동태 가정법 3인칭 단수

하나님께서 그 아들을 세상에 보내신 것은 세상을 심판하시려는 것이 아니라, 세상이 그를 통해 구원받게 하려는 것이었다.

8. εἰμι: εἰμί의 현재 직설법 1인칭 단수
ἀκολουθῶν: ἀκολουθέω의 현재 능동태 분사 남성 단수 주격 (독립적 용법)
περιπατήσῃ: περιπατέω의 부정과거 능동태 가정법 3인칭 단수
ἕξει: ἔχω의 미래 능동태 직설법 3인칭 단수

내가 바로 세상의 빛이니, 나를 따르는 자는 결코 어두움 속에서 걷지 않고 생명의 빛을 소유할 것이다.

9. εἶπεν: λέγω의 부정과거 능동태 직설법 3인칭 단수
εἰμι: εἰμί의 현재 직설법 1인칭 단수
πιστεύων : πιστεύω의 현재 능동태 분사 남성 단수 주격(독립적 용법)
ἀποθάνῃ: ἀποθνῄσκω의 부정과거 능동태 가정법 3인칭 단수
ζήσεται: ζάω의 미래 직설법 3인칭 단수 (dep.)

예수께서 그녀에게 말씀하셨다. "내가 바로 그 부활이요 그 생명이니, 나를 믿는 자는 비록 죽을 지라도 살 것이다."

10. ὁμολογήσῃς: ὁμολογέω의 부정과거 능동태 가정법 2인칭 단수
πιστεύσῃς: πιστεύω의 부정과거 능동태 가정법 2인칭 단수
ἤγειρεν: ἐγείρω의 부정과거 능동태 직설법 3인칭 단수
σωθήσῃ: σῴζω의 미래 수동태 직설법 2인칭 단수

만일 네가 너의 입으로 예수님을 주님으로 고백하고 하나님께서 그분을 죽은 자들 가운데서 일으키신 것을 네 마음으로 믿는다면, 너는 구원을 받을 것이다.

성경원문읽기 22과 풀이

1. κρίνετε: κρίνω의 현재 능동태 명령법 2인칭 복수
   κριθῆτε: κρίνω의 부정과거 수동태 가정법 2인칭 복수
   너희가 판단받지 않도록 판단하지 마라.

2. ἐλέησον: ἐλεέω의 부정과거 능동태 명령법 2인칭 단수
   다윗의 아들(자손) 주님, 우리를 불쌍히 여기소서.

3. ζητεῖτε: ζητέω의 현재 능동태 명령법 2인칭 복수
   너희는 먼저 하나님의 나라와 그분의 의를 구하라(찾아라).

4. λύσατε: λύω의 부정과거 능동태 명령법 2인칭 복수
   ἀπεκρίθη : ἀπεκρίνομαι의 부정과거 직설법 3인칭 단수 (dep)
   εἶπεν : λέγω의 부정과거 능동태 직설법 3인칭 단수
   ἐγερῶ: ἐγείρω의 미래 능동태 직설법 1인칭 단수

   예수께서 그들에게 대답하여 말씀하셨다: "너희가 이 성전을 허물어라. 그러면 내가 그것을 삼 일 안에 세울 것이다."

5. λάβετε: λαμβάνω의 부정과거 능동태 명령법 2인칭 복수
   φάγετε: ἐσθίω의 부정과거 능동태 명령법 2인칭 복수
   ἐστιν: εἰμί의 현재 직설법 3인칭 단수

   너희가 받아(라), 먹어라, 이것은 나의 몸이다.

6. εἶπαν : λέγω의 부정과거 능동태 직설법, 3인칭 복수
   πίστευσον: πιστεύω의 부정과거 능동태 명령법 2인칭 단수
   σωθήσῃ: σώζω의 미래 수동태 직설법 2인칭 단수

   그러자 그들이 말했다. "네가 주 예수님을 믿어라. 그러면 너와 너의 집(안)이 구원을 받을 것이다."

7. θαυμάζετε: θαυμάζω의 현재 능동태 명령법 2인칭 복수
μισεῖ: μισέω의 현재 능동태 직설법 3인칭 단수

형제들아, 만일 세상이 너희를 미워한다해도 너희가 놀라지 마라.

8. προσεύχεσθε: προσεύχομαι의 현재 명령법 2인칭 복수 (dep.)
ἁγιασθήτω: ἁγιάζω의 부정과거 수동태 명령법 3인칭 단수

너희는 이렇게 기도하라. 하늘들에 계신 우리 아버지, 당신의 이름이 거룩히 되소서.

9. δοξάσατε: δοξάζω의 부정과거 능동태 명령법 2인칭 복수

그런즉 너희 몸으로 하나님을 영화롭게 하라.

10. ἦτε: εἰμί의 미완료과거 직설법 2인칭 복수
περιπατεῖτε: περιπατέω의 현재 능동태 명령법 2인칭 복수

너희가 전에는 어두움이었으나 이제는 주님 안에서 빛이다. 빛의 자녀들처럼 생활하라 (걸어라).

성경원문읽기 23과 풀이

1. καλέσουσιν: καλέω의 미래 능동태 직설법 3인칭 복수
   ἐστιν: εἰμί의 현재 직설법 3인칭 단수

   그리고 그들이 그의 이름을 임마누엘이라 부를 것인데, 그것은 하나님이 우리와 함께 계시다는 것이다.

2. ἐπίστευσαν: πιστεύω의 부정과거 능동태 직설법 3인칭 복수
   εἶπεν: λέγω의 부정과거 능동태 직설법 3인칭 단수

   그리고 그들이 성경과 예수께서 말씀하셨던 그 말씀을 믿었다.

3. γινώσκων: γινώσκω의 현재 능동태 분사 남성 단수 주격 (독립적 용법)
   ἀκούει: ἀκούω의 현재 능동태 직설법 3인칭 단수
   ἐστιν: εἰμί의 현재 직설법 3인칭 단수

   하나님을 아는 자는 우리를 듣고, 하나님으로부터 나지 않은 자는 우리(의 말)를 듣지 않는다.

4. ἀπεκρίθη: ἀποκρίνομαι의 부정과거 직설법 3인칭 단수 (dep.)
   ποιῶν: ποιέω의 현재 능동태 분사 남성 단수 주격 (독립적 용법)
   ἐστιν: εἰμί의 현재 직설법 3인칭 단수

   예수께서 그들에게 대답하셨다: "내가 진실로 진실로 너희에게 말하니, 죄를 행하는 자마다(자는 누구든지) 죄의 종이다."

5. μισῶν: μισέω의 현재 능동태 분사 남성 단수 주격 (독립적 용법)
   ἐστίν: εἰμί의 현재 직설법 3인칭 단수
   ἔχει: ἔχω의 현재 능동태 직설법 3인칭 단수

   그의 형제를 미워하는 자마다 살인자이고, 살인자마다 그 안에 영원한 생명(영생)을 소유하지 못한다.

6. ἀπεκρίθη: ἀποκρίνομαι의 부정과거 직설법 3인칭 단수 (dep.)
   εἶ: εἰμί의 현재 직설법 2인칭 단수
   나다나엘이 그분께 대답했다. "랍비(선생님)! 당신은 바로 하나님의 아들이시고, 당신은 바로 이스라엘의 왕이십니다."

7. λυθείσης: λύω의 부정과거 수동태 분사 여성 단수 소유격 (독립 소유격 용법)
   ἠκολούθησαν: ἀκολουθέω의 부정과거 능동태 직설법 3인칭 복수

   그리고 집회(회당)가 끝난 후에 유대인 가운데서 많은 이들이 바울과 바나바를 따랐다.

8. ἀρνούμενος: ἀρνέομαι의 현재 분사 남성 단수 주격 (dep.) (독립적 용법)
   ἔχει: ἔχω의 현재 능동태 직설법 3인칭 단수
   ὁμολογῶν: ὁμολογέω의 현재 능동태 분사 남성 단수 주격 (독립적 용법)

   아들을 부인하는 자마다 아버지를 모시고 있지 못하고, 아들을 시인하는 자는 아버지도 모시고 있다.

9. λέγων: λέγω의 현재 능동태 분사 남성 단수 주격 (독립적 용법)
   εἰσελεύσεται: εἰσέρχομαι의 미래 직설법 3인칭 단수 (dep.)
   ποιῶν: ποιέω의 현재 능동태 분사 남성 단수 주격 (독립적 용법)

   나에게 주여, 주여 말하는 자마다 하늘들의 나라에 들어갈 것이 아니라, 하늘들 안에 계신 나의 아버지의 뜻대로 행하는 자가 들어갈 것이다.

10. 주 예수 그리스도의 은혜와 하나님의 사랑과 성령의 교제(교통하심)가 너희 모두와 함께 있을지어다, 또는 있기를 기원한다.

성경원문읽기 24과 풀이

1. κατέβαινεν: καταβαίνω의 미완료과거 능동태 직설법 3인칭 단수
   어떤 사람이 예루살렘으로부터 여리고로 내려가고 있었다.

2. ἐστιν: εἰμί의 현재 직설법 3인칭 단수
   πιστεύσω: πιστεύω의 부정과거 능동태 가정법 1인칭 단수
   그가 누구입니까? 주님, 제가 그분을 믿기 위해서입니다.

3. βαπτίζεις: βαπτίζω의 현재 능동태 직설법 2인칭 단수
   εἶ: εἰμί의 현재 직설법 2인칭 단수
   네가 그리스도도 아니고 엘리야도 아니고 그 선지자도 아니라면 왜 세례를 주는가?

4. ἐστιν: εἰμί의 현재 직설법 3인칭 단수
   하나님은 빛이시고, 그리고 그분 안에는 어두움이 조금도 없다.

5. ἐσμεν: εἰμί의 현재 직설법 1인칭 복수
   나와 아버지, 우리는 하나이다.

6. εἶδεν: βλέπω(ὁράω)의 부정과거 능동태 직설법 3인칭 단수
   그가 다른 두 형제, 곧 세베대의 아들 야고보와 그의 형제 요한을 보았다.

7. παραλαμβάνει: παραλαμβάνω의 현재 능동태 직설법 3인칭 단수
   6일 후에 예수께서 베드로와 요한을 취하신다(데리고 가신다).

8. εἶπεν: λέγω의 부정과거 능동태 직설법 3인칭 단수
   λέγεις: λέγω의 현재 능동태 직설법 2인칭 단수
   예수께서 그에게 말씀하셨다. "왜 네가 나를 선하다고 말하느냐? 하나님 한 분 외에는 아무도 선하지 않다."

9. καλεῖτε: καλέω의 현재 능동태 직설법 2인칭 복수
   ποιεῖτε: ποιέω의 현재 능동태 직설법 2인칭 복수
   λέγω: λέγω의 현재 능동태 직설법 1인칭 단수

   너희는 나를 "주님, 주님."이라고 부르면서, 내가 말하는 것들을 왜 행하지 않느냐?

10. εἶπαν: λέγω의 부정과거 능동태 직설법 3인칭 복수
    οἰκοδομήθη: οἰκοδομέω의 부정과거 수동태 직설법 3인칭 단수
    ἐγερεῖς: ἐγείρω의 미래 능동태 직설법 2인칭 단수

    그러자 유대인들이 말했다. "이 성전은 46년 동안 지어졌는데, 당신이 그것을 3일 안에 세우겠다는 것인가?"

성경원문읽기 25과 풀이

1. πεπίστευκα: πιστεύω의 현재완료 능동태 직설법 1인칭 단수
   εἶ: εἰμί의 현재 직설법 2인칭 단수
   주님, 저는 당신이 바로 그리스도 곧 하나님의 아들이심을 믿었습니다.

2. σέσωκεν: σῴζω의 현재완료 능동태 직설법 3인칭 단수
   ἐσώθη: σῴζω의 부정과거 수동태 직설법 3인칭 단수
   "너의 믿음이 너를 구원했다." 그리고 그 여인이 저(그) 시간으로부터(그때) 구원받았다.

3. πέμψας: πέμπω의 부정과거 능동태 분사 남성 단수 주격(관형적 용법)
   μεμαρτύρηκεν: μαρτυρέω의 현재완료 능동태 직설법 3인칭 단수
   나를 보내신 아버지, 저 분께서 나에 대해 증언하셨다.

4. ἐλήλυθα: ἔρχομαι의 현재완료 능동태 직설법 1인칭 단수
   λαμβάνετε: λαμβάνω의 현재 능동태 직설법 2인칭 복수
   내가 나의 아버지의 이름으로 왔으나, 너희가 나를 받아들이지(영접하지) 않는다.

5. ἀπεκρίθη: ἀποκρίνομαι의 부정과거 직설법 3인칭 단수 (dep.)
   γέγραφα: γράφω의 현재완료 능동태 직설법 1인칭 단수
   빌라도가 대답했다. "내가 쓴 것을 썼다."

6. ἑώρακα: βλέπω(ὁράω)의 현재완료 능동태 직설법 1인칭 단수
   μεμαρτύρηκα: μαρτυρέω의 현재완료 능동태 직설법 1인칭 단수
   나도 또한 보았고, 그리고 "이 분은 하나님의 아들이시다."라고 증언했다.

7. μένων: μένω의 현재 능동태 분사 남성 단수 주격 (독립적 용법)
   ἁμαρτάνει: ἁμαρτάνω의 현재 능동태 직설법 3인칭 단수
   ἁμαρτάνων: ἁμαρτάνω의 현재 능동태 분사 남성 단수 주격 (독립적 용법)
   ἑώρακεν: βλέπω(ὁράω)의 현재완료 능동태 직설법 3인칭 단수

ἔγνωκεν: γινώσκω의 현재완료 능동태 직설법 3인칭 단수

그분 안에 거하는 자마다 죄를 짓지 않으니, 죄를 짓는 자마다 그분을 보지도 못했고, 그분을 알지도 못했다.

8. ἑωρακώς: βλέπω (ὁράω)의 현재완료 능동태 분사 남성 단수 주격 (독립적 용법)
ἑώρακεν: βλέπω (ὁράω)의 현재완료 능동태 직설법 3인칭 단수

나를 본 자는 아버지를 보았다.

9. πιστεύων: πιστεύω의 현재 능동태 분사 남성 단수 주격 (독립적 용법)
ἐστιν: εἰμί의 현재 직설법 3인칭 단수
γεγέννηται: γεννάω의 현재완료 수동태 직설법 3인칭 단수

예수께서 그리스도이심을 믿는 자마다 하나님께로부터 태어났다.

10. γέγραπται: γράφω의 현재완료 수동태 직설법 3인칭 단수
πιστεύ[σ]ητε: πιστεύω의 현재 [부정과거] 능동태 가정법 2인칭 복수
ἐστιν: εἰμί의 현재 직설법 3인칭 단수
πιστεύοντες: πιστεύω의 현재 능동태 분사 남성 복수 주격 (서술적 용법)
ἔχητε: ἔχω의 현재 능동태 가정법 2인칭 복수

그런데 이것들이 기록된 것은 너희가 예수께서 그리스도 곧 하나님의 아들이심을 믿게 하려는 것이고, 그리고 그의 이름을 믿어 생명을 얻게 하려는 것이다.

성경원문읽기 26과 풀이

1. ἀφίημι: ἀφίημι의 현재 능동태 직설법 1인칭 단수
   δίδωμι: δίδωμι의 현재 능동태 직설법 1인칭 단수
   δίδωσιν: δίδωμι의 현재 능동태 직설법 3인칭 단수

   내가 평안을 너희에게 허락하니, 곧 나의 평안을 너희에게 준다.
   내가 너희에게 주는 것은 세상이 주는 것과 같지 않다.

2. εἰμι: εἰμί의 현재 직설법 1인칭 단수
   τίθησιν: τίθημι의 현재 능동태 직설법 3인칭 단수

   내가 바로 선한 목자이다. 선한 목자는 양들을 위하여 자기 목숨을 버린다(내어 놓는다).

3. ἀγαπᾷ: ἀγαπάω의 현재 능동태 직설법 3인칭 단수
   δέδωκεν: δίδωμι의 현재완료 능동태 직설법 3인칭 단수

   아버지께서 아들을 사랑하시어 모든 것들을 그의 손에 주셨다.

4. δεικνύεις: δείκνυμι(δεικνύω)의 현재 능동태 직설법 2인칭 단수
   ποιεῖς: ποιέω의 현재 능동태 직설법 2인칭 단수

   네가 이것들을 행하고 있으니 무슨 표적을 우리에게 보이겠느냐?

5. ἐστιν: εἰμί의 현재 직설법 3인칭 단수
   ἀφίησιν: ἀφίημι의 현재 능동태 직설법 3인칭 단수

   이 (남)자가 누구이기에 죄들까지도 용서하는가?

6. σῶσον: σώζω의 부정과거 능동태 명령법 2인칭 단수
   ἀπολλύμεθα: ἀπόλλυμι의 현재 수동태 직설법 1인칭 복수

   주님, 구해주소서. 저희가 멸망하고 있습니다(죽게 되었습니다).

7. δός: δίδωμι의 부정과거 능동태 명령법 2인칭 단수

   오늘 우리에게 우리의 하루(오늘)의 빵을 주소서(주기도문).

8. προσελθών: προσέρχομαι의 부정과거 능동태 분사 남성 단수 주격
ἐλάλησεν: λαλέω의 부정과거 능동태 직설법 3인칭 단수
λέγων: λέγω의 현재 능동태 분사 남성 단수 주격
ἐδόθη: δίδωμι의 부정과거 수동태 직설법 3인칭 단수

예수께서 다가오셔서 그들에게 말씀하(여 이르)셨다. "하늘과 땅의 모든 권세가 나에게 주어졌다."

9. ἐσθιόντων: ἐσθίω의 현재 능동태 분사 남성 복수 소유격
λαβών: λαμβάνω의 부정과거 능동태 분사 남성 단수 주격
ἔδωκεν: δίδωμι의 부정과거 능동태 직설법 3인칭 단수
εἶπεν: λέγω의 부정과거 능동태 직설법 3인칭 단수
λάβετε: λαμβάνω의 부정과거 능동태 명령법 2인칭 복수
ἐστιν: εἰμί의 현재 직설법 3인칭 단수

그들이 먹고 있을 때 (예수께서) 빵을 취하신 후 그들에게 주시며 말씀하셨다. "받아라. 이것은 나의 몸이다."

10. ἠγάπησεν: ἀγαπάω의 부정과거 능동태 직설법 3인칭 단수
ἔδωκεν: δίδωμι의 부정과거 능동태 직설법 3인칭 단수
πιστεύων: πιστεύω의 현재 능동태 분사 남성 단수 주격
ἔχῃ: ἔχω의 현재 능동태 가정법 3인칭 단수

하나님께서 세상을 이처럼 사랑하셔서 그 아들을 주셨으니, 이는 그 분을 믿는 자마다 영생을 얻게 하려는 것이다.

V. 단어모음

약어: **동**=동사 **명**=명사 **형**=형용사 **전**=전치사 **접**=접속사
부=부사 **수**=수사 **불**=불변화사 **감** =감탄사
인대=인칭대명사 **부대**=부정대명사 **의대**=의문대명사

A

ἀγαθός, ή, όν	형	선한
ἀγαπάω	동	사랑하다
ἀγάπη ης	명(여)	사랑
ἀγαπητός, ή, όν	형	사랑스러운
ἄγγελος ου	명(남)	천사
ἁγιάζω	동	거룩하게 하다
ἅγιος, α, ον	형	거룩한
᾿Αγρίππας, α	명(남)	아그립바
ἄγω	동	인도하다, 이끌다
ἀδελφός οῦ	명(남)	형제
αἷμα ατος	명(중)	피
αἴρω	동	치워버리다, 없애다
αἰτέω	동	요구하다
αἰών ῶνος	명(남)	세대, 영원
αἰώνιος, ον	형	영원한
ἀκολουθέω	동	따르다
ἀκούω	동	듣다

ἀλήθεια ας	명(여)	진리
ἀλλά	접	그러나
ἀλλήλων, οις, ους	형	서로의, 서로에게, 서로를
ἄλλος, η, ο	형	다른
ἁμαρτάνω	동	죄짓다
ἁμαρτία ας	명(여)	죄
ἁμαρτωλός, όν	형	죄 있는, 죄인의
ἀμήν	불	아멘
ἀμνός οῦ	명(남)	어린 양
ἀμπελών ῶνος	명(남)	포도원
ἄν	불	추측, 혹은 희망을 표현하는 불변화사
ἀναβαίνω	동	올라가다
ἀναβλέπω	동	우러러 보다, 시력을 회복하다
ἀναγγέλλω	동	알리다, 보고하다
ἀνάστασις εως	명(여)	부활
ἀνήρ ἀνδρός	명(남)	남자, 남편
ἀνθρωποκτόνος ου	명(남)	살인자
ἄνθρωπος ου	명(남)	사람
ἀνίστημι	동	일으키다, 일어나다
ἀνοίγω	동	열다
ἀπέρχομαι	동	떠나다
ἀπό	전	(+소) ~로부터
ἀποθνῄσκω	동	죽다
ἀποκρίνομαι	동	대답하다
ἀποκτείνω	동	죽이다
ἀπόλλυμι	동	파멸시키다
ἀπολύω	동	풀어놓다
ἀποστέλλω	동	보내다
ἀπόστολος ου	명(남)	사도
ἀρνέομαι	동	부인하다

ἄρτος ου	명(남)	빵
ἀρχή ῆς	명(여)	시작, 태초
ἀρχιερεύς έως	명(남)	대제사장
ἄρχω	동	통치하다, (중) 시작하다
ἄρχων οντος	명(남)	관원, 통치자
ἀσπάζομαι	동	인사하다
αὐτός, ή, ό	인대	그가, 그녀가, 그것이
ἀφίημι	동	허락하다, 용서하다
ἄχρι (ἄχρις)	전	~까지

Β

βάλλω	동	던지다
βαπτίζω	동	세례주다
Βαρναβᾶς ᾶ	명(남)	바나바
βασιλεία ας	명(여)	나라, 왕국
βασιλεύς έως	명(남)	왕
βλέπω	동	보다

Γ

γάρ	접	왜냐하면, 그래서
γενεά ᾶς	명(여)	세대
γεννάω	동	낳다
γῆ ῆς	명(여)	땅
γίνομαι	동	되다, 발생하다
γινώσκω	동	알다

γλῶσσα ης	명(여)	혀, 언어, 방언
γραμματεύς έως	명(남)	서기관
γραφή ῆς	명(여)	성경
γράφω	동	쓰다, 기록하다
γυνή αικός	명(여)	여자, 여인, 부인

Δ

δαιμόνιον ου	명(중)	귀신, 악령, 더러운 영
Δαυίδ	명(남)	다윗 (불변화)
δέ	접	그런데, 그러나
δεῖ	동	~해야 한다, ~이 필요하다
δείκνυμι(δεικνύω)	동	보이다, 보여주다
δέκα	수	열(10)
δεξιός, ά, όν	형	오른편의
δέχομαι	동	영접하다
δή	불	그러므로, 그런즉
διά	전	(+소) ~을 통하여, (+목) ~ 때문에
διάκονος ου	명(남)	일꾼, 종
διδάσκαλος ου	명(남)	선생
διδάσκω	동	가르치다
διδαχή ῆς	명(여)	교훈
δίδωμι	동	주다
δίκαιος, α, ον	형	의로운
δικαιοσύνη ης	명(여)	의
δικαιόω	동	의롭다고 인정하다
διό	접	그러므로
διώκω	동	박해하다
δοκέω	동	생각하다, 보이다

δόξα ης	명(여)	영광
δοξάζω	동	영화롭게 하다
δοῦλος ου	명(남)	종
δύναμαι	동	할 수 있다.
δύναμις εως	명(여)	능력
δύο, δυσί	수	둘(2)
δώδεκα	수	열둘(12)

E

ἐάν	접	만일 ~ 한다면
ἑαυτοῦ ῆς οῦ	재귀	그(녀, 것) 자신의
ἐγγίζω	동	접근하다. 가까이하다
ἐγείρω	동	일으키다
ἐγώ μου μοι με	인	내가
ἔθνος ους	명(중)	이방인, 민족
εἰ	접	~이라면
εἰμί	동	~이다, 있다
εἰρήνη ης	명(여)	평강, 평화
εἰς	전	(+목) 안으로, ~을 위하여
εἷς, μία, ἕν	수	하나
εἰσέρχομαι	동	들어가다
εἰσπορεύομαι	동	들어가다
ἐκ(ἐξ)	전	(+소) 밖으로, ~로부터
ἕκαστος, η, ον	형	각각
ἐκβάλλω	동	내어놓다, 쫓아내다
ἐκεῖ	부	거기
ἐκεῖνος, ἐκείνη, ἐκεῖνο	지	저(that)
ἐκκλησία ας	명(여)	교회

ἐλεέω	동	불쌍히 여기다
ἐλπίς ίδος	명(여)	소망
Ἐμμανουήλ	명(남)	임마누엘
ἐμός, ή, όν	형	나의, 나에게 속한
ἐν	전	(+여) 안에
ἐννέα	수	아홉(9)
ἐντολή ῆς	명(여)	계명
ἐντρέφω	동	양육하다
ἐνώπιον	전	~앞에
ἕξ	수	여섯
ἐξέρχομαι	동	나가다
ἔξεστιν	동	~이 합당하다
ἐξουσία ας	명(여)	권세, 권위
ἔξω	부	바깥에
ἐπαγγελία ας	명(여)	약속
ἐπαύριον	부	내일
ἐπερωτάω	동	묻다, 요구하다
ἐπί	전	(+소, 여, 목) 위에, 곁에
ἐπιθυμία ας	명(여)	욕망, 욕구
ἑπτά	수	일곱(7)
ἔρημος ου	명(여)	광야
ἔργον ου	명(중)	일, 행위
ἔρχομαι	동	오다, 가다
ἐρωτάω	동	요청하다
ἐσθίω	동	먹다
ἔσχατος, η, ον	형	마지막의
ἕτερος, α, ον	형	다른, 상이한
ἔτι	부	여전히, 아직
ἑτοιμάζω	동	예비하다, 준비하다
ἔτος ους	명(중)	해, 년(年)
εὐαγγελίζω	동	좋은 소식을 전하다

εὐαγγέλιον ου	명(중)	복음
εὐθύς (εὐθέως)	부	곧, 즉시
εὑρίσκω	동	찾다, 발견하다
ἔχω	동	가지다, 소유하다
ἕως	전	~까지

Ζ

ζάω	동	살다
Ζεβεδαίος ου	명(남)	세베대
ζητέω	동	구하다
ζωή ῆς	명(여)	생명

Η

ἤ	접	혹은
ἤδη	부	이미
Ἠλίας ου	명(남)	엘리야
ἡμεῖς μῶν μῖν μᾶς	인	우리가
ἡμέρα ας	명(여)	날, 낮
Ἡρῴδης ου	명(남)	헤롯

Θ

θάλασσα ης	명(여)	호수
θάνατος ου	명(남)	죽음
θαυμάζω	동	놀라다
θέλημα ατος	명(중)	뜻

θέλω	동	원하다
θεός οῦ	명(남)	하나님
θεραπεύω	동	치료하다
θεωρέω	동	보다
θρόνος ου	명(남)	보좌, 왕좌

I

Ἰάκωβος ου	명(남)	야고보
ἴδιος, α, ον	형	(그) 자신의
ἰδού	감	보라!
Ἰεριχώ	명(여)	여리고
ἱερόν οῦ	명(중)	성전
Ἰησοῦς οῦ	명(남)	예수님
ἱμάτιον ου	명(중)	옷
ἵνα	접	~하기 위하여, 그래서
Ἰορδανής οῦ	명(남)	요단
Ἰουδαῖος, α, ον	형	유대인의
ἵστημι	동	세우다, 서다
Ἰωάννης ου	명(남)	요한

K

καθίημι	동	앉다, 앉히다
καθαρίζω	동	깨끗하게 하다
καθαρός, ά, όν	형	깨끗한, 정결한, 순수한
καθίζω	동	앉다
καθώς	접	~처럼, ~와 같이
καί	접	그리고

καινός, ῆ, όν	형	새로운
καλέω	동	부르다
καλός, ή, όν	형	아름다운, 좋은
κἄν	접	비록 ~한다 해도(καὶ ἐάν)
καρδία ας	명(여)	마음
καρπός οῦ	명(남)	열매
κατά	전	(+소) ~을 대항하여, (+목) ~을 따라
καταβαίνω	동	내려가다
καταλύω	동	파괴하다
κατέχω	동	든든히 지키다, 꽉 잡다
κενός, ή, όν	형	빈, 헛된
κεφαλή ῆς	명(여)	머리
κηρύσσω	동	선포하다
κοινωνία ας	명(여)	교제, 교통, 사귐
κόσμος ου	명(남)	세상
κράζω	동	부르짖다
κρίνω	동	판단하다, 심판하다
κυριεύω	동	주관하다, 지배하다
κύριος ου	명(남)	주님, 주인

Λ

λαλέω	동	말하다
λαμβάνω	동	취하다, 영접하다
λαός οῦ	명(남)	백성
λέγω	동	말하다
λεπρός, ά, όν	형	한센병(나병) 환자의
λίθος ου	명(남)	돌
λόγος ου	명(남)	말씀, 로고스
λοιπός, ή, όν	형	남은

λύω	동	(사람)풀다, (건물)파괴하다

M

μαθητής οῦ	명(남)	제자
μακάριος, α, ον	형	복된, 행복한
μᾶλλον	부	더욱
μαρτυρέω	동	증언하다
μέγας, μεγάλη, μέγα	형	큰, 거대한, 위대한
μέλλω	동	막 ~하려 하다
μέν	접	한편
μένω	동	머물다
μέσος, η, ον	형	중간의
μετά	전	(+소) 함께, (+목) 후에
μεταβαίνω	동	옮겨 가다
μή	불	~아니
μηδέ	접	~도 아니
μηδεῖς, μία, έν	부대	아무(것)도 ~않는
μήτηρ τρός	명(여)	어머니
μισέω	동	미워하다
μισθός οῦ	명(남)	삯, 상
μόνος, η, ον	형	유일한

N

ναός οῦ	명(남)	성전, 성소
νεκρός, ά, όν	형	죽은
νομίζω	동	생각하다
νόμος ου	명(남)	율법
νῦν	부	지금, 이제

νύξ κτός	명(여)	밤

Ο

ὁ, ἡ, τό	관	그
ὁδός οῦ	명(여)	길
οἶδα	동	알다
οἰκία ας	명(여)	집
οἰκοδομέω	동	건축하다. 짓다
οἶκος ου	명(남)	집
ὅλος, η, ον	형	전체의
ὅμοιος, α, ον	형	같은 종류의
ὁμοιόω	동	비교하다
ὁμολογέω	동	고백하다, 자백하다
ὄνομα ατος	명(중)	이름
ὅπου	접	~곳에
ὅπως	접	(+가정법) ~하기 위해
ὁράω	동	보다
ὀργή ῆς	명(여)	진노
ὄρος ους	명(중)	산(山)
ὅς, ἥ, ὅ	관사	~한 사람/것은
ὅσος, η, ον	형	~만큼 많은
ὅστις, ἥτις, ὅτι	부대	누구(무엇)든지
ὅταν	접	(+가정법) 언제든지
ὅτε	접	~때에
ὅτι	접	~라는 것, 때문에
οὐ	불	아니
οὐδέ (οὔτε)	접	아니, ~도 아니
οὐδεῖς, μία, έν	부	아무(것)도 ~아니

οὐκέτι	부	이제는 아니, 더 이상 아니
οὖν	접	그러므로, 따라서
οὐρανός οῦ	명(남)	하늘
οὔτε	접	~도 아니
οὗτος, αὕτη, τοῦτο	지대	이
οὕτως	부	이렇게
οὐχί	부	아니
ὀφείλω	동	~해야 한다
ὀφθαλμός οῦ	명(남)	눈(eye)
ὄχλος ου	명(남)	군중, 무리

Π

παιδίον ου	명(중)	아기, 영아
πάλιν	부	다시
παρά	전	(+소) 에서부터, (+여) 곁에, (+목) 주변에
παραβαίνω	동	범하다
παραβολή ῆς	명(여)	비유
παράγω	동	지나가다
παραδίδωμι	동	넘겨주다
παράδοσις εως	명(여)	전통, 유전
παρακαλέω	동	권면하다, 위로하다
παραλαμβάνω	동	받아들이다
παρουσία ας	명(여)	재림, 임함
πᾶς, πᾶσα, πᾶν	형	모든, ~마다
πάσχα	명(중)	유월절 (불변화)
πατήρ τρός	명(남)	아버지
Παῦλος ου	명(남)	바울
πείθω	동	설득하다, 권면하다
πέμπω	동	보내다

πέντε	수	다섯
περί	전	(+소) ~에 관해, (+목) ~ 주위에
περιπατέω	동	걷다, 생활하다
Πέτρος ου	명(남)	베드로
Πιλᾶτος ου	명(남)	빌라도
πίνω	동	마시다
πίπτω	동	떨어지다
πιστεύω	동	믿다
πίστις εως	명(여)	믿음
πιστός, ή, όν	형	신실한, 믿음직한
πλείων, ον	형	더 큰
πληρόω	동	성취하다, 채우다
πλοῖον ου	명(중)	배
πνεῦμα ατος	명(중)	영, 성령, 바람
ποιέω	동	행하다, 만들다
ποιμήν ένος	명(남)	목자
πόλις εως	명(여)	도시, 성
πολύς, πολλή, πολλύ	형	많은
πονηρός, ά, όν	형	악한
πορεύομαι	동	가다, 오다
ποταμός οῦ	명(남)	강
ποτέ	부	전에는, 한때는
ποῦ	부	어디에
πούς ποδός	명(남)	발
πρεσβύτερος, α, ον	형	나이든
πρό	전	(+소, 여) ~앞에, ~전에
προάγω	동	앞서 가다
προβάτον ου	명(중)	양
πρός	전	(+소, 여, 목) ~에게로
προσέρχοαμι	동	~에게로 가다

προσευχή ῆς	명(여)	기도
προσεύχομαι	동	기도하다
προσκυνέω	동	경배하다, 예배하다
πρόσωπον ου	명(중)	얼굴, 안색
προφητεύω	동	예언하다
προφήτης ου	명(남)	선지자, 예언자
πρῶτος, η, ον	형	처음의, 첫 번째
πτωχός, ή, όν	형	가난한
πῦρ ρός	명(중)	불
πῶς	부	어떻게

Ρ

ῥῆμα ατος	명(중)	말
ῥύομαι	동	구출하다, 건져내다

Σ

σάββατον ου	명(중)	안식일
Σαδδουκαῖος ου	명(남)	사두개인
σάρξ κός	명(여)	육신, 육체
σατανᾶς ᾶ	명(남)	사탄
σημεῖον ου	명(중)	표적
σήμερον	부	오늘
Σίμων ωνος	명(남)	시몬
σκορπίζω	동	흩다, 헤치다
σκοτία ας	명(여)	어두움
σκότος ους	명(중)	어두움
σοφία ας	명(여)	지혜

σπείρω	동	씨를 뿌리다
σπέρμα ατος	명(중)	씨, 자손
στάσις εως	명(여)	다툼, 폭동
στέναζω	동	탄식하다
στέφανος ου	명(남)	면류관
στόμα ατος	명(중)	입
σύ σου σοι σε	인	네가
σύν	전	(+여) 함께
συνάγω	동	모으다
συναγωγή ῆς	명(여)	회당
σώζω	동	구원하다
σῶμα ατος	명(중)	몸
σωτήριον ου	명(중)	구원

T

τε	접	그리고
τέκνον ου	명(중)	아이, 자녀
τέλος ους	명(중)	끝, 마침
τέσσαρες, τέσσαρα	수	넷(4)
τεσσεράκοντα	수	사십(40)
τηρέω	동	지키다
τίθημι	동	두다, 놓다
τις, τι	부대	어떤 사람(someone), 무엇(something)
τίς, τί	의대	누구(who), 무엇(what, which)
τοίουτος, αυτή, οῦτο	형	이런
τόπος ου	명(남)	장소, 처소, 땅
τότε	부	그리고 나서, 그때
τρεῖς, τρία	수	셋(3)

τυφλός οῦ	명(남)	시각장애인
τυφλός, η, ον	형	눈먼

Υ

ὕδωρ ατος	명(중)	물
υἱός οῦ	명(남)	아들, 자손
ὑμεῖς μῶν μῖν μᾶς	인	너희가
ὑπάγω	동	가다, 떠나다
ὑπάρχω	동	존재하다
ὑπέρ	전	(+소) ~을 위하여, (+목) ~ 위에
ὑπό	전	(+소) ~의해, (+목) 아래
ὑποτάσσω	동	복종시키다

Φ

Φαρισαίος ου	명(남)	바리새인
φέρω	동	운반하다, 나르다
φημί	동	말하다
φιλέω	동	사랑하다
φοβέομαι	동	두려워하다
φυλακή ῆς	명(여)	감옥
φωνή ῆς	명(여)	소리, 음성
φῶς φωτός	명(중)	빛, 불

Χ

χαίρω	동	기뻐하다

χαρά ᾶς	명(여)	기쁨
χάρις τος	명(여)	은혜
χείρ ρός	명(여)	손
Χριστός οῦ	명(남)	그리스도(메시아의 헬라어 번역)
χρόνος ου	명(남)	시간

Ψ

ψυχή ῆς	명(여)	영혼, 생명

Ω

ὦ	감	오!
ὧδε	부	여기
ὥρα ας	명(여)	시간
ὡς	접	~처럼
ὥστε	접	그 결과

Memo